钱江隧道

深基坑工程技术指南

主　编：王一川
副主编：潘学政　柳崇敏　陈国强
主　审：杨我清

中国建筑工业出版社

图书在版编目（CIP）数据

钱江隧道深基坑工程技术指南/王一川主编. —北京：中国建筑工业出版社，2010.10
ISBN 978-7-112-12435-0

Ⅰ.①钱… Ⅱ.①王… Ⅲ.①水下隧道-深基础-工程施工-指南 Ⅳ.①U455.4-62

中国版本图书馆 CIP 数据核字（2010）第 180636 号

钱江隧道深基坑工程技术指南

主　编：王一川
副主编：潘学政　柳崇敏　陈国强
主　审：杨我清

*

中国建筑工业出版社出版、发行（北京西郊百万庄）
各地新华书店、建筑书店经销
霸州市顺浩图文科技发展有限公司制版
北京云浩印刷有限责任公司印刷

*

开本：880×1230 毫米　1/32　印张：6⅞　插页：2　字数：198 千字
2010 年 10 月第一版　　2010 年 10 月第一次印刷
定价：**26.00** 元
ISBN 978-7-112-12435-0
（19708）

本书从管理、设计、施工、监理、监测以及专题研究等角度全面地介绍了世界上最大直径的盾构法隧道之一——钱江隧道的超深基坑工程。全书共分 7 章；第 1 章为钱江隧道的工程概况及钱江隧道地区的工程地质与水文地质的特点，同时分析了工程的难点；第 2 章介绍了钱江隧道项目相关单位在建设过程中的施工管理工作；第 3 章给出了钱江隧道的超深基坑工程的设计，包括挡土结构、支撑、地基加固、防漏抗渗等；第 4 章介绍了深基坑工程的施工，包括施工组织设计、地下连续墙施工的难点与质量控制措施、降水施工、立柱施工以及土方开挖；第 5 章介绍了深基坑工程的监测；第 6 章介绍了深基坑工程的监理；第 7 章介绍了结合本工程特点的相关专题研究及其成果，对钱江富水软土地层的深基坑工程安全施工进行了总结。书中相关研究成果得到了浙江省交通厅科技攻关项目及国家“十一五”科技支撑计划（2006BAJ27B02）的资助。

本书可供从事软土富水地区的深基坑工程的设计、施工、检测和监理的技术人员参考，也可供大专院校土木、水利、公路与铁路交通工程专业的师生参考。

* * *

责任编辑：张文胜　姚荣华

责任设计：张　虹

责任校对：马　赛　刘　钰

本书编委会

序

如果说20世纪是桥梁建设的世纪，那么21世纪就是地下空间开发的世纪。随着我国经济飞速发展，地下建筑工程得到了蓬勃发展，北京、上海、广州、深圳、杭州等地深基坑工程、超深基坑工程如雨后春笋，深基坑工程施工技术也日趋成熟。但是，在钱塘江流域，近距离施工深基坑工程尚属首例。《钱江隧道深基坑工程技术指南》是针对钱塘江流域特殊的地质水文条件下，开展深基坑工程施工技术管理的应用和总结。

钱江隧道采用外径为15.43m的盾构法技术施工，是世界上最大直径的盾构法隧道之一，是浙江省交通工程中首个盾构法隧道，也是迄今为止穿越钱塘江直径最大的盾构法隧道。钱江隧道深基坑工程是钱江隧道的工作井，最大挖深28.5m，是钱江隧道的先导性工程。

由于钱江隧道位于软土地区且处于钱塘江的强潮河段，工程建设需解决地质条件差、高水头、强涌潮、砂性土地下水系复杂、海塘沉降等技术问题，先期开展的钱江隧道深基坑工程可为主体工程的科学合理设计和安全经济施工提供指导，以降低和控制施工风险。同时，也为钱江流域后续的类似工程积累经验，对指导工程施工大有裨益。

《钱江隧道深基坑工程技术指南》在编写过程中，结合深基坑工程施工的实际，从工程管理、设计、施工、监测、监理及相关专题研究方面，着力阐述了工程建设的全方面技术管理相关问题，还原了工程建设的全过程，具有明显的实用性。

目前，钱江隧道深基坑工程已顺利完工，主体工程施工如火如荼，《钱江隧道深基坑工程技术指南》是各参建单位对前一阶段施工技术管理的总结，汇聚了大量深基坑工程施工技术理论和实践经验，有助于工程界在钱江流域深基坑工程中的不断探索和创新。希望读者能从本书中得到借鉴和参考，为提高和完善深基坑工程施工技术贡献绵薄之力！

前 言

钱江隧道深基坑工程分为隧道的暗埋引道段、盾构始发井以及盾构接收井三部分。基坑围护结构以及开挖深度达到了杭州地区的高渗透性的砾石地层，围护体系的安全及地下水的防治成为工程能否安全顺利实施的关键。为此，杭州市公路管理局联合参与项目的设计、施工、监理、监测等单位实施了项目施工的全过程管理。并且联合同济大学、上海交通大学等国内著名高校，组成产学研联合科研攻关组，对施工中的难点、关键技术进行了深入的研究。

本书从管理、设计、施工、监理、监测以及专题研究等角度全面介绍了钱江隧道的超深基坑工程。全书共分 7 章。第 1 章为钱江隧道的工程概况及钱江隧道地区的工程地质与水文地质的特点，同时分析了工程的难点；第 2 章介绍了钱江隧道项目的管理模式及相关单位在建设过程中的施工管理工作；第 3 章介绍了钱江隧道的超深基坑工程的设计，包括挡土结构、支撑、地基加固、防漏抗渗等；第 4 章介绍了深基坑工程的施工，包括施工组织设计、地下连续墙施工的难点与质量控制措施、降水施工、立柱施工以及土方开挖；第 5 章介绍了深基坑工程的监测；第 6 章介绍了深基坑工程的监理；第 7 章介绍了结合该工程特点而进行的相关专题研究与成果，并对钱江富水软土地区深基坑工程的安全施工进行了总结。本书可供从事软土富水地区的深基坑工程设计、施工、检测和监理的技术人员参考，也可供大专院校土木、水利、公路与铁路交通工程专业的师生参考。

编者期望以此书全面总结杭州钱江隧道的富水软土深基坑工程，以推动软土深基坑技术在我国的发展和应用。本书在编写过程中虽经多次讨论和修改，但因高渗透性软土深基坑施工是一项很复杂的技术，加之作者水平有限及时间仓促，书中难免会有错误和不妥之处，敬请读者批评指正。

编者还要感谢中国建筑工业出版社的领导与编辑，他们的关心与支持是本书成功出版的保证。

目 录

第1章 工程概述

1.1 深基坑工程特点

随着城市的加速发展，高、大、重、深结构不断涌现，相应深基坑工程的数量和规模迅速增大，如高层建筑深基坑、大型管道的深沟槽、地铁工程的基坑、城市隧道的端头井、大跨度悬索桥的锚碇坑等。基坑工程所处的环境条件也越来越复杂。一方面，越来越多的城市超深基坑工程必须在原有密集建筑物的包围之下进行施工，临近建筑物对深基坑工程的影响和深基坑工程施工过程中对临近建筑物的保护是地下建筑领域研究的重要课题，也是一项正在不断发展和完善的工程技术。另一方面，在地层深度方向上面临越来越复杂的工程地质与水文地质条件。特别是高透水性和承压水地层对基坑工程的安全影响较大，基坑的防渗隔水问题成为重要课题。

深基坑工程又是集风险性系统性一体的工程。它是涉及土力学理论、计算技术、测量仪器以及施工机械、施工工艺等各方面专业技术的复杂系统，要解决不同专业领域的技术协同及地下工程带来的高度不确定性风险，除需要技术攻关之外，还需要实施严格的工程管理和严密的精细化施工方案。

深基坑的三维空间特性及软土的流变特性，使得支护结构的内力与变形具有明显的时空效应。实践证明，科学地制订考虑时空效应影响的开挖、支撑设计、施工方案，合理利用土体自身在开挖过程中抵抗位移的能力，以达到控制坑周地层位移目的，是安全经济地使基坑在开挖过程保持稳定的有效途径。

当今的基坑工程在强调改进设计理论的同时，更强调基坑的信息化施工。基坑的信息化施工包括对基坑诸多指标的监测、预报以及根据监测预报情况对设计施工方案的动态调整等内容。

就目前的监测手段和技术而言，除了通过改进监测设备的性能以提高监测数据的精度与可靠性外，更重要的是实现所有测点数据的同步采集与实时传输，使基坑开挖全过程处于实时动态监控之中，确保其安全可控。

从近年来国内外发生的多起基坑工程事故的分析可知，这些事故都与监测不力或险情预报不准确、不及时有关。因此，与深大基坑工程现场监测相互配套的施工变形预测与控制也同样重要。通过对监测数据进行实时处理与分析，并对下一时步的变形进行预测，可以指导后续基坑施工，必要时调整施工步骤或启动工程应急预案。

1.2 钱江隧道深基坑工程概述

钱江隧道工程是浙江省公路水路建设规划中“两纵两横十八连三绕三通道”高速公路主骨架的“一通道”，是长三角都市圈高速公路规划中“七纵之一”，是江苏盐城至浙江绍兴高速公路的组成部分。

钱江隧道工程全长4.45km，其中盾构掘进段3251m，江南岸边段600m，江北岸边段599m。钱江隧道为双向六车道，设计时速80km/h；车道净宽2m×(3.75＋3.75＋3.5)m，车道净高5m。采用外径15.43m的大型泥水平衡盾构施工，估算总投资35.6亿元，计划工期4年。它的建成将勾通钱塘江南北两岸三市（嘉兴、杭州、绍兴），连接沪杭、杭浦、杭甬、杭绍甬4条高速公路，为各条高速公路之间的相互连接提供一条快速通道。同时也是环杭州湾地区接轨上海市，北通苏州、嘉兴到达萧山国际机场及绍兴市的最快捷通道，将桐乡、海宁两市经济开发区、杭州江东工业园区及绍兴的河桥组团连为一体，如图1-1所示。对于加速杭州湾产业带的形成，加快“接轨上海、融入长三角”步伐和促进三地社会经济发展都具有十分重要的作用。同时，对加强沿线地区与周边省市间的经济联系的发展也具有十分重要的意义。

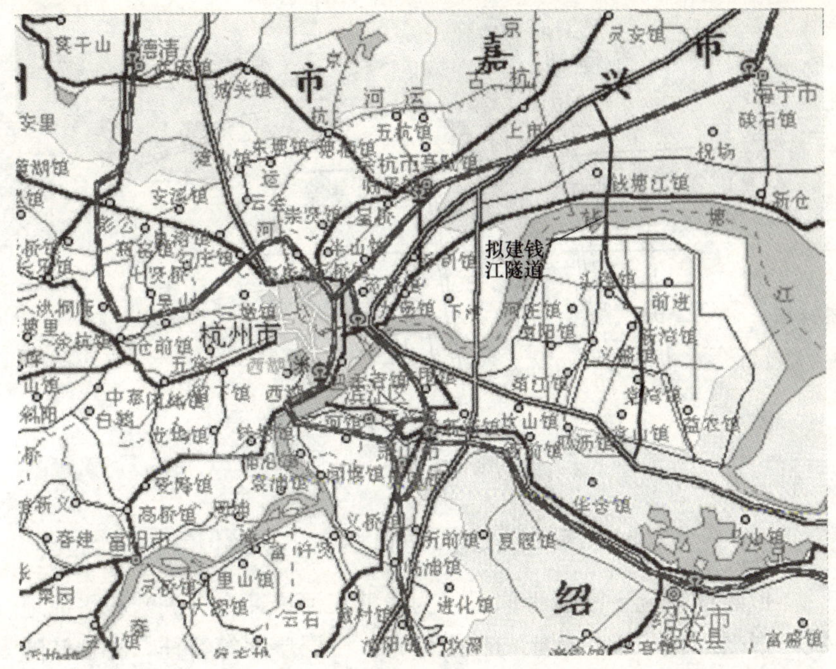

图 1-1 钱江隧道交通位置图

钱江隧道是目前浙江省高速公路网络规划中第一个越江隧道项目，属特大越江公路隧道，为世界最大直径的盾构法隧道之一，其江中最大埋深约 38m，掘进范围主要土层为粉砂层和软黏土层，具有地质条件复杂、开挖断面大、建设标准高、技术难度大等特点，是浙江省内隧道建设里程碑式的标志工程，也是国内越江隧道工程界所瞩目的工程之一。

钱江隧道试验井项目是钱江通道及接线工程中的过江控制工程——钱江隧道的先导性工程，设计里程桩号（以左线计）自 LK15＋250 至 LK15＋392 共 142m，其中 LK15＋250 至 LK15＋273.005 为江南工作井，主体结构外包尺寸长×宽为 45.80m×23.4m，基坑最大挖深 28.25m，施工时作为盾构始发井。LK15＋273.005 至 LK15＋392 为江南工作井后续段，为盾构机配套设备施工服务，如图 1-2 所示。

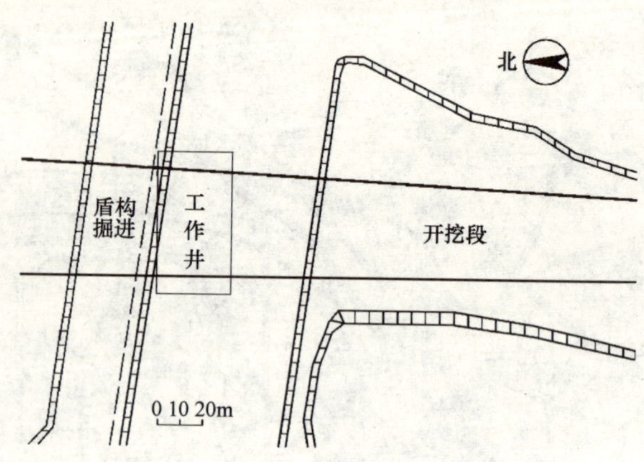

图 1-2 钱江隧道江南试验段平面位置图

1.3 钱江隧道江南试验井周边环境

拟建场地位于浙北平原区，为钱塘江河口冲海（湖）积平原地貌，根据沉积环境、软土与粉土分布、土层层序等特征，将钱江隧道沿线细划为3个沉积地貌单元：

1. 海积平原区

设计里程桩号：K11＋400～K12＋361，全长约221m。主要分布于钱塘江北岸岸区，地形开阔平坦，地面标高一般为4.10～5.20m，表部以水稻田为主。

2. 钱塘江河床区

设计里程桩号：K12＋361～K14＋670，全长2309m左右。该区域主要为钱塘江河床，沿线为水域，河流水深受潮汐及洪汛影响变化较大，勘察期间水深一般为1～3m，北侧受河道主流线冲刷影响，局部较深，可达7～8m。南侧在退潮时或旱季局部出露大面积滩涂。

3. 冲海积平原区

设计里程桩号：K14＋670～K15＋850，全长1180m。该区分布于钱塘江南岸陆域区，地形开阔平坦，地面标高一般为5.77～6.86m，受人为改造（如围垦、鱼塘开挖等）影响，微地貌有一定起伏，局部标高达 9.80m。该区现场鱼塘密集分布，地表水网发育。

1.4 钱江隧道江南试验井工程地质条件

1.4.1 江南试验井地层状况

钱江隧道江南试验井地处杭州市萧山区头蓬镇围垦地，为棋格状养殖塘。

勘探深度范围内具体可分为 7 个工程地质层组，细划为 19 个亚层、4 个夹层。现自上而下分述如下：

1-1 层：素填土（mlQ_4）

南岸主要成分为粉土，灰、灰黄色，湿、松散，无层理，均匀性较差；北岸以黏性土为主，灰、灰黄、灰褐色，软塑—可塑，无层理，均匀性一般，局部可见铁锰质氧化斑点。

层厚：0.20～9.00m，平均层厚 2.93m，顶板标高：－2.04～9.81m，平均标高 5.68m。分布情况：该层主要分布于江南、江北堤坝附近，多为现有河塘堤坝等人工填筑，局部为块石，如钱塘江堤坝迎水面有抛石，堤坝处侧基础位置有沉井。

1-2 层：塘坝素填土

灰色，稍密，稍湿，无层理。主要由粉性土组成，土质较均一，局部可见铁锰质氧化斑点，摇震反应迅速，刀切面粗糙，干强度低，韧性低。

层厚：0.70～6.50m，平均层厚 4.95m，顶板标高：4.29～9.73m，平均标高 7.96m。分布情况：主要分布于钱塘江两岸现有海塘堤身。

2-1 层：砂质粉土（alQ_{43}）

灰、黄灰色，稍密，很湿，层状构造，层理不明显。土质较均匀，局部夹粉砂，含细小云母片。中等压缩性，摇震反应迅速，刀切面粗糙，干强度低，韧性低，手捏可成团。标贯试验 $N_{63.5}$＝4～16 击，平均 8.9 击。

层厚：2.50～7.60m，平均层厚 4.610m，顶板标高：－0.81～2.47m，平均标高 1.08m。分布情况：该层主要分布于钱塘江江中，性质近似于浮土。

2-1a：抛石层

灰白、灰黄色，岩质以凝灰岩为主，中风化状，岩质致密坚硬，锤击声脆、不易碎，碎石砾径一般为40～80cm，最大直径大于1m，钻探岩芯多20～40cm，呈柱状。

层厚：1.35～2.40m，平均层厚1.95m，顶板标高：−1.59～−0.92m，平均标高−1.22m。分布情况：主要分布于钱塘江北岸近岸区，江中段、江南段未见，本次勘察揭露钻孔有Jz-Ⅲ07-25、Jz-Ⅲ07-26、Jz-Ⅲ07-27。

2-2层：粉质黏土（mQ_{43}）

黄灰色、灰褐色，软塑—可塑，厚层状构造。含少量铁锰质氧化斑点，土质比较均匀。摇震反应无，土刀切面稍具光滑，干强度中等，韧性中等。标贯试验$N_{63.5}=5\sim10$击，平均7.7击，静力触探端阻$q_c=0.50\sim1.73$MPa，平均1.1MPa，侧壁摩阻力$f_s=22.15\sim55.12$kPa，平均35.5kPa。

层厚：1.10～6.58m，平均层厚3.05m，顶板标高：2.40～5.47m，平均标高3.75m。分布于钱塘江江北地表，俗称“硬壳层”，分布较普遍，由于江北表部农作物普遍，其耕植土一般厚度为0.4～0.6m，局部树根深度可达1m，对该工程意义不大，故未专门独立划分，归并入本层之内。

3-1层：砂质粉土（$al\text{-}mQ_{43}$）

黄灰色、灰色，稍密，湿—很湿，薄层状构造，一般单层厚度为0.2～5cm。土质均匀性一般，层面多见细小云母片，局部夹粉砂微层理。中等压缩性。摇震反应迅速，土刀切面粗糙，干强度低，韧性低。标贯试验$N_{63.5}=2\sim11$击，平均7.3击，静力触探端阻$q_c=2.93\sim6.89$MPa，平均5.0MPa，侧壁摩阻力$f_s=37.60\sim73.40$kPa，平均50.6kPa。

层厚：4.50～11.00m，平均层厚7.59m，顶板标高：5.47～3.75m，平均标高3.75m。分布情况：该层主要分布于钱塘江江中河床浅部及江南浅部，江北缺失。

3-2层：粉砂（$al\text{-}mQ_{43}$）

暗绿灰色、灰色，中密为主，局部密实，饱和，薄层状构造，一般单层厚 0.5～5cm。砂质分选一般，局部夹粉土薄层，底部偶见黏性土微层理，土层均匀性略差。摇震反应迅速，刀切面粗糙，干强度低，韧性低。标贯试验 $N_{63.5}$＝3～35 击，平均 12.7 击，静力触探端阻 q_c＝7.69～11.58MPa，平均 9.4MPa，侧壁摩阻力 f_s＝32.05～105.73kPa，平均 82.2kPa。

层厚：1.65～13.70m，平均层厚 9.56m，顶板标高：－7.51～－1.40m，平均标高－4.06m。分布情况：该层分布于钱塘江江中及江南，江北岸缺失。

3-3 层：淤泥质（粉质）黏土及黏土（m-lQ43）

灰色，流塑，饱和，厚层状构造。粘塑性好，含少量黑色有机质斑点，土质均匀，局部易污手，底部一般可见少量贝壳碎片。无摇震反应，刀切面光滑，干强度高，韧性高。标贯试验 $N_{63.5}$＝2～8 击，平均 4 击，静力触探端阻 q_c＝0.44～0.57MPa，平均 0.5MPa，侧壁摩阻力 f_s＝12.08～21.30kPa，平均 16.3kPa。

层厚：2.50～6.50m，平均层厚 4.24m，顶板标高：－0.32～3.21m，平均标高 1.32m。分布情况：该层主要分布于江北 7m 以上，钱塘江江中及江南缺失。

4-1 层：淤泥质（粉质）黏土（mQ42）

灰色，流塑，饱和，鳞片状构造，一般片径在 2mm 左右。粘塑性较好，含少量有机质斑点，局部易污手，土质均匀，偶见灰白色贝壳碎片，局部见少量粉土小团块。无摇震反应，刀切面光滑，干强度高，韧性中等。标贯试验 $N_{63.5}$＝2～16 击，平均 5.2 击，静力触探端阻 q_c＝0.60～0.76MPa，平均 0.67MPa，侧壁摩阻力 f_s＝7.2～11.78kPa，平均 8.5kPa。

层厚：1.50～14.50m，平均层厚 8.46m，顶板标高：－16.24～－1.46m，平均标高－8.76m。分布情况：该层全线分布，自北向南呈下倾趋势，江北主要分布于深度 3～20m，钱塘江江中主要分布于深度 10～18m，南岸陆域渐缺失。

4-2 层：粉质黏土及淤泥质粉质黏土（mQ42）

灰色，软塑～流塑，饱和，薄层状构造，一般单层厚度 0.5～

10cm 不等。粘塑性一般，含薄层粉土膜或粉土团块，偶见黑色有机质斑点，土质不甚均匀。无摇震反应，刀切面稍有光滑，干强度高，韧性低。标贯试验 $N_{63.5}$ =2～14 击，平均 6.2 击，静力触探端阻 q_c = 0.82～1.52MPa，平均 1.03MPa，侧壁摩阻力 f_s = 8.39～24.27kPa，平均 14.8kPa。

层厚：1.56～14.60m，平均层厚 8.78m，顶板标高：－20.81～－13.46m，平均标高－16.77m。分布情况：基本全线有分布，江中局部地段有缺失。

4-2a 层：黏质粉土及淤泥质粉质黏土夹粉土（mQ_{42}）

灰色，稍密，很湿，薄层状构造。土质不甚均一，多见云母屑。摇震反应中等，刀切面较粗糙，干强度中等，韧性低。

层厚：0.70～1.95m，平均层厚 0.99m，顶板标高：－17.51～－15.37m，平均标高－15.91m。分布情况：仅个别孔有零星分布。

4-3 层：淤泥质粉质黏土夹粉土、黏质粉土（mQ_{42}）

灰色，流塑—软塑，饱和，薄层状构造，一般单层厚 0.2～4cm。土质均匀性较差，多呈互层状，局部以粉土为主，含少量腐殖物碎屑。摇震反应中等，刀切面较粗糙，干强度中等，韧性低。标贯试验 $N_{63.5}$=7～23 击，平均 11.6 击，静力触探端阻 q_c=1.63～2.96MPa，平均 2.24MPa，侧壁摩阻力 f_s=19.62～53.21kPa，平均 33.2kPa。

层厚：1.20～6.50m，平均层厚 4.02m，顶板标高：－26.64～－18.71m，平均标高－22.91m。分布情况：该层在江北、江中有分布，其层厚及空间分布不均匀，江南缺失。

5-1 层：粉质黏土（$al\text{-}lQ_{41}$）

褐灰色、青灰色、绿灰色，软塑—可塑，厚层状构造。粘塑性一般，含少量粉粒，偶见泥质小结核，土层均匀性略差，局部多见蓝灰色淋滤纹。无摇震反应，刀切面稍有光滑，干强度中等，韧性中等。标贯试验 $N_{63.5}$ =5～18 击，平均 12.6 击。

层厚：0.80～4.90m，平均层厚 3.19m，顶板标高：－19.14～－3.82m，平均标高－16.63m。分布情况：仅在局部地段有分布，沿线大多呈缺失。

5-2 层：粉质黏土（al-lQ_{41}）

灰黄色、黄褐色，可塑，厚层状构造。粘塑性一般，含铁锰质氧化斑点，土质比较均匀，局部粉粒含量略高。无摇震反应，刀切面稍有光滑，干强度高，韧性中等。标贯试验 $N_{63.5}$＝5～35 击，平均 12.6 击，静力触探端阻 q_c＝2.41～3.83MPa，平均 3.2MPa，侧壁摩阻力 f_s＝50.71～105.87kPa，平均 78.5kPa。

层厚：0.90～11.05m，平均层厚 5.11m，顶板标高：－26.37～－15.43m，平均标高－19.35m。分布情况：全线局部地段有分布，江中、江南部分地段缺失。

5-3 层：黏质粉土（al-mQ_{41}）

灰黄色、黄灰色、灰色，稍密～中密，湿，薄层状构造，层理不太明显。含云母片碎屑，土层均匀性一般，顶部偶见黏性土微层理。摇震反应迅速，刀切面粗糙，干强度及韧性低。标贯试验 $N_{63.5}$＝5～27 击，平均 12.3 击，静力触探端阻 q_c＝6.40～14.92MPa，平均 9.4MPa，侧壁摩阻力 f_s＝60.61～154.59kPa，平均 102.6kPa。

层厚：1.40～9.20m，平均层厚 4.60m，顶板标高：－29.19～－18.05m，平均标高－22.87m。分布情况：全线局部地段分布。

5-3a 层：粉砂（al-mQ_{41}）

灰黄色、黄灰色、灰色，局部略显灰绿色，中密，饱和，薄层状构造。砂质分选一般，含云母碎屑，自上而下颗粒渐粗。摇震反应迅速，刀切面粗糙，干强度及韧性低，手捏可呈团。

层厚：2.20～8.50m，平均层厚 5.31m，顶板标高：－37.09～－20.14m，平均标高－29.64m。分布情况：仅江中个别地段有分布，一般位于 5-3 层下部，由 5-3 层自上而下呈渐变。

5-4 层：粉质黏土（mQ_{41}）

褐灰色、灰色，软塑，厚层状构造。粘塑性一般，局部腐殖物碎屑，土质均匀，偶见泥质小结核。无摇震反应，刀切面稍有光滑，干强度中等，韧性中等。标贯试验 $N_{63.5}$＝5～35 击，平均 12.6 击，静力触探端阻 q_c＝2.41～3.83MPa，平均 3.2MPa，侧壁

摩阻力 f_s＝50.71～105.87kPa，平均78.5kPa。

层厚：2.64～25.40m，平均层厚15.06m，顶板标高：－40.89～－22.72m，平均标高－28.00m。分布情况：全线有分布。

6-1层：粉质黏土（al-lQ_{32-2}）

灰黄色，可塑～硬塑，厚层状构造。粘塑性一般，含铁锰质氧化斑点，土质比较均匀，局部地段顶部0.5m左右呈灰绿色。无摇震反应，刀切面稍有光滑，干强度高，韧性中等。标贯试验 $N_{63.5}$＝8～16击，平均13.38击，静力触探端阻 q_c＝1.07～3.28MPa，平均2.18MPa，侧壁摩阻力 f_s＝17.79～53.6kPa，平均38.3kPa。

层厚：1.40～7.90m，平均层厚3.70m，顶板标高：－47.86～－32.98m，平均标高－41.60m。分布情况：全线局部地段有分布。

6-2层：黏质粉土（al-mQ_{32-2}、mQ_{32}）

灰黄色、黄灰色，中密—密实，湿，厚层状构造。土质比较均匀，粘粒含量较高，含细小云母片，偶见铁锰质氧化斑，局部见铁锰质结核。刀切面较粗糙，摇震反应迅速，干强度及韧性低。

层厚：1.60～7.30m，平均层厚3.92m，顶板标高：－83.86～－38.30m，平均标高－49.06m。分布情况：全线大部分地段缺失，仅局部地段有揭露。

6-3层：粉质黏土（黏土）（mQ_{32-2}）

灰色，软塑，厚层状构造。粘塑性好，土质均匀，搓条可呈手掌长，偶见灰白色泥质小结核。无摇震反应，刀切面非常光滑，干强度高，韧性高。标贯试验 $N_{63.5}$＝15～42击，平均23.7击，静力触探端阻 q_c＝1.07～1.76MPa，平均1.71MPa，侧壁摩阻力 f_s＝17.79～22.47kPa，平均19.74kPa。

层厚：0.56～16.80m，平均层厚7.12m，顶板标高：－58.45～－39.50m，平均标高－45.51m。分布情况：本层全线分布。

7-1层：粉质黏土（mQ_{32-1}）

江南试验井承载力及基坑设计参数表 **表 1-1**

层号	名称	天然含水量 w	天然重度 γ	孔隙比 e	渗透系数 垂直 K_v	渗透系数 水平 K_h	热物理指标 比热容 c	热物理指标 导温系数 λ	热物理指标 导热系数 a	压缩模量 $Es_{1\text{-}2}$	承载力特征值 f_a	钻孔桩 极限侧阻力标准值 q_{sik}	钻孔桩 极限端阻力标准值 q_{pk}	抗拔系数 λ_i
		%	kN/m^3		10^{-4} cm/s	10^{-4} cm/s	kJ/kg·K	10^{-3} m^2/h	W/(m·K)	MPa	kPa	kPa	kPa	
1-1	素填土	29.5	19.4	0.8	2.90	5.40				11.5	130	14		0.6
3-1	砂质粉土	26.4	19.5	0.76	1.40	1.95				11.7	130	16		0.6
3-2	粉砂	23.8	19.9	0.67	3.13	3.58	1.71	1.73	2.44	11.9	150	40		0.6
4-2	淤泥质粉质黏土	40.5	18.0	1.15	0.0366	0.0525	1.68	1.59	2.08	2.9	100	12		0.7
5-3	黏质粉土	31.0	19.0	0.88	4.30	6.72	1.45	1.78	1.59	6.4	130	55	650	0.6
5-4	粉质黏土	34.5	18.7	0.96	0.00251	0.00327	1.71	1.50	1.96	6.7	120	46	550	0.7

层号	名称	固快 内聚力 C	固快 内摩擦角 φ	直接快剪 内聚力 C	直接快剪 内摩擦角 φ	三轴 CU 内聚力 C	三轴 CU 内摩擦角 φ	三轴 UU 内聚力 C	三轴 UU 内摩擦角 φ	静止侧压力系数 k_0	垂直基床系数 K	泊松比 μ	回弹模量 Er_{200}
		kPa	°	kPa	°	kPa	°	kPa	°		MPa/m		MPa
1-1	素填土	4.7	27.4										
3-1	砂质粉土	5.0	28.1	8.5	27.1	27.0	22.7			0.50	18.7	0.33	
3-2	粉砂	5.3	29.2	5.5	27.6	24.7	34.3	24.8	3.00	0.41	21.3	0.29	66.17
4-2	淤泥质粉质黏土	16.7	10.8	15.9	4.8	16.3	16.4	19.1	0.2	0.71	13.3	0.42	27.33
5-3	黏质粉土	13.0	21.0	14.7	17.7	23.9	27.7	39.1	1.6	0.48	23.9	0.32	35.28
5-4	粉质黏土	23.9	15.0	24.5	10.7	24.6	16.8	45.8	1.4	0.49	22.1	0.33	18.60

灰色，稍密—中密，薄层状构造。土质不甚均匀，夹有粉土、粉砂微层理，多含云母片碎屑。摇震反应迅速，刀切面粗糙，干强度低，韧性低。标贯试验 $N_{63.5}$＝15击，平均15击。

层厚：1.90～6.10m，平均层厚4.18m，顶板标高：－60.40～－52.82m，平均标高－55.72m。分布情况：该层全线大部分布。

7-2层：粉砂（al-$mQ_{32\text{-}1}$）

灰色，稍密—中密，饱和，薄层状构造。砂质不均，局部为砂质粉土，下部近似细砂。摇震反应迅速，土面粗糙，干强度低，韧性低。

层厚：0.80～9.70m，平均层厚7.00m，顶板标高：－63.31～－52.57m，平均标高－60.11m。分布情况：沿线普遍分布，本次勘察仅少量钻孔有揭露。

1.4.2 江南试验井土层设计参数

根据勘察钻孔揭露的地层结构、岩性特征、埋藏条件、物理力学性质，以及原位测试成果、室内土工试验成果，结合区域地质资料，得到基坑设计参数，如表1-1所示。

1.5 钱江隧道江南试验井水文条件与钱江涌潮状况

1.5.1 江南试验井水文条件

拟建场地地下水按其含水层水理特征、分布埋藏条件可分为第四系松散岩类孔隙潜水和孔隙承压水、深部基岩裂隙水。因基岩裂隙水埋深大，水量贫乏，对该工程意义不大，与该基坑工程关系密切的主要为孔隙潜水和孔隙承压水。

1. 第四纪孔隙潜水

主要赋存于沿线浅部人工填土及江中、江南浅部的粉、砂性土层内，地下水分布连续，其富水性和透水性具有各向异性，特别是钱塘江两岸的表部填土层，透水性良好，下部粉性土层透水性弱。

（1）江北岸潜水主要分于主表层填土层和2-2层内，其中由于表层填土均匀性较差，其透水性呈各向异性，且为局部分布，2-2层“硬壳层”下部为巨厚层淤泥质土层，具微透水性，属相对隔水层，2-2层渗透系数一般为（1.35～1.64）$\times 10^{-6}$ cm/s。根据区域民井调查，江北潜水层单井涌水量一般小于 $10m^3/d$。勘察期间，据北岸观测资料，潜水位埋深0.30～4.50m，相对于标高为2.93～4.50m（85国家高程复测，下同），平均标高为3.78m，水位变幅一般为1.0～2.0m。

（2）江南岸孔隙潜水含水层主要分布于表层填土、3-1层砂质粉土和3-2层粉砂层内，土层水平向呈广泛而连续，垂直向上具有一定的水平层状沉积韵律变化。根据室内试验，潜水含水层的渗透系数为（1.57～3.51）$\times 10^{-4}$ cm/s，属弱透水性。据区域资料，江南潜水含水层其单井涌水量一般为 $10\sim30m^3/d$。江南潜水含水层与钱塘江水体及附近河塘地表水体水力联系密切，勘察期间，据南岸观测资料，潜水位埋深0.60～4.10m，相对于标高为3.52～6.61m，平均标高为4.96m，水位变幅一般为1.0～1.5m。

孔隙潜水受大气降水竖向入渗补给及地表水体下渗补给为主，径流缓慢，以蒸发方式排泄和向附近河塘侧向径流排泄为主，潜水位受地形控制，随季节气候动态变化明显，与钱塘江河水位水力联系密切。一般情况下，丰水期时，由地表水体补给潜水含水层，枯水期时，由潜水含水层补给地表水体。

2. 第四纪孔隙承压水

根据勘探揭露，结合区域地质资料，沿线第四纪孔隙承压水含水层主要有3层，具体自上而下分述如下：

第一承压水含水层赋存于南北两岸4-3层粉土中，属陆相与海相沉积的过渡性质，局部夹有黏性土微层理，具有透水性弱、水量小的特点。含水层多呈透镜体分布于江北、江中段，厚度分布不均且范围有限，具有微承压性质。据江北抽水孔资料，第一承压含水层地下水位埋深2.90～3.37m，平均3.10m，对应标高1.19m。根据现场钻孔抽水试验结果，其综合渗透系数为（6.359～7.35）$\times 10^{-5}$ cm/s。另据《1/20万杭州幅区域水文地质普查报告》（1980.11）资料：该场地水位埋深在3.48m左右。第一承压含水层少量接受上部地下水下渗补给，向下部土层下渗排泄，由于距钱塘江水域较近，其地下水位受潮汐、季节性、气候等影响呈不规律波动，但水量变化不大。

第二承压水含水层赋存于5-3层黏质粉土、粉砂，分布广泛，暗灰绿色，其水量水位变化较小，一般具有弱渗透性，沿线分布不均匀。含水层一般呈局部分布，连续性较差。根据江南抽水孔观测，地下水位埋深为2.90m，相对于标高3.20m，其综合渗透系数为3.37×10^{-1}m/d（3.90×10^{-4}cm/s）。另据《1/20万杭州幅区域水文地质普查报告》（1980.11）资料：该场地水位埋深3.96m。第二承压含水层少量接受上部地下水下渗补给，向下部土层下渗排泄，由于距钱塘江水域较近，其地下水位受潮汐、季节性、气候等影响呈不规律波动，但水量变化较小。

第三承压含水层赋存于7层粉细砂、含泥圆砾、含泥卵石层，上覆盖粉质黏土，构成了相对隔水的承压顶板。含水层以封存型地下水为主，受气候、潮汐影响不明显，主要接受上游潜水入渗补给，少量接受上部地下水下渗补给，侧向径流缓慢，一般以人工深井开采和向下游径流排泄为主要排泄途径。结合初勘资料分析，第三承压含水层埋藏深度一般在54m以下，含水层厚度（包括下部含泥圆砾、含泥卵石层）一般大于10m，且具有明显河床相沉积的“二元结构”特征，含水量丰富。勘察期间，在Jz-Ⅲ07-10孔对第三承压含水层层进行了地下水位长期观测，结果如下：地下水位埋深3.20～5.30m，相对于标高1.09～−1.01m，平均标高0.36m。据《1/20万杭州幅区域水文地质普查报告》（1980.11）资料：该场地水位埋深为3.99～5.32m（图1-3和图1-4）。

1.5.2 钱塘江涌潮

1. 钱塘江涌潮情况

钱塘江河口湾平面上自东向西呈现喇叭状，上游澉浦位宽22km，下游的湾口宽达100km。潮差在由下至上的传播过程中前期不断增大，后期减小。澉浦多年平均潮差5.63m，实测最大潮差是在2002年9月8日，潮差为9.00m。澉浦以上，潮差逐渐减小，盐官的多年平均潮差为3.28m。过了乍浦，由于河道继续收缩，并且潮波行进在钱塘江沙坎前坡之上，河床开始抬升，水深减小，从而造成潮差继续增大。因此，由于浅水效应，从乍浦开始，潮差与水深的比值迅速增加，从澉浦到盐官，多年平均潮差与中潮位水深

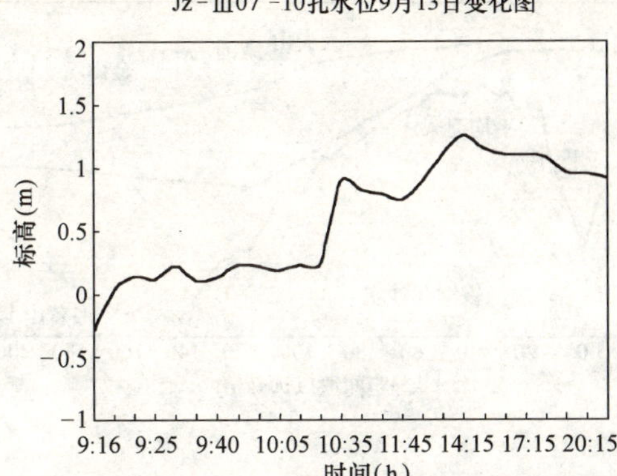

图 1-3 第三承压含水层水位单日波

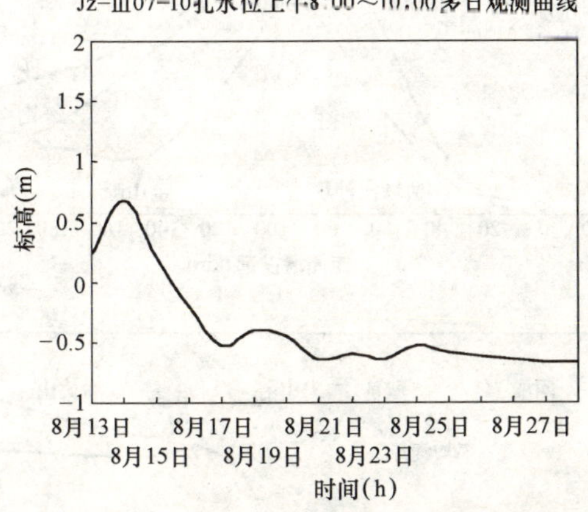

图 1-4 第三承压含水层水位多日水位观测

的比值几乎都在 1 以上。而杭州湾沿线，涨落潮历时的比值均在 0.8 上下，变化很小，一旦过了澉浦，则迅速下降。

图 1-5 为钱塘江潮位多年来的变化。测试时间为 2000 年 9 月，从富春江电站到澉浦一段，全长 193km，沿途共设置了 18 个潮位观测站，每次观测时间间隔 1h，历时半个月。由于观测期正是钱塘江秋季大潮期，所以各个地点的潮差都较大，观测数值明显。

其中，南岸平均潮差为大尖山最大，达到 6m，而本次钱江隧道江南试验井所在的盐官地区，也达到了 4m。而北岸最大的平均

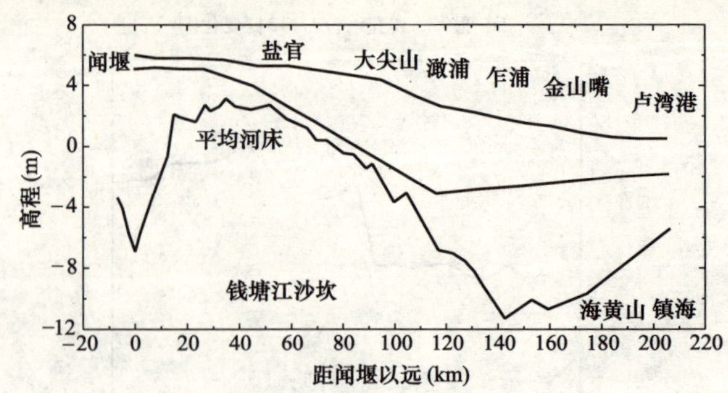

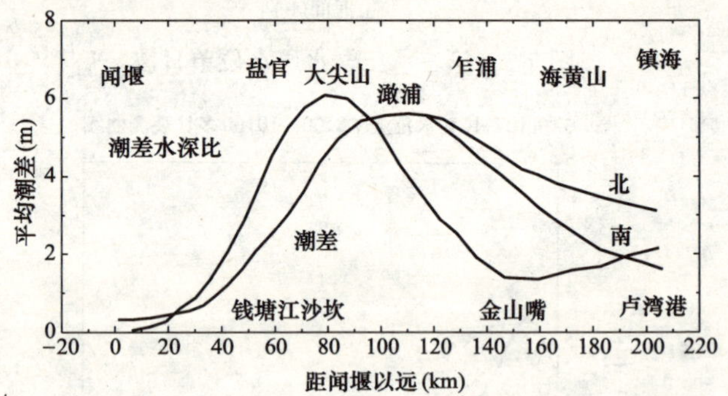

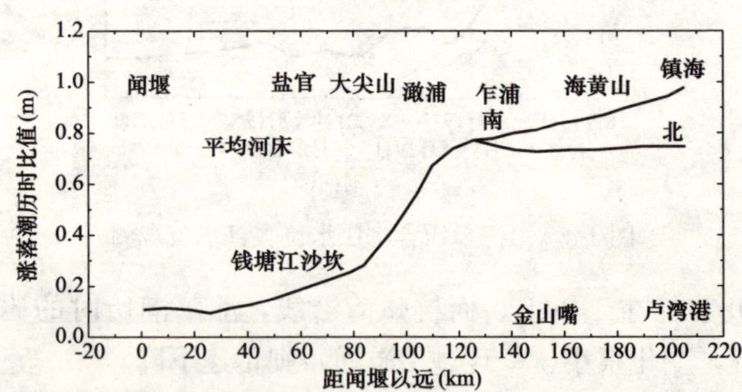

图1-5　多年平均特征值的沿程变化

潮差在澉浦，大约为5m，主要原因还是由于河床及河宽变化。

2. 涌潮对地下水的影响

图1-6所示为现场监测⑤-3层承压含水层半月水位变化以及当时半月盐官地区钱塘江潮水水位变化。由图可知，⑤-3层承压水

水位变化与钱塘江潮位变化在半月内基本保持一致，这说明在钱江隧道江南工作井地区的第一层承压含水层与钱塘江水流连通，上下振幅比例大约为10：1。

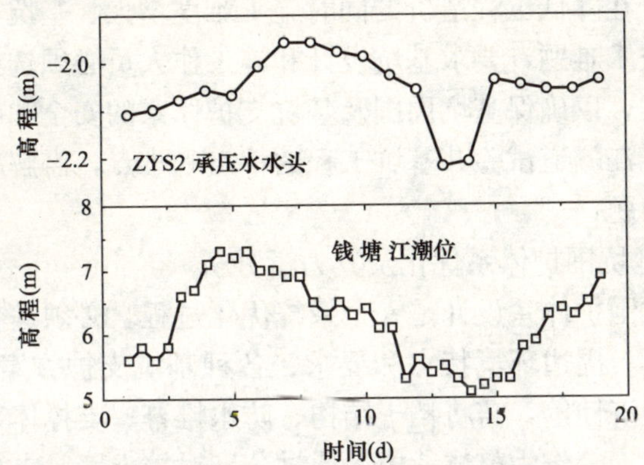

图1-6 ZYS2承压水水头与钱塘江潮位半月对比

针对以上结论，为了保障钱江隧道江南工作井的顺利施工，在钱江隧道江南试验井的设计和施工过程中应注意以下3点：

(1) 采用全含水层隔断的地下地下连续墙施工方式施工，同时在施工的过程中需要对地下地下连续墙的渗漏问题进行监测，控制，防患于未然。

(2) 在施工过程中需要实时监测基坑外⑤-3层承压水水位变化，防止水位突变对基坑造成影响。

(3) 及时收集及预报钱塘江潮位变化，合理安排施工时间段。

1.6 钱江隧道深基坑工程难点

钱江隧道的工作井和明挖段开挖深度大（最大挖深达到28.25m)、延伸范围广。在开挖深度内主要为透水性强的粉砂层和强度低、含水量高、灵敏度高的淤泥质软土，工程地质条件和水文地质条件复杂。所有这些因素都对工程的设计、施工提出了严峻的挑战，解决好这些技术难题对该工程的科学合理设计和安全经济施工（降低施工风险）具有关键的指导作用，对类似工程也具有重要的借鉴和指导意义。

根据既有深基坑施工经验，基坑防水是否可靠是基坑工程成败的关键。目前，深基坑工程对地下水的治理方法大致可分为纯降水、纯隔断和隔降结合三大类型。深基坑支护普遍面临着周边环境日趋复杂、在降低工程造价的同时施工难度增大、基坑开挖深度不断增大的技术难题，要求基坑设计和施工作人员必须选择合理的支护结构方案，以确保基坑周围及基坑支护体系的安全和施工进度。

针对钱江隧道试验井基坑工程的特点和难点，需解决以下几方面的关键问题：

1. 深基坑围护体系优化及其力学分析

深基坑围护体系设计是一个系统优化过程。必须综合考虑场地和地质条件、周边环境特点和要求、各种基坑支护方案的可行性、适用性和经济性等，需将挡土结构、防水帷幕、支撑体系、土方开挖与降水施工等作为整体考虑。通过分别对挡土墙、支撑体系各工况的数值仿真分析、优化设计并确定关键控制项目及控制点，指导工程监控及风险防范预案的制定，以保证基坑及其周边建筑物的安全，使工程得以顺利进行。

2. 复杂含水层超深基坑地下墙防渗技术

根据明挖段具体的水文地质条件，研究具体的防水、隔水方式与技术措施，做到措施安全、经济、合理。

3. 复杂含水层超深基坑降水及其对基坑稳定性与周围环境影响分析

明挖段基坑受上层潜水及下层承压水的影响，研究基坑施工时具体的降水模式与影响，确定安全、可靠的降水方案。

1.7 本书主要内容

第1章 工程概述。简略介绍了该工程大体情况及所处场地的水文地质特点，归纳了设计、施工、监测过程中特点和难点。

第2章 工程管理。介绍了该工程的招投标模式，及各相关单位在建设钱江隧道建设过程中起到的作用。

第3章 深基坑工程设计。本章主要介绍了端头井及明挖段围护结构和内支撑的设计形式；并对结构的防渗与抗渗设计、地基加固形式进行了介绍说明；最后给出了各种围护结构的计算说明。

第4章 深基坑工程施工。本章首先对钱江隧道实验井工程筹划与施工组织设计进行了介绍，继而详细介绍了钱江隧道实验井施工过程，包括：地下连续墙、立柱、抽水试验及降水施工、土方开挖及内支撑施工等。

第5章 深基坑工程监测。本章对该工程的监测内容、警戒值的设定及测点布置进行了介绍，并对该工程的监测数据进行了分析，对施工提出了指导意见。

第6章 深基坑工程监理。本章详细介绍了钱江隧道实验井项目的工程监理内容，包括：监理大纲的编制、现场监理制度、质量控制、现场监理和风险控制等。

第7章 深基坑工程相关专题研究。本章主要介绍了针对钱江隧道深基坑项目进行的相关专题研究。包括“富水地层降水及地下水渗流对深基坑稳定性及周围环境的影响研究”、“钱江隧道深基坑优化设计研究”、“防水抗渗技术研究”、“富水地层超深基坑降水安全性的对应措施研究”、“钱江隧道防洪研究”等。

第2章 工程管理

2.1 钱江隧道管理模式

BOT 管理模式（Build-Operate-Transfer）具有融资能力强、自有资本需要量小、投资收益有保障等众多优点。近年来 BOT 模式被广泛用于国内外重大基础设施建设，并取得了一定的成功。如英法海峡隧道工程、山东日照电厂工程、福建泉州刺桐大桥工程、广州西朗污水处理系统工程、成都第二绕城高速公路工程等。钱江隧道工程作为国内大型公路交通工程及首条过钱塘江特大型盾构隧道工程，为充分整合利用和发挥技术与资金优势，加快工程建设，降低风险，经地方政府与参建企业多方多轮协商，决定采用 BOT 模式进行建设管理（图 2-1）。此外，考虑钱江隧道处于钱塘江流域的特殊性，为给主体工程设计、施工提供技术指导，杭州市政府决定参照类似工程建设经验，由杭州市立项先行实施南岸试验段工程，主要为南岸工作井和部分暗埋段工程。该试验段工程为目前浙江省内最大的深基坑工程之一。工程参与单位如下：

建设单位：钱江通道及接线工程建设指挥部（由杭州市公路管理局组建）；

业主单位：杭州建元隧道发展有限公司；

勘察设计单位：中铁第四勘察设计院集团有限公司、浙江省交通规划设计研究院；

审图单位：上海隧道工程轨道交通设计研究院；

施工单位：上海隧道工程股份有限公司；

监理单位：上海地铁咨询监理科技有限公司、杭州公路工程监理咨询公司；

监测单位：上海第一海洋地质工程有限公司；

质量安检单位：杭州市交通工程质量安全监督局。

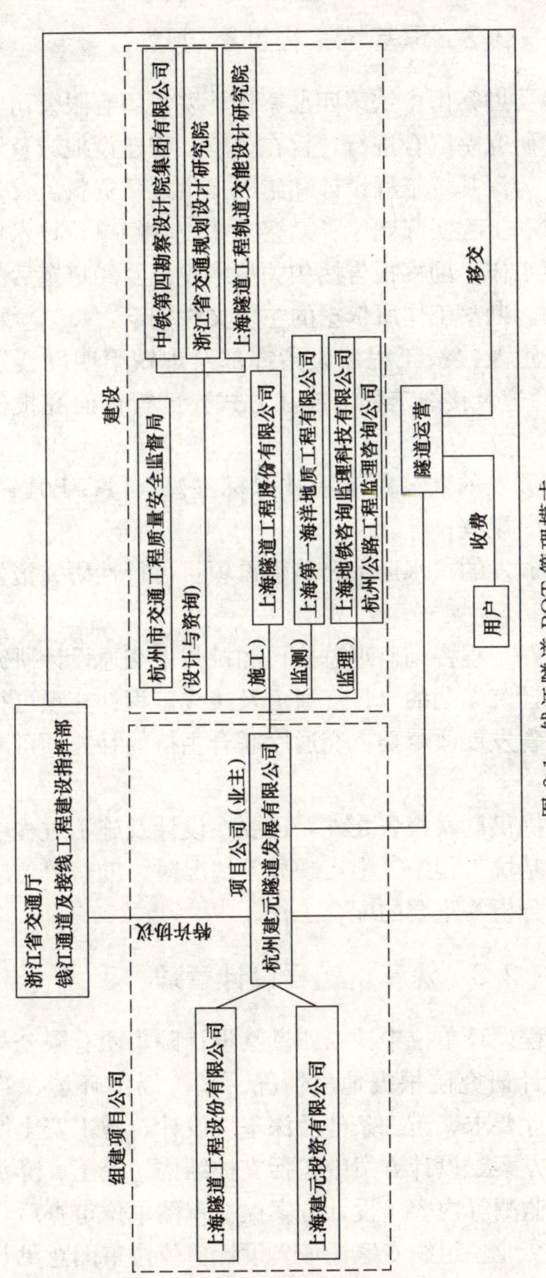

图 2-1　钱江隧道 BOT 管理模式

2.2 深基坑工程勘察管理

该工程的地质勘察由中铁第四勘察设计院集团有限公司和浙江省交通规划设计研究院联合进行，旨在了解工程建设地域及周边环境的地质情况，为深基坑工程设计和施工提供地质资料。首先根据规范、设计要求和工程实际制定了勘察方案，并经单位技术负责人审核后进行勘察工作。勘察报告按相关技术规范及经审定后的勘察方案进行编写的。勘察工作所依据的主要文件如下：

(1) 钱江通道及接线工程建设指挥部对中铁第四勘察设计院《关于编制钱江通道及接线工程（越江方式）可行性研究报告的委托书》；

(2) 交通部颁发的《公路工程技术标准》（JTG B01—2003）及现行有关标准、规范；

(3) 交通部颁发的《水运、公路建设项目可行性研究报告编制办法》；

(4) 中国公路工程咨询监理总公司和杭州市交通设计研究院及中铁第四勘察设计院编制的《钱江通道及接线工程补充预可行性研究报告》及浙江省发展改革委、交通厅联合主持的补充预可专家组评审意见。

勘察单位除提供勘察报告之外，还要在设计及施工过程中提供技术服务。当深基坑工程施工中出现异常情况时，勘察单位应进行地质补勘、调查分析等重要的配合工作。

2.3 深基坑工程设计管理

该深基坑工程设计单位中铁第四勘察设计院集团有限公司、浙江省交通规划设计研究院根据地质情况、基坑周围环境、管线情况、主体结构设计要求、施工条件及深基坑设计、施工安全性评审意见等制定设计方案。设计方案中包括支护结构、挖土、降水、环境和管线保护、监测等内容。设计方案提交审图单位审查后，连同审图意见一并提交业主组织专家论证。设计单位按审图意见与专家评审意见对设计方案进行优化、深化，最终提交设计施工图纸与设计文件，并提出施工技术要求、现场试验和监测要求，以及预防和降低对邻近建筑物、构筑物、道路、管线等周围环境造成损害的技术要求和措施。

设计单位应进行技术交底和工程施工跟踪服务工作，及时掌握施工现场情况。当发现实际情况与勘察报告不符或者出现异常情况时，及时会同建设、勘察、施工、监理、监测等单位研究解决，必要时提出补充勘察要求和修改设计文件。

2.4 深基坑方案专家论证评审

由项目业主单位杭州建元隧道发展有限公司和建设单位钱江通道及接线工程建设指挥部组织，于2008年12月9日在杭州星都宾馆对该深基坑开挖方案进行了专家论证评审，评审内容包括审查深基坑施工自身的安全性和对环境的影响，同时审查初步设计阶段制定的深基坑设计、施工安全性报告中的各项技术、安全措施是否落实到位。首先由施工单位相关人员对《钱江隧道实验井基坑开挖方案》做了详细介绍，与会专家充分讨论后，认为该施工方案可行，并给出了下阶段施工建议：

(1) 环境与地质条件：该工程场地环境开阔，地层中存在⑤-3、⑦层承压水层。其中⑤-3层承压水对该工程影响较大，施工中应该进一步复核降承压水的临界开挖面深度，并留有足够安全余量。坑底⑤-4层软塑土，厚度较大、且变化多，施工中应注意其可能对工程产生的不利影响。

(2) 降水：建议根据降水实验，优化调整坑内井点数量。必要时可进行坑外降水以降低坑外水土压力。

(3) 开挖与监测：开挖顺序严格遵循分层、分段开挖时空效应的原则，明确每次开挖具体宽度及支撑时限；并加强监测数据分析与反馈，建立报警及分级预警制度，及时发现风险隐患，并采取相应应对措施。

(4) 安全教育与培训：应将施工方案中的风险分析及应对措施结合到安全教育与培训工作之中，落实到安全管理各个环节；特别要重视一线工人的安全教育与培训，建议增加基坑应急通道。

(5) 支护系统：建议加强钢支撑节点的施工质量及自拌混凝土的检测与控制。

(6) 应急预案：做好地下地下连续墙接缝漏水的应急措施。

针对具体的地质水文和现场的施工条件，施工单位对专家意见回复如下：

(1) 在施工中，施工单位会严格密切监测承压水的水位和分布情况，根据监测的结果，进一步复核基坑开挖承压水的影响深度。充分考虑其不利影响，现场配发电机，以保障降水的两路供电。

(2) 采纳专家意见，对承压水进行降水试验，详细了解承压水的水力条件，进一步确定承压水的降水井点布置。

(3) 严格按照监测方案对基坑的变形进行监测，信息化施工。

(4) 加强现场的管理和一线工人的安全培训。设置基坑上下的安全通道，并适时进行安全演练。

(5) 现场建设混凝土拌站，加强混凝土质量的管理。

(6) 现场设置地下地下连续墙堵漏施工抢险队。

2.5 深基坑工程施工管理

施工单位上海隧道工程股份有限公司根据设计文件和设计技术要求，结合工程实际编制施工方案，施工方案除常规的内容外，还应包括环境保护措施、监控措施和应急预案等内容。经评审通过的设计方案和施工方案不得随意变动。确需修改时，应当经过原评审专家组同意。其中，需修改设计方案的，应当先征得原设计单位认可。

建设单位杭州建元隧道发展有限公司组织勘察、设计、施工、监理和监测单位进行基坑开挖条件验收。深基坑开挖由项目总监发布开挖令。基坑开挖后，施工单位应当及时进行支护结构工程施工，严禁基坑长时间暴露。

深基坑工程施工单位应当加强对施工现场的安全质量管理，履行技术管理程序，严格按评审通过的设计方案和施工方案进行施工，并对施工现场的周围环境进行监控。严禁违章作业和盲目施工；严格执行安全生产责任制。施工现场必须采取有效的防爆防火、保护环境等防范措施，防止安全事故的发生。

在深基坑施工过程中，建设单位和工程总承包单位均应当加强对深基坑工程施工的质量和安全管理，施工现场应当按应急预案的要求配备抢险人员和器材，若发生深基坑工程安全质量事故，事故发生单位必须按有关规定向市建设交通委或区、县建设行政管理部门报告，并迅速启动应急预案，有效组织抢险，防止事故及事故后果的扩大。

2.6 深基坑工程监理和监测管理

监理单位上海地铁咨询监理科技有限公司、杭州公路监理咨询有限公司根据规范、设计文件、评审意见、设计方案、施工方案等有关资料，编制了深基坑施工监理大纲和实施细则，并对深基坑工程进行全过程安全、质量监理。

监理单位在监理深基坑工程中，应当履行以下义务：

(1) 检查建设、勘察、设计、施工、监测等单位提供的技术资料，并发布开挖令；

(2) 检查和督促设计、施工、监测方案的实施；

(3) 检查和督促现场施工安全、质量保证体系和各项技术措施的落实；

(4) 检查和督促各项观察、监测记录的履行；

(5) 深基坑开挖后暴露时间较长的，应及时制止。

深基坑支护监测和相邻建筑物、构筑物、道路、地下管线、地下水位的监测由上海第一海洋地质工程有限公司承担。监测单位根据勘察报告、设计文件和施工组织设计等有关监测要求，制订监测方案，提出各项报警限值，并经委托方审核后实施。

监测单位应当做好深基坑工程施工期基坑安全和周围环境的全过程监测工作。监测数据应当真实，监测记录应当规范，监测数据和记录经审核后报建设、设计、施工、监理等有关单位。当监测数据达到报警限值时，应及时通知建设、设计、施工、监理等有关单位，同时停止施工，迅速查明原因并制定解决方案后方可复工。工程结束后，监测单位应当及时向委托方和评审专家组提交最终监测报告。

2.7 深基坑工程安全监督管理

市级建设工程安全、质量监督机构负责将评审通过的深基坑设计方案和施工方案分送相关建设工程安全、质量监督机构。各级建设工程安全、质量监督机构根据深基坑工程的具体情况制定相应的监督计划，委派专人对深基坑工程进行日常监督检查。

2.7.1 工程开工前的安全监督

工程开工前期的安全监督主要是安全监督申请（备案）办理、安全生产条件审查：检查工程建设各方主体及有关人员的资质、资格，检查安全生产机构及管理人员配备、持证上岗情况，检查各责任主体的安全保证体系和安全生产责任制制定落实情况，检查安全生产计划、方案（技术措施）是否齐全并符合规定，检查大型设备登记情况。

2.7.2 施工过程中的安全监督

工程开工后，监督人员根据工程进展情况对建设各方责任主体的安全行为和工程实体的安全生产、文明施工状况，依据相关法律法规及标准进行动态监督。

2.7.3 工程完工阶段的安全监督

（1）参加工程交（竣）工验收；

（2）对安全生产和文明施工的业绩进行评价；

（3）对建设单位安全生产和文明施工责任制进行考核。

第3章　深基坑工程设计

该深基坑位于钱江隧道江南段，工程明挖段所处场地地势空旷，周边主要为农田和鱼塘，无重要构筑物与地下管线，场地开阔。参考《建筑基坑支护技术规程》(JGJ 120—99) 及其他相关规范确定基坑的安全等级及变形控制指标。其中，试验段深基坑的安全等级及变形控制指标如下：

(1) 基坑安全等级：该深基坑深度 $h_0 \geqslant 15\text{m}$，为一级基坑，重要性系数为 1.1。

(2) 基坑变形量限值为：

围护墙顶水平位移 $\leqslant 0.2\% h_0$；围护墙体最大水平位移 $\leqslant 0.3\% h_0$，且位移绝对值 $\leqslant 40\text{mm}$；坑外地表最大沉降 $\leqslant 0.2\% h_0$；其中，h_0 为基坑深度。

3.1　挡土结构和支撑设计

3.1.1　挡土结构设计

挡土结构形式的选择必须根据基坑开挖深度、地质情况、场地条件、环境条件以及施工条件，通过多方案比选确定，所采用的围护结构应安全可靠、技术可行、施工方便、经济合理。

基坑工程根据其施工、开挖方法可以分为无支护开挖和有支护开挖。

无支护开挖目前应用较广的是放坡开挖。放坡开挖具有经济、无支撑施工、主体工程施工时作业空间宽余、工期短等优点，但是在软弱地基中开挖深度不宜过大。在具备施工场地的条件下，放坡开挖往往是实施的首选方案。

有支护的开挖需要选择合理的围护结构。基坑的围护结构主要承受基坑开挖卸荷所产生的水、土压力，并将此压力传递到支撑，是稳定基坑的一种临时挡墙结构，部分形式的围护结构也可以兼作永久结构。常用的基坑挡土结构形式有土钉墙、SMW工法桩、钻孔桩、地下地下连续墙等多种形式。

江南段从上至下地层主要为①-1层素填土、③-1层砂质粉土、③-2层粉砂、④-1层淤泥质粉质黏土、④-2层粉质黏土、⑤-3层黏质粉土（粉砂）、⑤-4层粉质黏土、⑥-3层粉质黏土等。基坑开挖深度内土层主要为③-1层砂质粉土、③-2层粉砂。

工程场地的潜水位埋深0.30～4.50m，相对于标高为2.93～4.50m（“85”国家高程），平均标高为3.78m，水位变幅一般为1.0～2.0m。

该工程明挖段所处场地地势空旷，周边主要为农田和鱼塘，场地开阔，因此对于基坑深度在4～5m以内较浅的部分，设计采用放坡开挖或重力式挡墙的无内支撑形式；对于基坑深度在4～5m以上较深的部分，设计采用有挡土墙的内支撑支护形式，其中，试验段工作井及暗埋段深基坑挡土墙选用挡土、防渗止水效果均佳的地下连续墙，且其深度均隔断透水层。各段挡土墙类型及布置如表3-1所示。

钱江隧道江南段各段挡墙结构形式表　　表3-1

<table>
<tr><th>工程段</th><th>结构形式</th><th>里程</th><th>基坑深度（m）</th><th>基坑宽度（m）</th><th>挡土墙类型</th></tr>
<tr><td rowspan="3">试验段</td><td>江南工作井</td><td>LK15+250.000～LK15+273.005</td><td>28.25</td><td>46.5</td><td>1200mm地下连续墙</td></tr>
<tr><td rowspan="3">江南明挖暗埋段</td><td>LK15+273.005～+308.000</td><td>24.9～23.9</td><td>37.2～39.6</td><td>1000mm地下连续墙</td></tr>
<tr><td>LK15+308.000～+479.500</td><td>19.3～14.5</td><td>33.0～37.2</td><td>800mm地下连续墙</td></tr>
<tr><td rowspan="5">后续段</td><td>LK15+479.500～+600.000</td><td>14.5～11.0</td><td>32.2～33.0</td><td>600mm地下连续墙</td></tr>
<tr><td>江南光过渡段</td><td>LK15+599.500～+679.500</td><td rowspan="2">11.0～8.0</td><td rowspan="2">32.2～32.8</td><td rowspan="2">φ850 SMW桩</td></tr>
<tr><td rowspan="3">江南引道（敞开段）</td><td>LK15+679.500～+700.000</td></tr>
<tr><td>LK15+700.000～+795.000</td><td>8.0～5.0</td><td>31.6～32.2</td><td>φ650 SMW桩</td></tr>
<tr><td>LK15+795.000～+850.000</td><td>5.0～3.3</td><td>31.3～31.6</td><td>水泥土挡土墙</td></tr>
</table>

各段围护平面图见图 3-1 和图 3-4。

3.1.2　内支撑设计

支撑常采用外锚及内支撑两种形式。

由于该基坑所在土层以淤泥质土或砂质土为主，且位于水位以下，锚杆（索）孔成孔困难，所提供的锚固力小、变形大等缺点，因此该基坑设计不采取外锚方案，而采用内支撑的支护方案。

引道段及明挖暗埋段采用钢筋混凝土与钢管内支撑相结合，工作井主要采用钢筋混凝土支撑，各围护段支撑布置平面图见图 3-1 和图 3-4，剖面图详见图 3-3 和图 3-6。引道段及明挖暗埋段基坑跨度较大，约 32～38m，根据计算，考虑钢管支撑强度及稳定性的要求，分别设置 1～2 排格构柱。图 3-1 为工作井和引道段的挡土结

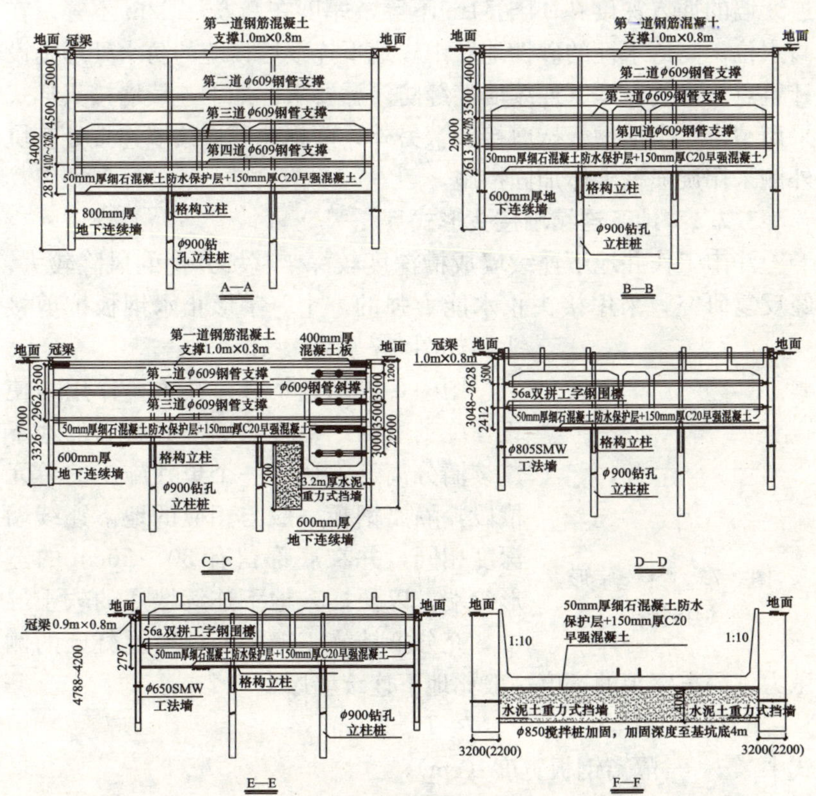

图 3-6　钱江隧道江南段后续段围护与支撑形式剖面图

构和格构柱布置图，图 3-2 为工作井的支撑剖面图，共有 6 道支撑，其中前面五道为混凝土支撑，最后一道为钢支撑。

3.2 围护体系抗渗设计

钱江隧道江南试验井基坑开挖最深为 28.25m，且基坑开挖深度内主要土层中包含高触变性及高流动性的淤泥质粉质黏土和灰色淤泥质粉质黏土，工程性能差，孔壁易坍塌；地下水位较高（基本与地面平齐），坑底土层为黏质粉土，属弱透水性—微透水性，且该层地下水具有承压性质，因此采用地下连续墙的围护形式，用隔降结合的综合处理方法处理地下水问题。根据基坑不同段开挖深度、地下连续墙隔断承压水层和地下连续墙侧移控制的要求，地下连续墙的插入深度在 44～51m 不等，厚度在 0.8～1.2m 不等。在高水位、高透水性的砂性地层中，地下连续墙接缝的防水处理是设计重点。为确保地下连续墙接缝防渗漏要求，地下连续墙接头形式采用“十”字形钢板抗剪接头。另外，两幅地下连续墙连接处基坑外侧采用旋喷桩土体加固措施。

3.2.1 地下连续墙接头形式

江南工作井地下连续墙成槽深度较深，基坑开挖的风险较大，经反复研究，采用接头止水能力强的“十”字形止水钢板抗剪接头，如图 3-7 所示。

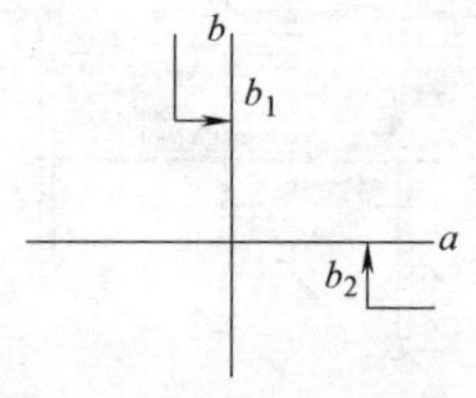

图 3-7 “十”字形钢板接头

图中 a 为隔离钢板，其主要作用是使正在施工中的地下连续墙与其相邻的地下连续墙分离开，形成一个单独施工的单元槽段，隔离钢板一般与相应的地下连续墙深度相同，并在底部留有 30～50cm 的△形尖端。以便插入地下连续墙底的软土层中，充分抵挡施工槽中初灌时混凝土的侧压力。隔离钢板的宽度一般比地下连续墙厚度小 2cm。即：

$$d=D-2\text{cm}$$

式中 d——隔离钢板宽度（cm）；

D——地下连续墙的厚度（cm）。

图中 b 为止水钢板，它分为正施工槽止水板 b_1 及连接槽止水板 b_2 两部分，止水钢板的下部不需达到地下连续墙底，一般至基坑底部下面 2m 左右，上部则必须至地下连续墙顶部，宽度 b_1 和 b_2 一般不相等，b_1 宜为 15cm，b_2 宜为 25cm。

在“十”字形钢板接头的地下连续墙的施工中，还必须配合接头箱（反力箱），接头箱多为 20mm 厚钢板焊接而成，其截面形状如图 3-8 所示。接头箱可分节安装，其作用为：一是抵抗混凝土压力并与封头钢板一起承受浇灌混凝土向端头外侧的扩张应力，防止墙体倾斜，发生位移；二是防止混凝土绕流，影响下一槽段施工。

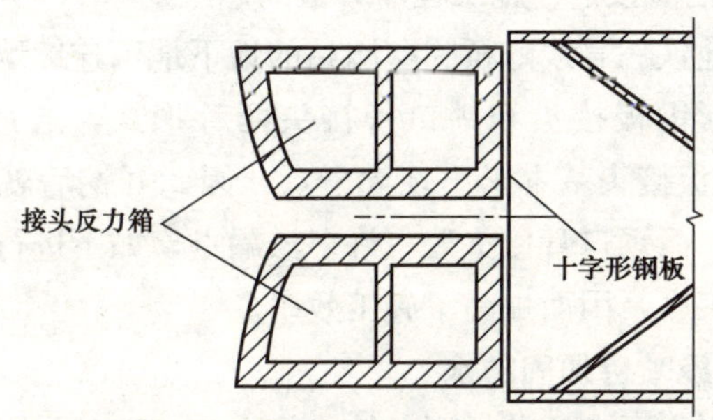

图 3-8 接头箱（反力箱）截面形状

“十”字形止水钢板抗剪接头配合接头箱的结构除了能够保证防止墙体倾斜和混凝土绕流外，还有诸多其他优点：

1. 防渗效果好

地下连续墙抗渗漏的效果尤为重要，在“十”字形钢板接头中因加入了止水钢板，与锁口管接头相比，无形中延长了水可能通过的路线，并把施工接头由单一弧线变成了不规则曲线，从而增加了止水效果。

通过在止水钢板两侧安装止浆铁皮，防止浇灌混凝土时向后施工相邻幅的绕灌，确保接头防水要求。

2. 地下墙整体刚度高

“十”字形止水钢板接头与 H 型钢接头属于刚性接头，止水钢板中间的抗剪钢板在开挖面以上不开孔，以确保满足开挖面以上的止水要求，自开挖面以下开孔，使钢板和混凝土之间产生握裹力，增加接头抗剪刚度，使地下墙整体强度高，地下墙在基坑开挖中稳定性好。

3. 接头装置起拔安全

由于和止水钢板连接的封头钢板将混凝土和接头反力箱相互隔离，使反力箱不和混凝土直接接触，且钢筋笼上两侧封铁皮，防止地下墙混凝土浇捣时水泥浆液从两端绕到反力箱背后以形成绕灌混凝土。该接头起拔容易控制，接头质量能够保证，可靠性强，风险小。

4. 较好地衔接下一施工程序，节约总工期

在上海地铁三号线虹桥临空园站的地下地下连续墙施工中采用了“十”字形钢板接头和锁口管接头两种形式，通过开挖证明，“十”字形钢板接头基本未出现渗漏点，因此开挖后就可直接进入下一道工序，而锁口管接头处有许多渗漏点，如不进行堵漏就无法进入下一道工序，因而提高了施工效率。

3.2.2 旋喷桩加固防水

地基加固主要有两种类型：结构物本体的地基加固和施工期间的地基加固。地基加固的目的在于：

（1）提高土体强度。通过土体强度的改良，提高地基承载力，提高斜坡稳定，防止基坑涌土。

（2）改善透水性。通过加固，降低土的透水性以形成防水帷幕，阻止渗水或防止流沙、管涌的发生。

（3）降低土的压缩性。主要是减少土体压缩变形，或减少土体侧向位移引起的地基下沉。

（4）改善动力特性。对松散砂进行地基加固，可防止地基液化，改善其承受振动荷载的性能。

该工程中旋喷桩加固的主要目的是通过改善不同幅地下连续墙衔接处土体的渗透性，以达到防渗止水的效果，如图 3-9 所示。

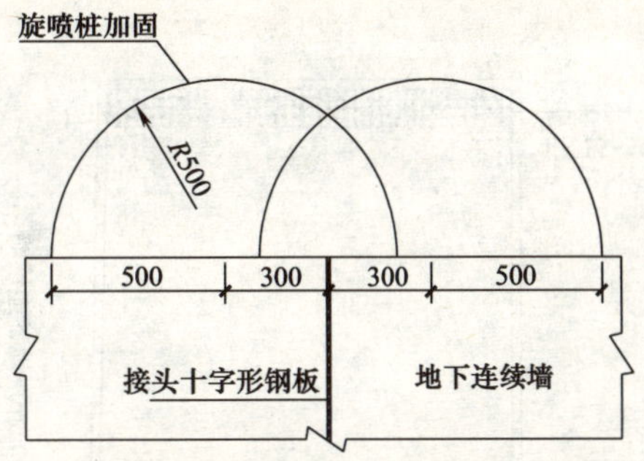

图 3-9 旋喷桩连堵墙接缝处坑外止水

3.3 基坑地基加固设计

基坑加固措施日前较为常用的有水泥土搅拌桩、高压旋喷桩、碎石桩、CFG 桩、注浆加固等方法。

根据地质勘察报告，基坑明挖段浅部地层：主要为③-1 层砂质粉土、③-2 层粉砂，局部具有轻微～中等地震液化问题；盾构始发加深段和工作井结构以④-2 层粉质黏土作为基底层，4-2 层粉质黏土的地基允许承载力比较低，只有 75kPa。鉴于以上地质情况，对试验井深基坑坑底采用了以下地基加固措施（图 3-10）：

（1）江南工作井基底 LK15＋250.000～LK15＋273.005 段采用 ϕ1000 高压旋喷桩裙边和抽条加固处理地基。

（2）LK15＋273.005～LK15＋319.705 段采用 ϕ1000 高压旋喷桩 4m 裙边＋3.25m 抽条加固处理地基，4m 裙边加固深度从基坑底部往下 4m，抽条加固深度从基坑底部往下 3m。

（3）LK15＋319.705～LK15＋362.000 段采用 ϕ1000 高压旋喷桩 3.25m 裙边加固处理地基；3.25m 裙边加固深度从－16.0m 往下至－19.0m，加固深度为 3m。

3.4 围护结构设计计算

3.4.1 基坑设计安全系数

根据基坑安全等级，确定试验段基坑设计安全系数，如表 3-2 所示。

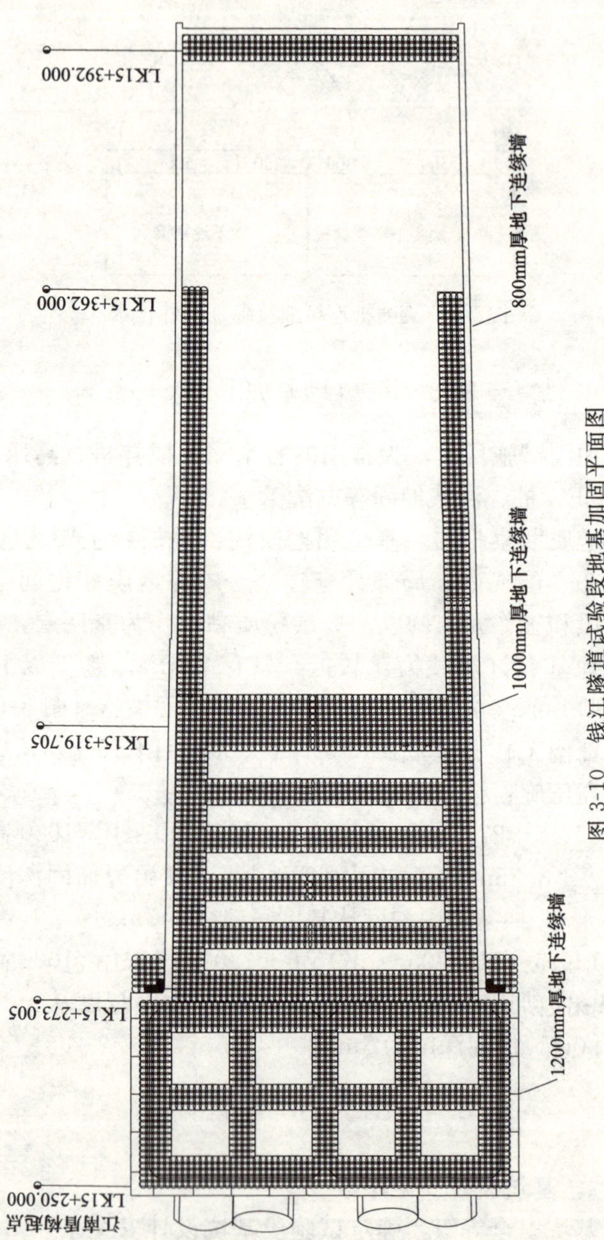

图 3-10　钱江隧道试验段地基加固平面图

基坑设计安全系数表　　表 3-2

整体稳定性	墙底抗滑	墙体抗倾覆	墙底地基土承载力
1.2	1.2	1.4	1.2
基坑底抗隆起	抗管涌	墙底抗隆起	抗倾覆稳定性
1.6	1.5	2.0	1.15

3.4.2　荷载取值

水土压力：地下水位以上采用水土合算；地下水位以下，黏性土和粉土采用水土合算，砂性土采用水土分算。

钢结构自重：$78kN/m^3$；

混凝土结构自重：$25kN/m^3$；

地面超载：$20kN/m^2$；

施工荷载：按实际情况计算。

3.4.3　主要工程材料

钻孔桩、地下连续墙：C35 水下混凝土；

混凝土支撑、围檩：C35～C40 补偿收缩混凝土；

导墙：C25；

冠梁：C35；

钢筋：HRB400，HRB335，HPB235；

型钢：采用 Q235-B；

钢支撑：ϕ609 钢管（壁厚 16mm）；

钢联系梁：HN 型；

钢围檩：56a 双拼工字钢；

焊条采用 E43-系列型。

3.4.4　计算模型

岸边段与工作井结构采用明挖顺作法施工。围护结构的设计按地质情况、水文情况、周边环境以及基坑安全等级的不同，根据工程实践，结合结构计算分析确定。

结构计算分析分施工阶段和使用阶段进行。施工阶段按“先变形、后支撑”的原则，模拟施工开挖、支撑全过程分工况进行结构计算。支护形式为多支点结构，即采用弹性支点杆系有限元法计算。围护墙或桩在施工阶段按施工过程进行受力计算分析，开挖期间围护结构作为支挡结构，承受全部的水土压力及路面超载引起的侧压力。结构的位移及内力采用有限元方法计算，考虑分步开挖施工各工况实际状态下的位移变化，并按弹性情况考虑。基坑以下土的作用采用弹簧模拟，被动土压力按弹性地基梁考虑，弹簧刚度及水平抗力系数采用 m 法。

3.4.5 计算结果

钱江隧道江南段分为江南试验井段和后续段，由于基坑长度大，且各段基坑开挖深度不相同，地质情况也不尽相同，出于经济性和实用性考虑，采用了多种围护形式。本节重点给出江南试验井段深基坑 1200mm 厚地下连续墙、1000mm 厚地下连续墙、800mm 厚地下连续墙的内力和稳定性计算结果。

1. 1200mm 厚地下连续墙

基坑深度 28.300m，其内力与位移包络图详见图 3-11。

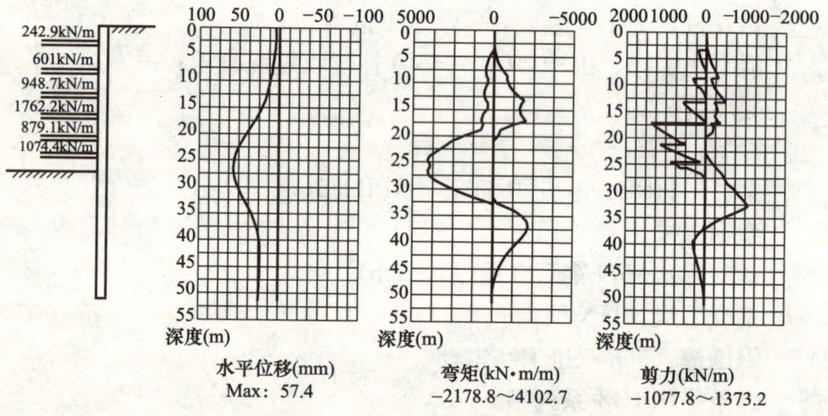

图 3-11 江南工作井 1200mm 厚地下连续墙内力与位移包络图

墙身最大水平位移：57.4mm，小于墙身最大水平位移限值 0.30%h_0（基坑深度）82mm，满足要求。

整体稳定性安全系数：K=1.17；

墙底抗隆起安全系数：K=2.01；

坑底抗隆起安全系数：K=1.8；

抗管涌验算安全系数：K=1.69。

地下连续墙底的软土层非常厚，需要比较深的插入深度，各项计算指标才能满足规范要求。考虑采用基底加固，以减少围护结构插入深度。按墙底抗隆起安全系数 2.0 要求，计算基底加固后地下连续墙最小插入深度。设计深度按最小插入深度控制要求。

计算结果表明，围护结构内力分布合理，配筋率在合理范围之内，变形满足要求。

2. 1000mm 厚地下连续墙段

该部分基坑深 23.9～24.9m。最深段内力与位移包络图详见图 3-12。

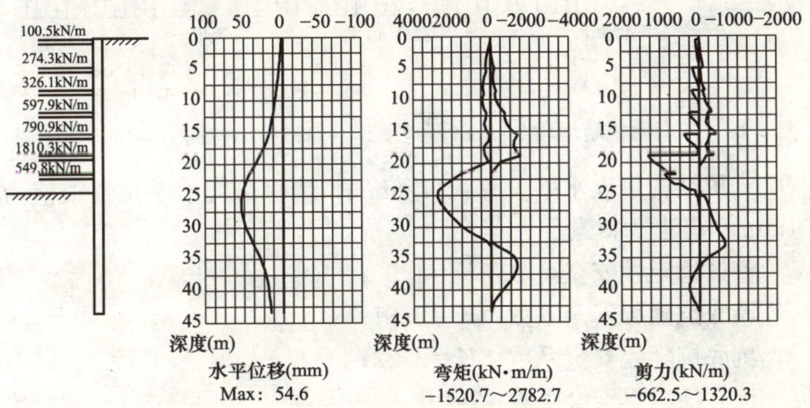

图 3-12 江南明挖暗埋段 1000mm 厚地下连续墙围护结构内力与位移包络图

支护结构最大水平位移：54.6mm，墙身最大水平位移限值为 73mm，满足要求。

整体稳定性安全系数：$K=1.3$；

墙底抗隆起安全系数：$K=2.06$；

坑底抗隆起安全系数：$K=1.96$；

抗管涌验算安全系数：$K=1.53$。

计算结果表明，围护结构内力分布合理，配筋率在合理范围之内，变形满足要求。

3. 800mm 厚地下连续墙段

该部分基坑深 14.5～17.0m。最深段内力与位移包络图详见图 3-13。基坑采用 4 道支撑，第一道采用钢筋混凝土支撑，其余采用 ϕ609 钢管支撑。

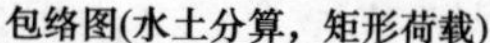

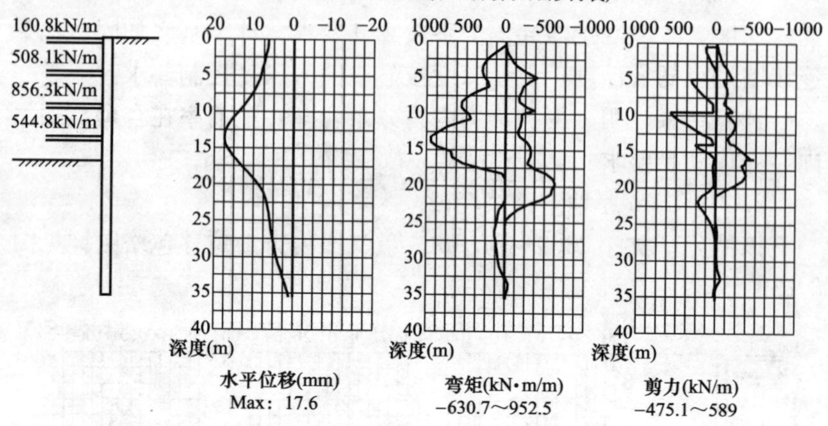

图 3-13 江南明挖暗埋段 800mm 厚地下连续墙围护结构内力与位移包络图

支护结构最大水平位移：17.6mm，墙身最大水平位移限值为 51mm，满足要求。

整体稳定性安全系数：$K=1.55$；

墙底抗隆起安全系数：$K=3.81$；

坑底抗隆起安全系数：$K=2.22$；

抗管涌验算安全系数：$K=1.92$。

计算结果表明，围护结构内力分布合理，配筋率在合理范围之内，变形满足要求。

3.4.6 计算结论

本节对基坑围护方案进行了整体稳定性、墙底抗隆起稳定性以及坑底抗隆起、抗管涌、抗倾覆等稳定性以及围护结构内力与变形的计算。各项计算结果均表明，所选基坑围护形式符合基坑稳定与承载的要求。

第 4 章　深基坑工程施工

4.1　工程筹划与施工组织设计

4.1.1　施工进度安排

1. 施工进度计划

结合施工单位的工程经验和工程的实际情况，本工程将总工期定为 14 个月。在确定总工期的前提条件下由总承包单位制订切实可行的施工计划，实行分项工程的目标管理，层层分解落实到各分项工程施工单位。表 4-1 为施工进度总计划表。

施工进度总计划表　　表 4-1

工程名称	开始日期	完成日期
施工准备	2008 年 5 月 18 日	2008 年 6 月 18 日
地下连续墙及地基加固施工	2008 年 6 月 19 日	2008 年 9 月 18 日
基坑开挖及内部结构施工	2008 年 9 月 19 日	2009 年 6 月 20 日
其他工程	2009 年 6 月 21 日	2009 年 7 月 18 日
竣工验收	整体工程完工后验收	2009 年 7 月 18 日

2. 施工进度的保证措施

为确保基坑施工能够如期完成，根据总目标和工程的工艺顺序、技术难度和环境特点等方面提出主体工程分阶段详细实施计划，抓住计划控制点，进行突破，以推动全局。成立项目管理部进行统一指挥，具体落实协调计划，协调施工与设计、建设单位的关系。并负责调整前期工作、材料、场地等关系，使工程顺利进展。施工进度的保证措施具体体现在以下几个环节：

（1）成立进度管理组织机构

加强现场施工组织管理，建立以项目经理部经理、总工程师为首的管理体系，决策重大施工问题，确保重大施工方案和实施方法。分析施工进度，根据实际施工情况适当调整施工计划。

（2）计划控制

认真做好工程的统筹、网络计划工作，做到均衡生产。抓住关键工序的管理与控制，控制循环作业时间，减少工序衔接时间，提高施工效率。

（3）资源保证

施工所需人力、物质、设备等资源在项目范围内统一调配，保证各工区有足够的资源。

（4）教育培训

教育主要分为两块，一是提高管理人员的管理水平，以提高管理水平；二是提高施工人员的劳动素质和实际操作水平，以达到全面提高施工人员的素质的目的。

（5）关键线路

各工序严格按照进度计划安排施工，特别是要保证关键线路的按计划开工；制订应急预案，在关键线路工程因故延迟时，通过加大资源配置的方式以达到关键线路按工程计划按时完成。

4.1.2 施工质量控制

该工程执行ISO 9001标准，进行质量管理。通过建立完整的质量管理体系和控制程序，明确工程质量方针、目标，结合工程特点与实际情况制定切实可行、有效的工程质量保证措施，施工过程严格进行质量管理与控制，确保工程质量在国内同类工程达到领先水平，争创“中国市政金奖”或“中国建筑工程鲁班奖”。

4.1.3 施工难点重点控制

1. 试验工程先行，关系全局

钱江通道及接线工程是浙江省公路水路交通建设规划中“两纵两横十八连三绕三通道”高速公路主骨架的“一通道”，是长三角都市圈高速公路网规划中“七纵之一”——江苏盐城至浙江绍兴高速公路的组成部分，在区域公路网中有着极其重要的作用。同时，该项目的建设对加强沿线地区于周边省市间的经济联系和物资、人员交流也具有十分重要的意义。

钱江隧道试验井项目是钱江隧道的前期试验性工程，其建设的顺利与否直接决定着后续工程的成功实施。

2. 建设工期紧张，质量要求高

江南试验井项目的工期拟定为14个月，但考虑到该工程为多工种交叉，工序先后搭接紧密，技术难度大，且地质条件复杂，在一定程度上制约着工程的建设进度。在质量方面，该工程建成后必须达到群体工程优良，主体工程优良。因此，钱江隧道试验井项目工期紧、质量要求高。

3. 工程地质与水文条件复杂，技术难度高

江南试验井的施工主要为深基坑开挖，涉及到基坑承压水的处理，特别是砂性地质条件下的地下水处理；深50m的地下连续墙施工及深度达28.3m的深基坑；同时，作为钱江隧道的始发井，该基坑工程又有区别于其他基坑的特点等多项工程技术。

4.2 地下连续墙施工

4.2.1 施工概况与施工难点

1. 施工概况

钱江隧道试验井项目主体结构除工作井内衬墙采用逆筑之外，其他内部结构均采用明挖顺筑法进行施工，其围护结构均采用地下连续墙结构，并与内衬墙共同作用，形成永久结构外墙。

该工程地下连续墙围护结构，用于以下部位：

（1）工作井部位23幅地下墙

地下墙厚1200mm，深49.5m，基坑开挖深度28.5m，入土深度21m，十字形钢板接头。

（2）岸边段W1-1～W1-6；E1-1～E1-6；12幅地下墙

地下墙厚1000mm，深45.5m，基坑开挖深度23.684～24.790m，十字形钢板接头。

(3) 岸边段 W2-1～W2-9；E2-1～E2-9；18 幅地下墙

地下墙厚 800mm，深 44.5m，基坑开挖深度 17.746～19.048m，十字形钢板接头，地下墙底部 10.5m 是弱配筋的钢筋混凝土连续墙。

(4) 岸边段 W2-10～W2-15；E2-10～E2-15；F1-1～F1-5 17 幅地下墙

地下墙厚 800mm，深 47.5m，基坑开挖深度 16.911～17.746m，十字形钢板接头，地下墙底部 13.5m 是弱配筋的钢筋混凝土连续墙。

2. 工程难点

(1) 地质条件

现场的地质条件比较差，详细地质情况见第1章，其中地质对于地下连续墙的影响主要有：

1) 工程处于钱塘江边，地下连续墙几乎全部处于鱼塘内，土体密实度较差。对于地下墙成槽稳定和重型机械行走有较为不利的影响。

2) 在地面以下 21m 左右有砂质粉土层，且水平渗透系数和垂直渗透系数均较大，导致地下连续墙成槽施工时易发生塌方。

3) 地下墙深度较大，常规液压抓斗工法易出现土体上浮现象，成槽效率低下。同时因为需要靠抓斗自重冲击成槽，成槽垂直控制较为困难。

(2) 钢筋笼制作、吊装、安装

该工程地下墙含钢量大，工作井钢筋笼最重 68t，且钢筋笼的长度大。在如此超长、大重量的钢筋笼安装过程中，始终存在着钢筋笼变形控制和吊装安全控制两个难题。加上为防止地下连续墙形成后的沉降现象，需要在地下连续墙内预埋墙底注浆管，也给钢筋笼的施工增加了难度。

(3) 地下墙接头防渗

十字形钢板接头在防水方面有较大的安全性，但是也存在着容易形成绕管混凝土的缺陷，造成接头渗水和相邻幅地下连续墙施工困难。

4.2.2 地下连续墙施工部署与质量控制

1. 地下连续墙施工计划

如前所述，该工程连续墙由主要由 3 部分组成：1200mm 厚的工作井地下连续墙、1000mm 厚的 JN01 段和部分 JN02 段地下连续墙、800mm 后的部分 JN02 段和 JN03 段、JN04 段全部地下连续墙。综合考虑设计要求、现场条件与工期因素，施工单位将整个地下连续墙施工分为两个阶段施工：

(1) 暗埋段 1000mm 厚地下连续墙为第一阶段施工，两侧各开一幅地下连续墙作为先行幅。

(2) 工作井 1200mm 厚地下连续墙及暗埋段 1000mm 厚地下连续墙作为第二阶段施工。工作井两侧先开两幅地下连续墙作为先行幅，鉴于本阶段工作面较大，可根据实际情况调整施工流程。工作井地下连续墙根据需要分为不同槽幅形式，工作井地下连续墙分幅情况如图 4-1 所示。

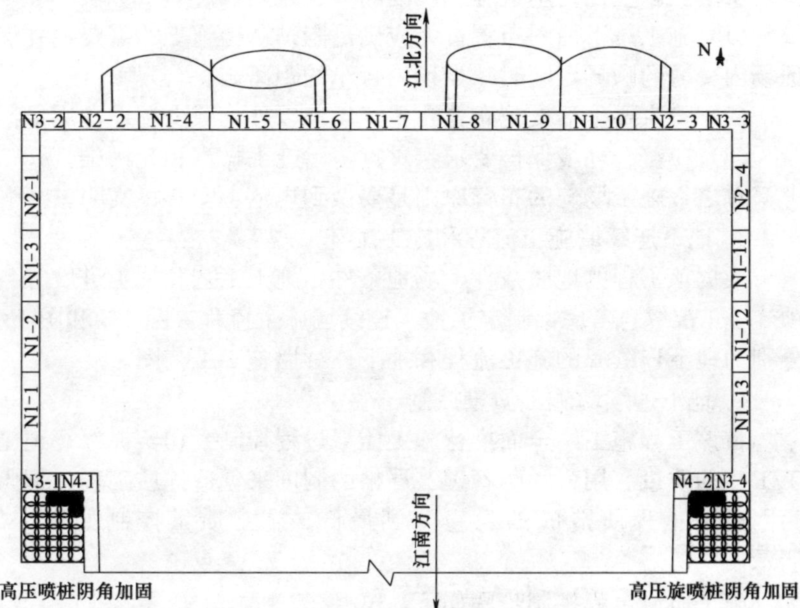

图 4-1 江南试验井地下连续墙分幅图

地下连续墙施工现场如图 4-2 所示。

图 4-2 地下连续墙现场挖槽照片

2. 施工现场平面布置

合理的施工现场布置往往能够提高工作效率，保证场内工作人员的安全。以下是该基坑施工现场的布置原则：

(1) 施工总平面图布置首先应满足围护结构施工的需要，并保证场内交通的顺畅，同时减少场内行车的距离。

(2) 将主要生活设施布置在施工场地以外，减少场地占用量。

(3) 应符合环境保护要求，重点防治施工噪声和光污染。

总之，施工场地的布置原则是要做到规范、安全、文明。

3. 地下连续墙施工流程和施工工艺

根据该工程的地质条件、场地条件、施工工艺和施工进度等各项施工工况综合考虑，制定了地下连续墙施工流程。图 4-3 和图 4-4 分别为地下连续墙的施工流程和地下连续墙施工工艺图。

4. 地下连续墙施工质量控制

在该工程施工中全面推行施工质量过程控制，切实抓好每道施工工序的质量。用科学的管理、严格的制度来创造优质工程，把人为因素对工程所造成的隐患降到最低。施工质量控制如表 4-2 所示。

施工质量过程控制步骤如下：

由工程项目主任工程师及质量主管组织全体项目管理人员认真

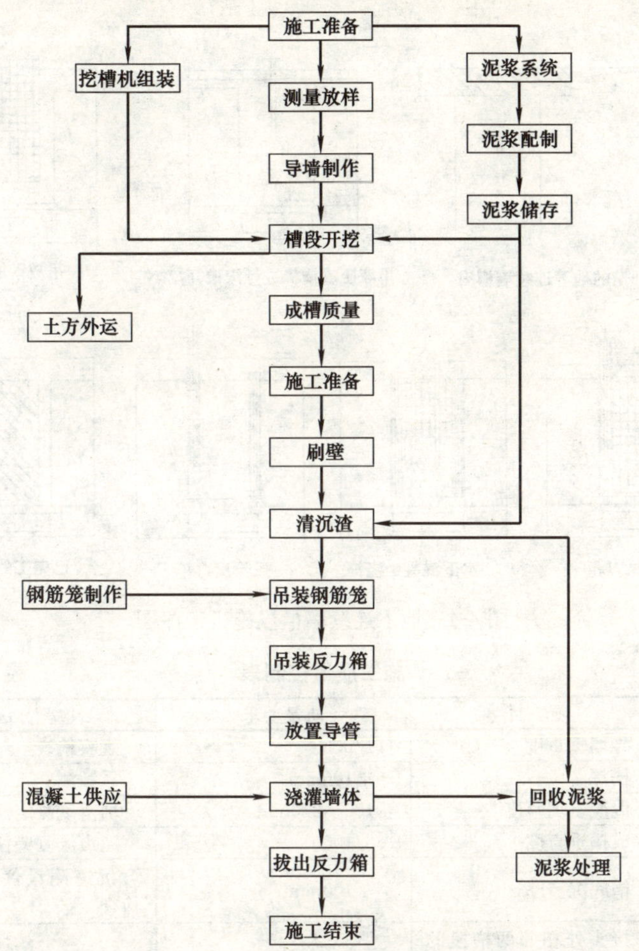

图 4-3 地下连续墙施工流程图

学习该工程的相关文件、施工图纸，领会工程的特点、要点、难点，了解每个重要、关键施工节点上的措施和解决方案，让每个管理人员做到心中有底。

由工程项目主任工程师及质量主管将整个工程按工序进行分解，依据施工图纸和相关规范，以现有的技术水平、工艺水平对工序进行分析，以表格形式罗列出各道工序施工的关键点，以及各关键点上的质量标准、质量测量手段和质量监控方法。

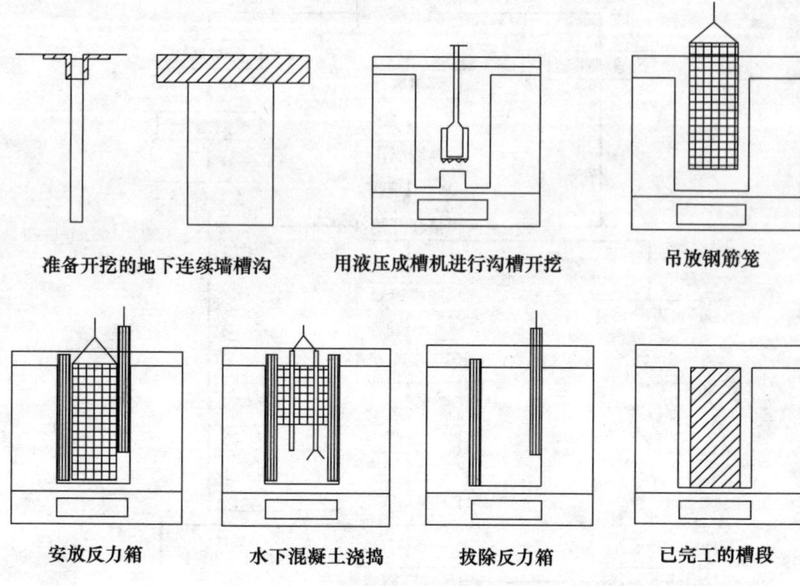

图 4-4 地下连续墙槽段施工工序图

施工质量控制表 **表 4-2**

项次	项目	质量要求	检验方法
1	导墙垂直度	1/500	观察检查
2	槽深	＋100mm	重锤测
3	混凝土坍落度	180～220mm	坍落度测定器
4	成槽垂直度	3/1000	超声波测壁仪
5	槽底沉渣厚	≤100mm	沉渣测量仪或探锤检查
6	接头处相邻两槽段的挖槽中心线，在任一深度的偏差值	≤B/3	观察、尺量、水准仪、探锤检查和检查施工记录
7	钢筋笼和预埋件的安装	安装后无变形，预埋件牢固，标高、位置及保护层厚度正确	
8	成墙后墙顶中心线	与设计轴线之偏差≤30mm	
9	凿去浮浆后的墙顶标高	设计标高±30mm	
10	裸露表面局部突出	≤100mm	
11	墙面垂直度	H/200	

续表

项次	项 目	质量要求	检验方法
12	裸露墙面	表面密实无渗漏，孔洞、露筋、蜂窝面积不超过单元槽段裸露面积的2%	观察和尺量检查
13	连接墙的接头	接缝处无明显夹泥和渗水现象	观察检查

由项目经理和项目主任工程师对每一个管理岗位制定岗位工作内容、岗位责任制以及相应的奖惩方法。

在每一道工序开工之前，由工程项目主任工程师组织召集相关人员进行工序技术、质量、安全交底，将相应的施工质量过程控制表格的填写方法和要求进行明确。

在施工过程中，可以根据施工图纸、施工规范、施工方法、施工工艺的改变对报表格式、报表内容以及质量标准进行相应修改，力求达到准确、适时、合理、可行。

4.2.3 连续墙施工关键技术措施

1. 测量放线

根据已知基坑外围布设的平面闭合导线及基准点，在施工现场内设立施工用的测量控制点和水准点，投放各主轴线控制点，并用经纬仪测出各条轴线，使导墙严格按照按轴线进行施工。并应在施工中对导线、轴线基准控制点进行定期复测。

2. 导墙形式及制作

导墙质量的好坏直接影响到地下连续墙的轴线和标高，同时导墙为成槽设备提供导向，具有围护上部土体稳定，防止土体坍落等重要作用。

(1) 导墙形式

采用倒“L”形结构钢筋混凝土导墙，导墙间宽度为地下连续墙的基础上加 0.06m，深度为 2.5m，导墙翻边为 2m，厚度为 0.3m。导墙深度满足 1/20 地下连续墙深度及墙底坐于稳定的原土上，导墙翻边满足地下连续墙厚度 1/25 的原则。

(2) 导墙施工方法

施工时先在场地上分段沿地下连续墙轴线设置龙门柱，以准确控制导墙轴线。采用反铲挖土机开挖沟槽，并进行人工修坡，之后设立导墙模板，并在模板内设置钢筋网片。对称浇筑导墙，在强度达到70%后方可拆模。为了防止导墙产生侧移，可采用以下两种措施：一是在两道导墙之间设立木撑或钢撑或现浇钢筋混凝土对撑，水平间距为2m；二是及时向墙沟内回填土方。

(3) 导墙施工放样

导墙是地下连续墙在地表面的基准物，导墙的平面位置决定了地下连续墙的平面位置，因此，导墙施工放样必需准确无误。

施工测量坐标应采用业主或设计指定的城市坐标系统或专用坐标系统。

导墙施工测量通常采用导线测量法，各级导线网的技术指标应符合有关规定。

施工测量的最终成果，必须用在地面上埋设稳定牢固标桩的方法固定下来。

1) 导墙施工放样必须以工程设计图中地下连续墙的理论中心线加上外放尺寸作为导墙的中心线；

2) 应在导墙沟的两侧设置可以复原导墙中心线的标桩，以便在已经开挖好导墙沟的情况下，能随时检查导墙的走向中心线；

3) 施工测量的内业计算成果应详加核对，由测量计算者和复核校对者共同签名，以免计算出错，导致放样错误；

4) 在浇筑导墙混凝土前，导墙施工放样的最终成果应请施工监理单位验收签证。

(4) 导墙施工技术措施与施工要点

该工程处于钱塘江边，土体密实性较差，地基软弱，影响地下墙施工时重型机械行走作业。另外，导墙下的回填土软弱会影响到槽段的稳定性，不足以提供顶拔接头管所需要的反力。

为保证地下连续墙的正常施工，必须在导墙施工前在导墙两侧用三轴搅拌桩进行加固处理，加固深度为10m，搅拌桩边缘应以导墙内侧为基准外放5cm，在回填土上部需做导墙和施工道路的部分先铺30cm厚建筑垃圾，再铺20cm厚碎石道碴，最后做导墙和施工道路。导墙施工流程如图4-5所示。

测量放样
技术交底，管线交底
认证导线点与水准点
校对内业计算成果
复核导墙位置的放样精度
测量放样
人工开挖障碍管线
校对内业计算成果
复核导墙位置的放样精度
处理
确定处理方案
复核导墙位置的放样精度
处理障碍
道路制作
技术交底，标高控制，
开挖，分层回填，压实
铺设道渣，压实，埋设
过路管，标高控制
绑扎钢筋，立模，标高控制
浇筑混凝土，抹平，收水
拆模，养护，切割伸缩缝
测量放样
导墙施工技术交底
认证导线点与水准点
校对内业计算成果
复核导墙位置的放样精度
导墙施工准备
分析地基障碍影响，
制定针对性措施
进行现场详细技术交底
进行现场技术过程把关
构筑导墙
测量检查导墙底板位置
检查导墙中心线测量定位的精度
分次浇捣素混凝土，
钢筋混凝土和导墙壁
检查导墙两侧内壁面的净宽尺寸
检查导墙内壁面的垂直度和平整度
检查导墙混凝土的表观质量与密实度
施工期间导墙沟内排水
严格控制导墙顶面标高
支撑养护
拆模后立即支撑圈木
钻孔植筋掉模施工现浇钢筋混凝土支撑
达到100%强度前严禁重型机械靠近
定时检验导墙变形和位移情况
成槽前2h内凿除钢筋混凝土支撑

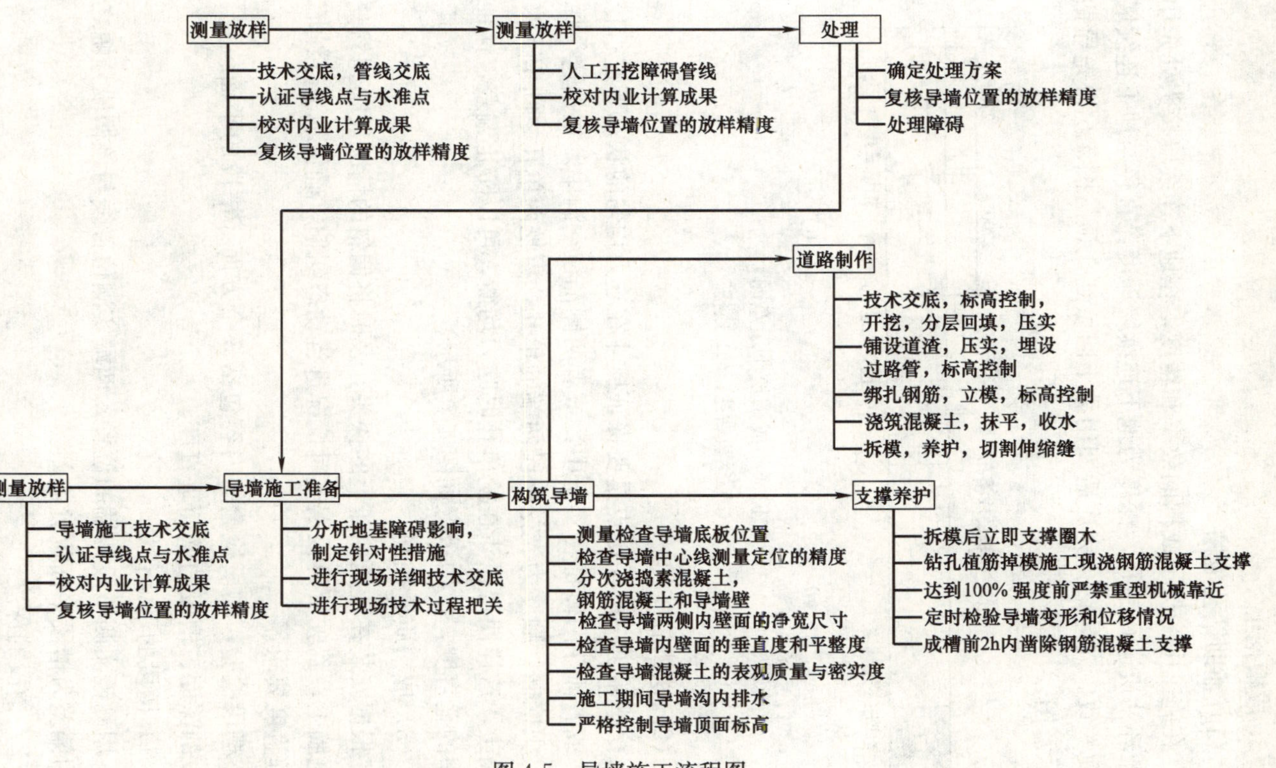

图 4-5 导墙施工流程图

3. 成槽挖土

(1) 辅助钻孔成槽

在施工中为保证成槽的效率和精度，在地下连续墙接头处先用反循环钻机进行钻孔，深度为地下连续墙深度，直径与地下连续墙宽度一致。先导钻孔完成后即用黏土回填到孔顶。图 4-6 为先导钻孔示意图。

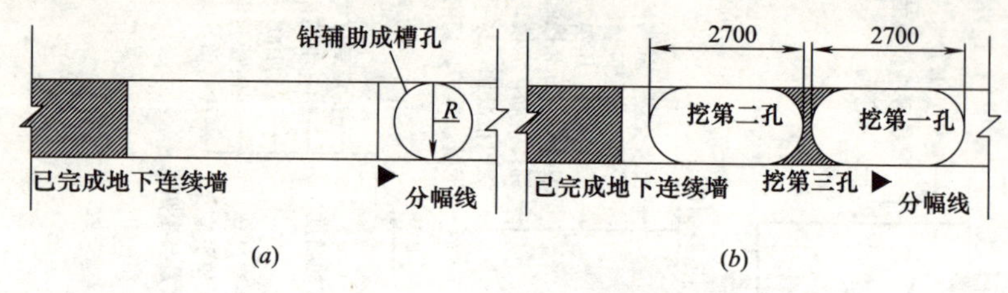

图 4-6 成槽挖土示意图

(a) 钻机钻孔；(b) 成槽

(2) 挖槽施工

挖槽施工中的关键点是要保证抓斗在吃力均匀的状态下进行挖槽，或者抓斗两侧都在实土中，或者两侧都在空洞中。根据这个原则组织挖槽，顺序为先挖槽段两端的单孔，再挖两单孔之间留下来的隔土，这样使得抓斗在挖单孔时吃力均衡，可以防止偏差，保证成槽的垂直度，挖槽示意如图 4-7 所示。

(3) 成槽质量控制

根据安装在液压抓斗上的探头，及时将偏斜的情况反映到驾驶室电脑上，驾驶员可根据实时情况进行动态纠偏，确保地下连续墙的垂直度要求。

槽段检验：槽段检验的内容包括 3 个方面：槽段的平面位置、槽段的深度、槽段的壁面垂直度。

1) 槽段的平面位置

用测锤实测槽段两端的位置，两端实测位置线与该槽段分幅之间的偏差为槽段平面位置偏差。

2) 槽段的深度

用测锤实测槽段 3 个位置的深度，3 个位置的平均深度为该槽

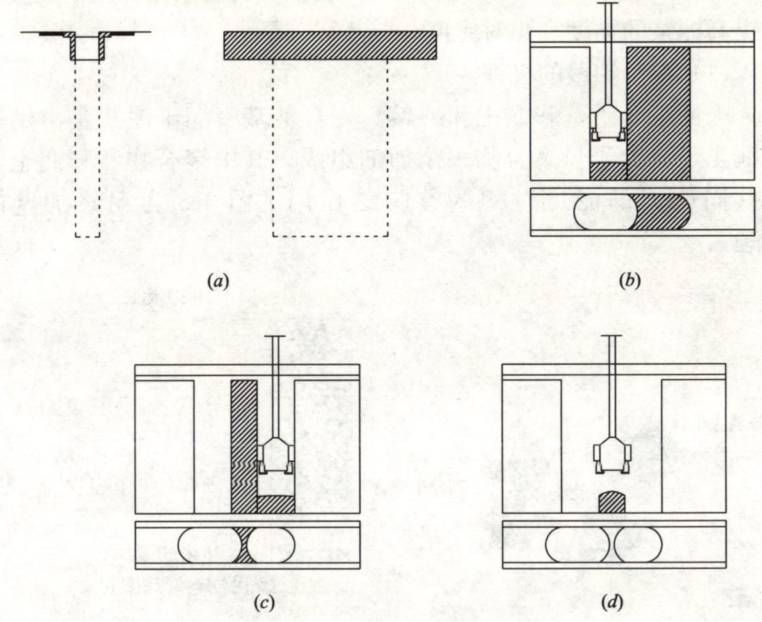

图 4-7 挖槽顺序示意图

(*a*) 准备开挖的地下连续墙沟槽；(*b*) 第一抓成槽

(*c*) 第二抓成槽；(*d*) 第三抓成槽

段的深度。

3）槽段壁面垂直度检测

用超声波测壁仪器在槽段内左中右 3 个位置上分别扫描面槽壁壁面，扫描记录中壁面最底部吐出量或者凹进量与槽段深度之比即为壁面垂直度，3 个位置的平均值为壁面的平均垂直度。

最后根据以上 3 项测试数据对槽段进行质量评估，并为接下来成槽施工做准备。

4. 泥浆制备

因该工程地下连续墙成槽深度最深达到 49.3m，对于上部 8m 深度进行搅拌桩隔水帷幕加固。由地质报表可知，8m 以下的几乎为渗透系数较高的粉砂、砂质粉土，在动水作用下易液化产生流沙现象。同时也因为地下连续墙深度较大，施工时间较长，容易引起槽壁失稳问题。综合以上两个因素，在该工程泥浆指标控制上要适当提高泥浆的黏度和相对密度。

（1）泥浆护壁的机理

采用复合钠基膨润土和纯碱。复合钠基膨润土泥浆是由钠基膨润土、高分子量聚合物、添加剂组成。其中聚合物和膨润土颗粒共同构成的泥皮对槽壁有胶结作用。图4-8为泥浆护壁的机理。

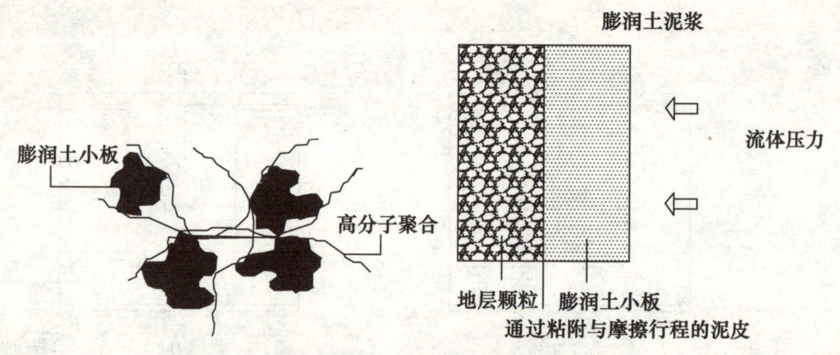

图4-8 泥浆护壁机理图

（2）泥浆材料特性

具体在该工程中采用了优钻100（钠基膨润土），具有以下特性：

1）新型泥浆可以较强地抵御有害离子的侵袭、化学稳定性强、在不断的循环使用中始终能够保证较强的稳定性和较强的携砂能力。而且能够在较强长时间悬浮泥浆中的砂粒，从而减少了超深地下连续墙施工中沉渣现象的发生。

2）泥浆容易净化，泥浆与灌注混凝土的密度、黏度差距大，对混凝土的影响较小。

3）泥浆配置简单，作用时间长，可以在较长时间内保持浆液的稳定性。

4）在泥浆使用时，如果受到砂土颗粒的侵入，则会有泥浆密度增加而黏度降低的现象。

（3）泥浆性能指标和配置标准

1）泥浆性能指标如表4-3所示。

泥浆性能指标表 **表 4-3**

	新鲜泥浆	成槽泥浆	清孔后泥浆
黏度(Pa·s)	40	35～40	28～35
相对密度(g/cm^2)	1.03～1.04	1.15～1.25	<1.17
含砂率	<4%	<10%	<4%
pH	8～10	8～11	8～10
泥皮厚	1mm	1mm	1mm

2）新鲜泥浆配合比如表 4-4 所示。

新鲜泥浆配合比 **表 4-4**

泥浆材料	膨润土	纯碱	自来水
$1m^3$	43	1	990

(4) 泥浆的再利用

为了使泥浆能够充分利用以节省资源和降低工程造价，在工程实践中要进行泥浆的回收利用。把原来使用过的泥浆经过分离净化系统，清除混入其间的土渣。同时，在泥浆使用过程中，相当部分的膨润土以在槽壁表面形成了泥皮的形式消耗掉。因此还需对净化后泥浆进行再生处理，即调整泥浆的性能指标。

1）净化泥浆性能指标测试

按照泥浆性能指标表的项目对净化泥浆进行指标测试，了解泥浆中的主要成分——膨润土、纯碱的消耗程度。

2）补充泥浆成分

根据泥浆性能指标测试和泥浆性能指标表，补充泥浆中的膨润土和纯碱，使净化后的泥浆恢复原有的护壁性能。为保证再生泥浆的使用效果，通常把再生泥浆应于新鲜泥浆混合使用。

3）劣化泥浆的废弃处理

在墙体浇筑过程中与混凝土接触而受污染的劣化泥浆和反复使用过的超标泥浆已无法重新净化利用的，应暂时收存再装车外运。

槽段开挖过程中，地下连续墙接头往往会形成一层泥皮，如不清除，会影响接头质量。采用强制式刷壁机，使刷壁器紧贴接头，反复清刷，直至刷壁机上没有附着物。

（5）清底换浆

1）清底换浆主要有两种方法：沉淀法和置换法

沉淀法：槽段开挖完成后，等待一段时间，待泥浆中的土渣沉淀到槽底后，使用液压挖斗直接挖除槽底沉渣。

置换法：先用抓斗直接挖除槽底沉渣，后用空气升液器通过起重机悬吊入槽来进一步清除抓斗未能挖除的细小土渣。

2）换浆：换浆其实是清底作业的延续，当空气液升器不能在槽底吸出土渣，实测槽底沉渣厚度小于10cm时，即可置换槽底不符合质量要求的泥浆。对于换浆后的槽底浆液要进行取样试验，直到槽底各取样点的浆液试验数据都符合规定指标为止。

5. 钢筋笼的制作、吊装和对接

（1）钢筋笼的制作

钢筋笼在胎膜上整幅制作成型，工作井1.2m和暗埋段0.8m厚的地下连续墙钢筋笼分上下两截吊装入槽，先吊下节施工用简易钢筋笼和十字形钢板，再吊上节设计钢筋笼和十字形钢板，对接后入槽。其他钢筋笼整幅吊装入槽。

钢筋笼制作要求：

1）按翻样图布置各类钢筋，保证钢筋横平竖直，间距符合规范要求，接头焊接牢固，成型尺寸正确。

2）各种钢筋焊接接头按规定做拉弯试验，试验合格后方可进行焊接。

3）在钢筋笼的迎土面、开挖面设置合理保护层定位板，保护层材料采用高强度塑料。

4）设置混凝土导管，导管导向钢筋必须焊接牢固、搭接平滑。

5）为保证钢筋笼在吊装过程中发生不可复原的变形，在钢筋笼中设置纵向抗弯桁架，拐角形钢筋笼还需增设定位斜拉杆。

6）为了保证钢筋笼吊装安全，吊点位置的确定与吊环、吊具的安全性应经过设计与验算，作为钢筋笼最终吊装环中吊杆构件的钢筋笼上竖向钢筋，必须同相交的水平钢筋自上至下的每个交点都焊接牢固。

7）钢筋笼的最后成品必须通过质量验收，表 4-5 是该工程钢筋笼质量检验表。

钢筋笼质量检验表 **表 4-5**

项 目	允许偏差(mm)	检查频率		检查方法
		范围	点数	
长度	±50	分幅	3	尺量
宽度	±20		3	
厚度	－10		4	
主筋间距	±10		4	在任何一个断面连续量取主筋间距(1m 范围内)，取其平均值均作为一个点
两排受力筋间距	±10		4	尺量
预埋件中心位置	＜20		4	抽查
同一截面受拉筋接头面积占钢筋总面积	≤50％			观察

转角幅钢筋笼制作：

对于转角幅钢筋笼及特殊幅钢筋笼除设置纵、横向起吊点之外，另要增设“人字”桁架和斜拉杆进行加强，以防止钢筋笼在空中翻转角度时发生变形，如图 4-9 所示。

（2）钢筋笼的吊装

钢筋笼的起吊采用一台 280t 的履带式起重机和一台 180t 的履带式起重机双机抬吊法，互相配合吊装钢筋笼入槽。起吊时，先将钢筋笼水平吊起，然后提高 280t 主吊钩、降低 150t 副吊钩，最终由 280t 将钢筋笼凌空吊直。图 4-10～图 4-12 为双机抬吊方法示意图。

在钢筋笼的吊装时候容易出现工程事故，因此在施工实际中要注意以下问题：

（1）采用接驳器进行钢筋笼对接

工作井 1.2m 厚地下连续墙钢筋笼采用接驳器对接的形式入槽，其中上半截 36m，下半截 11.75m，相邻接头 50％错开，错开长度为 40d。

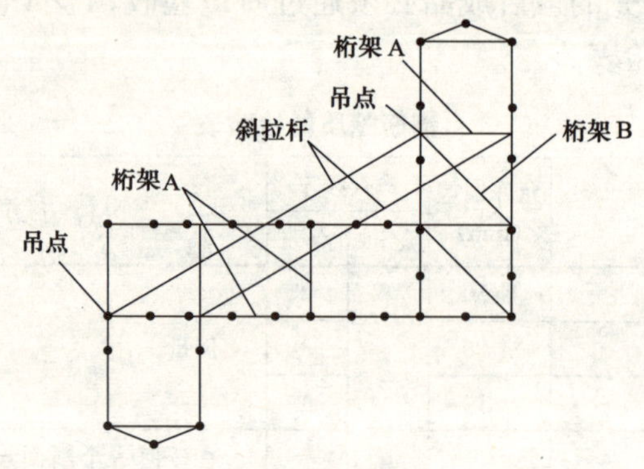

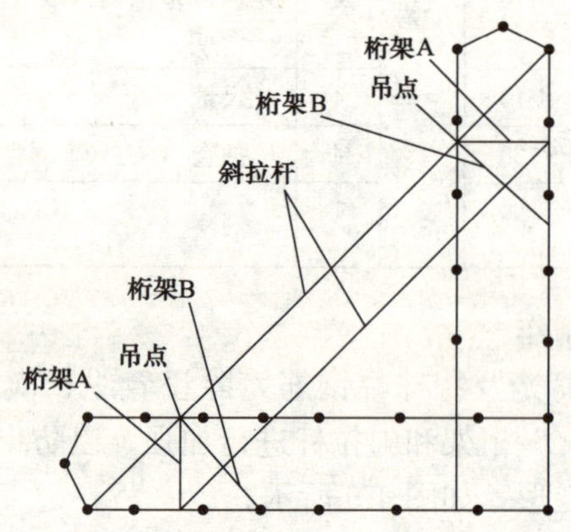

图 4-9 转角幅钢筋笼加固图

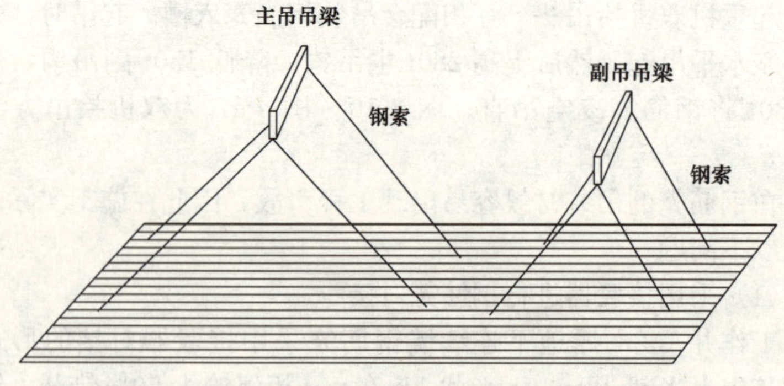

图 4-10 钢筋笼吊装示意图

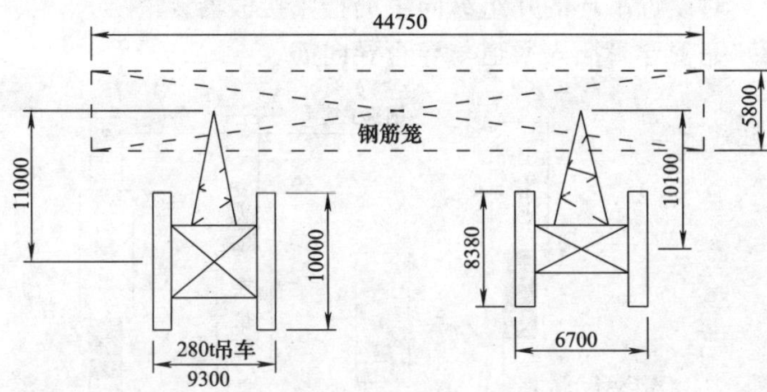

图 4-11 吊车位置示意图

图 4-12 现场钢筋笼吊装照片

接驳器对接的操作流程（图 4-13）：

1）下段钢筋笼吊入槽内，用钢梁挑住，暂搁在导墙上；

2）起吊上段钢筋笼，在自然垂直条件下对准下段钢筋笼；

3）缓慢放下上段钢筋笼，使各组纵向主筋配对理顺；

4）对钢筋笼四周有对接限位标志的几组纵向主筋拧紧接驳器；

5）重新拎起钢筋笼，使上下段钢筋笼呈自然垂直状态；

6）对其余各组纵向主筋拧紧接驳器；

7）对设置吊环的几组纵向主筋拧紧接驳器；

8）完善导管插入通道与导管导向筋。

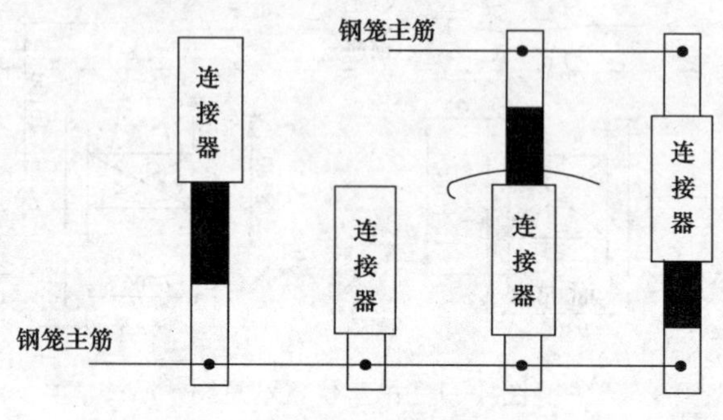

图4-13 接驳器对接流程图

（2）接驳器操作要点

1）接驳器在钢筋笼上的固定

接驳器在钢筋笼上的固定位置正确与否，直接关系到地下连续墙的成墙质量。为保证接驳器的正确固定，需要先把短钢筋焊接成网架，并与钢筋笼焊接，而该网架则起到了固定接驳器的作用，如图4-14所示。

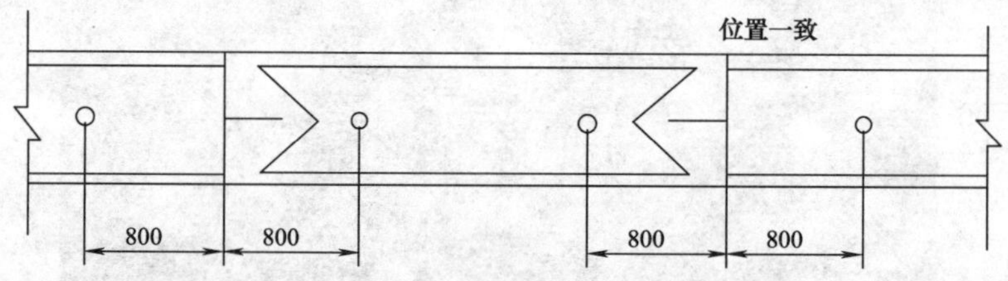

图4-14 接驳器预埋示意图

2）接驳器位置不准的补救措施

接驳器的位置不准，一般可以分为两种情况来处理：第一是接驳器的位置偏差较小，可以将钢筋弯折成一定的角度来解决，但是必须符合规范要求和及时与设计单位联系；第二是位置偏差较大，可以通过在接驳器位置先施工一根边梁，将地板钢筋与地墙的连接转化为地板与边梁连接，但是也必须符合规范要求和得到设计单位的批准。

（3）接驳器连接的优点

1）钢筋笼连接强度可以满足设计及规范要求；

2）可以根据现场情况调整连接器的长度，以保证主筋螺纹拧入长度满足设计要求。

6. 其他地下连续墙施工关键措施

（1）地下连续墙接缝防水措施

地下结构物的围护接头、施工缝是防水工程中的薄弱环节，防水处理比较复杂。由于处理不当而引起一些渗漏水现象，会直接影响地下工程的正常使用和寿命。为此，在选用材料、做法及结构形式上，应考虑接缝沉降、伸缩的可变性，并且还应保证其在变形后的密闭性，即不产生渗漏水的现象。由于“十”字形钢板止水接头的特殊形状，清刷接头的方式和普通锁口管接头有所不同，主要表现在防水处理上的不同：

① 反力箱拔起后，上部混凝土或者砂浆落入由于反力箱拔起而引起的空洞中或者黏滞在十字形钢板上，对止水效果有较大的不利影响。因此，要采用要对十字形钢板进行清刷或者冲铲工具进行清除附着物，以保证十字形钢板的接头强度和止水效果。对于部分附着在十字形钢板上的附着物，可以采用斜仓式刷壁器进行刷壁。如果是较硬的附着物，可以用螺栓固定于液压抓斗上，外形结构可以作用于止水钢板各面的刮刀，依靠液压抓斗的重力予以清楚。具体操作详见图 4-15。

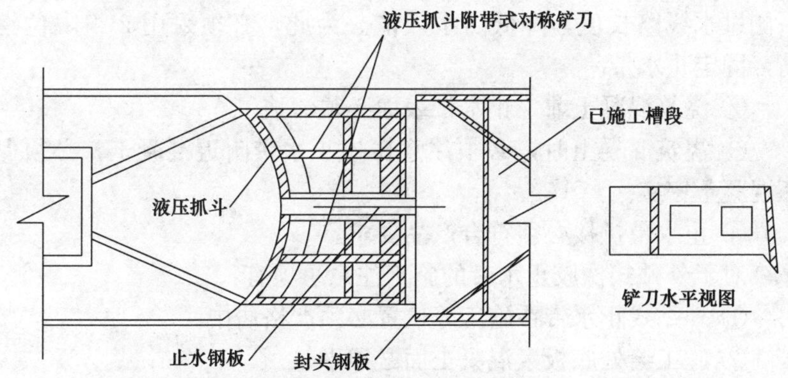

图 4-15　液压抓斗清除十字形钢板附着物示意图

② 对于强度较大塌落混凝土、黏土等较难清除的附着物，则液压抓斗清除方法往往得不到很好的清除效果。这就需要采用清除效果更好的反力箱冲刀。方法是采用比配套反力箱小一个模数的反力箱，底部加焊钢板冲刀，进行清除附着物。具体操作如图 4-16 所示。

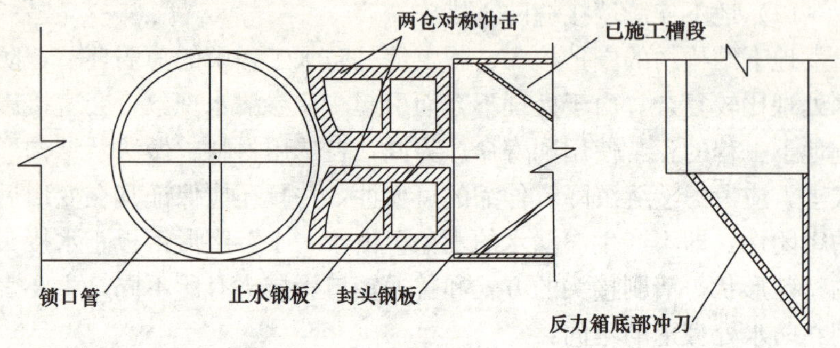

图 4-16 反力箱底部冲刀冲刷示意图

（2）施工缝防水措施

浇筑下一次混凝土前必须对老混凝土表面进行凿毛处理，并浇水保持老混凝土湿润。

1）横向施工缝处理

横向施工缝采用一道中埋式钢边橡胶止水带和一道外贴式橡胶止水带。以下是中埋式橡胶止水带施工注意事项：

① 止水带在结构中平面预埋位置必须严格居中，否则将减少一侧过水线路长度，降低防水效能。为此，必须采用 2 组限位钢筋，固定止水带。

② 浇筑混凝土前，止水带表面必须清洁。

③ 浇筑混凝土时，必须注意振捣止水带附近混凝土，必须保证混凝土密实。

④ 止水带拼接必须符合产品要求。

对于外贴式橡胶止水带的施工注意事项有：

① 外贴式止水带在施工缝位置必须严格居中。

② 施工缝处底板素混凝土面必须平整。

③ 止水带的安放必须牢靠，以防振捣混凝土时松动。

④ 浇混凝土前止水带表面必须清洁。

2）纵向施工缝处理

① 纵向水平施工缝采用钢板止水带设置于缝中央的方法发挥止水的作用。钢板需经镀锌处理。热浸锌处理涂层厚度为 50μm，电镀锌处理涂层厚度为 10μm。

② 在混凝土结构施工缝处，沿结构厚度的中心将止水带的一翼埋入结构中，中心对准变形缝中央，在施工缝混凝土面上刷涂水泥基渗透结晶防水涂料。

③ 施工中要保证止水带与混凝土牢固结合，除混凝土的水灰比和水泥用量要严格控制外，接触止水带处的混凝土不应出现粗骨料集中或漏振现象。如为混凝土地面和顶板结构，则止水带底面下的接缝要插捣严密，赶出气泡。在支设模板、固定止水带以及浇捣混凝土时不得将止水带破坏。结构所选用的混凝土必须是防水混凝土。

④ 施工缝预留兜绕成环的遇水膨胀腻子条。

3）其他

① 防水混凝土结构内部设置的各种钢筋和绑架铁丝，不得触及模板，固定模板用的螺栓穿过混凝土结构时，应采用下列措施：

（a）螺栓或套管应加焊金属止水环，且焊缝必须满焊水密；

（b）螺栓套管上兜绕裹紧水膨胀橡胶止水圈或水膨胀腻子止水条一圈；

（c）螺栓应加堵头；

（d）侧墙内侧混凝土拆模后（采用外掺剂时拆模日期按规定执行）应采用喷涂养护剂方法养护。

② 加强变形缝处的模板固定，不得有跑模、移位现象。在此基础上使混凝土振捣密实（尤其在止水带底部）。

（3）混凝土绕灌控制措施

当发生塌方现象或者接头装置空隙过大时，容易引起混凝土从反力箱背部发生绕灌。而绕灌现象对反力箱的顺利起拔和相邻槽段的施工带来较大的困难，因此要采取措施以防止绕灌现象。

1）防绕灌措施

① 封头钢板底延伸至成槽底标高 并插入土体50cm，以阻断混凝土和砂浆沿封头钢板底部绕流；

② 增设1mm厚、1m宽的止浆铁皮，固定于钢筋笼两侧。当有绕灌混凝土时，止浆铁皮受压力张开后紧贴两侧壁面，从而阻断砂浆沿十字形钢板和反力箱外侧的绕流路线；

③ 通过回填粒径合理的石子或泥丸的方式以充填反力箱背后空隙，从而防止混凝土和水泥浆液的绕流。

2）绕灌应急处理措施

对于已经发生的绕流现象要及时处理，以防止出现连锁的工程事故：

① 为了保证反力箱能够顺利起拔，要增加顶拔反力箱的频率，减少每次顶拔的高度，使得接头处混凝土与反力箱保持脱离状态。

② 当反力箱完全起拔后，在绕灌混凝土强度不高的时候，马上采取液压抓斗，清除绕灌混凝土，然后采取优质黏土暂时回填的措施，以保证相邻槽段的正常施工。

4.3 立柱桩施工

4.3.1 立柱桩施工方案

江南工作井试验段立柱桩均采用ϕ900钻孔灌注桩。工作井格构柱由四块180×180×16角钢和4块410×300×12@800钢缀板组成；其余段格构柱由四块140×140×10角钢和4块350×200×10@800钢缀板组成。灌注桩混凝土采用水下C30。表4-6是各段钻孔桩一览表。

各段钻孔桩施工参数表 **表4-6**

分段	根数	桩径(mm)	桩长(m)	隔构柱插入深度
工作井	6	900	30	插入钻孔桩内4m
JN01	6	900	30	插入钻孔桩内4m
JN02	8	900	30	插入钻孔桩内4m
JN03	6	900	30	插入钻孔桩内4m
JN04	8	900	30	插入钻孔桩内4m

4.3.2　立柱桩施工流程

立柱桩具体施工流程如图4-17所示。

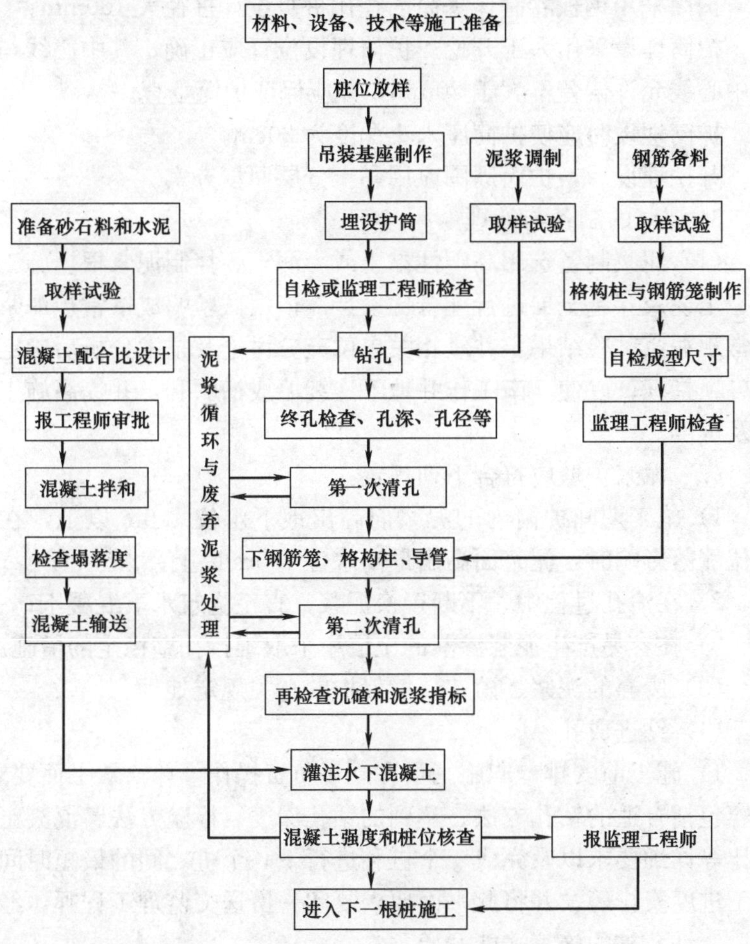

图4-17　钻孔灌注立柱桩施工流程图

4.3.3　施工方法

1. 测量放样

对建设单位提供的现场测量点（红线点和水准点）进行妥善的保护。

根据红线点测放出桩位，用红漆在混凝土地坪上做好标记。

测量内业及外业均由技术人员复核

2. 护筒施工

护筒采用钢板卷制，护筒内径比桩身设计桩径大100mm。

护筒埋设采用人工开挖。护筒埋设位置应正确，其中心线与桩位中心线允许偏差不大于20mm，并应保证护筒垂直。

护筒埋设时应使护筒座入土深度为20cm。

开挖埋设后，护筒周围应用黏土分层回填夯实。

3. 泥浆的制备与处理

(1) 泥浆制备选用高塑性黏土或膨润土。拌制泥浆根据施工机械、工艺及穿越土层进行配合比设计。依据试验幅成槽常规泥浆及非常规泥浆试验结果，并经相关单位充分讨论及技术分析后确定泥浆各项指标，以使江南工作井地下连续墙成槽顺利，并提高施工质量及进度。

(2) 泥浆护壁应符合下列规定：

1) 施工期间护筒内的泥浆面高出地下水位1.0m以上，在受水位涨落影响时，泥浆面高出最高水位1.5m以上；

2) 在清孔过程中，不断置换泥浆，直至浇筑水下混凝土；

3) 在容易产生泥浆渗漏的土层中采取维持孔壁稳定的措施。

(3) 废弃的泥浆、碴按环境保护的有关规定处理。

(4) 钻进成孔

1) 施工前安排专职施工员在现场负责操作，并给予书面要求，内容包括合适的钻孔方法、达到的钻孔深度、检验方法、混凝土配合比等详细要求以及完成一个桩和进行下一个桩之间的最短时间和施工进度安排等。并将此书面要求复印一份送交监理工程师，经批准后，钻孔桩的施工才能开始。

2) 钻孔委派有经验的施工人员主持。钻孔前，对施工人员作全面的技术交底，使施工人员对钻孔所在地区的地质和水文等情况，必须有一全面了解。

3) 钻孔时设备必须完好，钻孔必须有记录。

4) 钻孔过程中，若发现钻孔位置处的地质情况与设计图纸上描述的有显著差别时，写出书面报告请示监理工程师，也可根据实际情况依相关手续变更原有设计。

5）根据孔位处的地质、水文等条件以及桩的尺寸，选择合适的钻孔方法，并符合规范的有关规定。

6）钻机底座平衡、坚固，滑轮与钻盘中心孔、护筒的中心，在同一铅垂线上。

7）钻具下放前，做好检查工作，钻进过程中，注意第一、第二根钻杆的进尺，保证钻具与孔的中心垂直，同时需要吊紧钻具，均匀钻进。

8）钻进中需要根据地层情况调整钻进参数，在整个钻进过程中指定专人操作。同时还根据钻机负荷、地层的变化、钻孔的深度、含砂量的大小等具体情况，及时采用相应的钻进速度，从而保证成孔质量，防止钻孔偏斜。

9）在容易缩径的地层中，采取钻完一段再复扫一遍的方法。在提拔钻具时，发现有受阻现象的孔段，指定专人进行纠正。复扫的工作必须认真对待和操作、处理。

10）钻进中泥浆的控制：在黏土、亚黏土地层中，泥浆的比重一般控制在 1.1～1.3；在砂层和松散易塌的地层中，泥浆的比重一般控制在 1.2～1.4。

成孔质量标准如表 4-7 所示。

成孔质量标准表 **表 4-7**

序号	项目	标准
1	成孔方法	回转式、泥浆护壁
2	桩径允许偏差	±50mm
3	垂直度允许偏差(%)	设计要求
4	孔底沉淤	≤50mm
5	桩位允许偏差	±50mm

4.4 抽水试验及降水施工

该工程江南试验井基坑属一级基坑工程，根据《岩土工程勘察规范》GB 50021—2001 规定，“当场地水文地质条件复杂，在基坑开挖过程中需要对地下水进行治理（降水或隔渗）时，应进行专门的水文地质勘察”。根据上述要求，本次勘察在江南试验井布置水文试验和水文观测孔，以求取水文地质参数。

4.4.1 抽水试验目的和执行规范

1. 抽水试验的目的

查明场地水文地质条件，确定地基土渗透系数和地下水的涌水量，为基坑开挖降水和基坑围护施工、设计提供依据。

具体试验要求如下：

（1）江南试验井JZ-Ⅲ07-108孔位置布置抽水试验孔1个，进行单孔抽水试验。

（2）试验针对与施工有影响的上部潜水含水层进行，井管安装采用非完整井，试验方法采用稳定流法。

（3）试验精度满足《供水水文地质勘察规范》，根据试验结果计算单井涌水量、渗透系数。

2. 抽水试验执行的标准与规范

本次抽（提）水试验执行以下标准与规范：《岩土工程勘察规范》GB 50021—2001、《供水水文地质勘察规范》GB 50027—2001。

4.4.2 抽水试验

1. 抽水试验成孔

根据勘察资料，江南试验井位置表部3.5m为素填土，深度3.5～10.2m段为3-1层粉土，深度10.2～22.1m段为3-2层粉砂，22.1～29.85m段为4-2层淤泥质粉质黏土。对基坑影响较大的含水层主要为浅部的3-1层粉土、3-2层粉砂潜水含水层（以下简称江南孔隙潜水含水层）。该含水层3-1层和3-2层上下具有连通性，且透水性质相似。根据试验特征，抽水时水位降深基本大于3-1层底板（孔内基本上已疏干3-1层），因此，抽水时需将潜水含水层统一作为一大层考虑。

抽水孔主要利用JZ-Ⅲ07-108号孔进行，钻探采用XY—1型钻机、ϕ130mm合金肋骨钻头双套钻具全孔取芯成孔，揭穿粉土粉砂含水层至淤泥质粉质黏土隔水层，孔深29.85m，抽水试验结束后，继续取芯钻进，终孔孔深35.5m。根据勘察资料，江南试验井位置深度 22.1～32.55m 为 4-2 层淤泥质粉质黏土，故本次抽水孔结合工程钻孔进行可以避免深部地下承压水干扰和影响试验精度，试验段及上部采用相应管材进行隔离，试验深度确定为 4.0～22.1m。

2. 抽水试验设备安装

本次试验主要针对浅部潜水含水层，试验孔深度为 4.0～22.1m。成孔施工采用 ϕ130mm 钻具外肋骨合金钻进至 29.85m，深度 18.52～21.72m 段下入 ϕ110mm 孔径（内径为 ϕ108mm）沉淀管 3.2m，深度 15.52～18.52m 段下入 ϕ110mm 孔径（内径 ϕ108mm）过滤管 3.0m，深度 3.5～4.0m 段采用海带止水，孔口外侧采用黏土球和黏土回填，深度 15.52m 以上均采用 ϕ110mm 孔径套管至地面以上 0.43m。

滤水管采用缠丝包网，为增加滤管滤水效果，滤管外侧加包棕皮。施工结束后采用活塞强烈反复清洗，并配合水泵进行间歇式抽水、冲孔，直至水清砂净，待第二天观测静止水位后正式抽水。抽水设备采用潜水泵，水量观测采用水表法，水位观测采用万用表电测深法。正式抽水前，检查抽水孔的止水效果。

3. 试验操作

试验前对自然水位进行观测，一般以稳定 12h 后观测，以 1h 观测 1 次，连续 3 次所测水位相同，即为静止水位。抽水试验结束后需复测地下静止水位。

正式抽水试验按有关规程要求进行。抽水试验计划按稳定流试验法，即抽水时稳定流量稳定降深的方法，水位观测分别对主孔和观测孔同时进行，前 2h 间隔 1min、2min、2min、5min、5min、5min、5min、5min、10min、10min、10min 观测，以后每 15min 观测 1 次并记录。本次试验降深采用 2 个落程，潜水含水层主孔稳定时间不小于 8h。

试验结束后即刻对主孔进行恢复水位观测，观测间隔为 1min、2min、2min、5min、5min、5min、5min、5min、10min、10min、10min、10min、10min、20min、20min、30min 观测记录，以后每 30min 观测 1 次并记录，直至水位至静止水位。

4.4.3 水文地质参数的确定

1. 静止水文观测

江南试验井抽水试验分别进行了两次不同降深的提水试验。试验前均对抽水孔进行了静止水位观测，共计5次，具体如下：江南抽水试验静止水位观测结果如表4-8和表4-9所示。

抽水井静止水位观测　　表4-8

观测时间	12月15日			12月16日		平均值(m)
	18：30	19：30	20：30	6：30	7：30	
观测结果(m)	2.17	2.18	2.18	2.18	2.18	2.18

抽水井静止水位观测　　表4-9

观测时间	12月17日			12月18日		平均值(m)
	15：30	16：30	17：30	6：30	7：30	
观测结果(m)	2.17	2.18	2.18	2.18	2.18	2.18

2. 单井涌水量

本次抽水试验按照稳定流非完整井方式进行，即试验在降深基本稳定的情况下，出水量也基本稳定。

江南试验井抽（提）水试验：共进行了两个降深的提水试验，出水量采用量桶法确定，在抽水动水位基本稳定状态下，通过对提桶提水量进行多次测量，确定基稳定流量。试验观测结果：

第一次降深 $S_1=3.29$m，出水量 $Q_1=40.26\text{m}^3/\text{d}$；

第二次降深 $S_2=1.29$m，出水量 $Q_2=15.98\text{m}^3/\text{d}$。

江南抽水 Q、S-t 曲线如图4-18和图4-19所示。

单位涌水量需要根据具体流量 Q 与降深 S 之间的关系，具体详见图4-20。确定 $Q=f(S)$ 曲线中 Q_2，先求曲线的曲度值 n。

$$n=\frac{\lg S_3-\lg S_1}{\lg Q_3-\lg Q_1}$$

求得江南抽水试验 $n=1.0$，其曲线为直线型。

确定单位涌水量如下：

$$q=12.33\text{m}^3/(\text{d}\cdot\text{m})$$

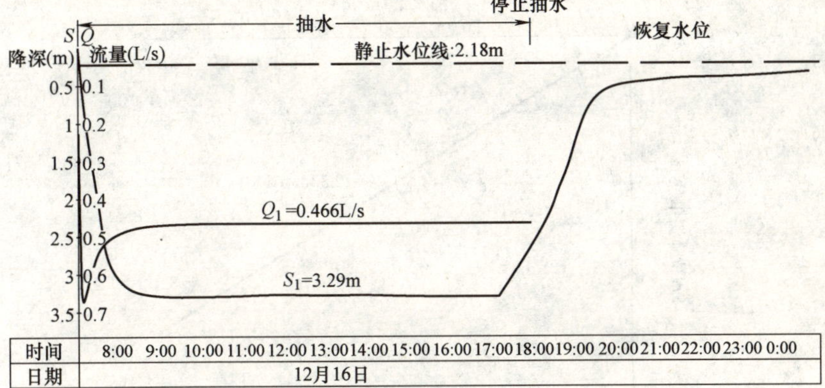

图 4-18 抽水第一降深 Q、S-t 过程曲线图

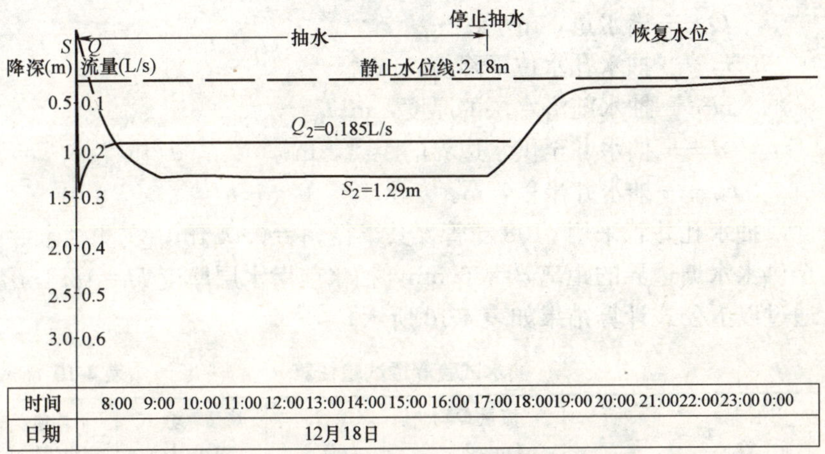

图 4-19 抽水第二降深 Q、S-t 过程曲线图

3. 含水层渗透系数

采用稳定流单孔模式计算，据《水文地质手册》有以下计算公式：

$$K=\frac{0.366Q}{\frac{1}{2}S_{\mathrm{w}}(2H-S_{\mathrm{w}})}\lg\frac{2d}{r_{\mathrm{w}}}$$

式中 K——渗透系数，m/d；

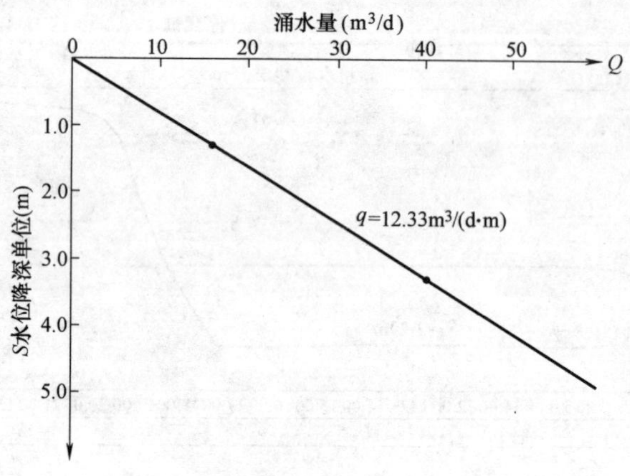

图 4-20 江南抽水试验 Q-S 曲线

Q——出水量，m^3/d；

S_w——抽水孔水位下降值，m；

H——抽水前潜水层的厚度，m；

d——抽水井至供水边界的距离，m；

r_w——抽水井半径，m。

抽水孔井管采用 ϕ108 滤管，其半径 $r_1=0.054$m，实测抽水井至供水水塘边界的距离 $d=36.5$m，抽水前潜水层厚度 $H=18.1$m。通过以上公式计算结果如表 4-10 所示。

抽水试验渗透试验估算 表 4-10

试段		流量 Q (m^3/d)	降深 S_w (m)	渗透系数 K (m/d)	平均值 (m/d)
江南抽水孔 JZ-Ⅲ07-108	落程 1	40.26	3.29	0.85	0.83
	落程 2	15.98	1.29	0.81	

4. 影响半径的确定

影响半径 R（m）采用《建筑基坑工程技术规程》DB 33/T 1008—2000 中的式（D.0.7-1）：

$$R=2SW\sqrt{KH}$$

式中 R——影响半径，m；

SW——水位降深，m；

H——抽水前潜水层的厚度，m；

K——渗透系数，m/d。

计算结果如表 4-11 所示。

影响半径估算表 **表 4-11**

试　段		涌水量 Q (m^3/d)	降深 S (m)	渗透系数 K(m/d)	含水层厚度 M(m)	DB 33/T 1008—2000 (m)
江南抽水孔 JZ-Ⅲ07-108	落程 1	40.26	3.29	0.83	18.10	25.50
	落程 2	15.98	1.29	0.83	18.10	10.00

4.4.4 试验结论

钻孔抽水试验为现场水文地质试验，较室内土工试验所得渗透系数更具有代表性，是土层原始构造状态透水性的反映。但试验过程中受钻机成孔、试验设备安装、试验操作及计算公式选用等诸多因素影响。另外，抽水试验土层渗透系数的取得与地层的均匀程度、空间分布等有关，含水层厚度在空间分布呈层状，局部地段趋薄趋厚，相关的单井涌水量随之变化。因此，试验精度有一定的局限性，渗透系数的使用需结合基坑开挖情况合理选择。试验结论：

(1) 通过单孔抽水试验获得了单井涌水量 $q=12.33m^3/(d\cdot m)$，江南试验井综合渗透系数 $K=0.83m/d$。

(2) 通过计算，江南试验井潜水含水层水位降深 3.29m 时，影响半径为 25.50m；水位降深 1.29m 时，影响半径为 10.00m。

4.5 支 撑 施 工

4.5.1 概况

施工围护结构、钻孔桩格构柱，浇筑冠梁，待结构达到设计强度后掏槽开挖基坑。基坑采取分层分块开挖。掏槽开挖后浇筑混凝土支撑或安装钢支撑。

暗埋段基坑共设 5 道支撑，第一道和第四道采用钢筋混凝土支撑，第二、三、五道采用钢支撑，如图 4-21 所示。坑底浇筑素混

图4-21 支撑施工

凝土垫层。工作井基坑共设6道支撑，第一至第五道为钢筋混凝土支撑，第六道为钢支撑。钢支撑全部采用 ϕ609 钢管（壁厚16mm）。

为后续盾构施工需要，在工作井连续墙临江一侧预埋了洞门钢环，洞门直径为15830mm，横跨第三、四、五道围檩，如图4-22（*i*）所示。

4.5.2 施工流程

1. 暗埋段施工流程

（1）施工围护结构、钻孔灌注桩及型钢格构柱，浇筑冠梁，待结构达到设计强度后掏槽开挖，浇筑第一道钢筋混凝土支撑；

（2）继续开挖到第二道支撑处，架设第二道钢支撑；

（3）继续开挖到第三道支撑处，架设第三道钢支撑；

（4）继续开挖到第四道支撑处，架设第四道钢（混凝土）支撑；

（5）继续开挖到第五道支撑处，架设第五道钢支撑；

（6）继续开挖到基坑底部，浇筑素混凝土垫层；

（7）浇筑结构底板、侧墙及腋板，待混凝土到达强度后拆除第五道支撑。

(8) 继续施工结构侧墙，待混凝土强度达到设计强度后架设临时钢支撑，拆除第四道钢支撑；

(9) 施工结构中板，待混凝土强度达到强度后拆除第三道钢支撑；

(10) 完成剩余主体结构，待混凝土达到设计强度要求后拆除第二道钢支撑和临时钢支撑，回填土至第一道支撑底部；

(11) 拆除第一道支撑及立柱桩，回填土至设计地面。

2. 工作井施工流程

(1) 钻孔灌注桩、地下连续墙、地基加固及井点降水施工，基坑开挖前降低基坑地下水位，掏槽开挖，浇筑冠梁；

(2) 待冠梁强度达到设计要求后，开挖土体至第一道混凝土支撑底面，浇筑第一道围檩、钢筋混凝土支撑；

(3) 待第一道混凝土支撑强度达到设计要求后，开挖土体至第二道支撑位置，浇筑第二道围檩、混凝土支撑；

(4) 浇筑第一、二道围檩之间的内衬墙；

(5) 待第二道混凝土支撑强度达到设计要求后，开挖土体至第三道支撑位置，浇筑第三道围檩、混凝土支撑；

(6) 浇筑第二、三道围檩之间的内衬墙；

(7) 混凝土支撑强度达到设计要求后，开挖土体至第四道支撑位置，浇筑第四道围檩、混凝土支撑；

(8) 浇筑第三、四道围檩之间的内衬墙；

(9) 待第四道混凝土支撑强度达到设计要求后，开挖土体至第五道支撑位置，浇筑第五道围檩、混凝土支撑；

(10) 浇筑第四、五道围檩之间的内衬墙；

(11) 待第五道混凝土支撑强度达到设计要求后，开挖土体至第六道支撑位置，架设第六道钢支撑；

(12) 开挖土体至基坑底部，施工混凝土垫层，浇筑混凝土底板及侧墙结构到第六道钢支撑位置，待混凝土强度达到要求后拆除钢支撑。浇筑第六道钢支撑和第五道混凝土支撑之间的混凝土内衬。

工作井施工流程图如图 4-22 所示。

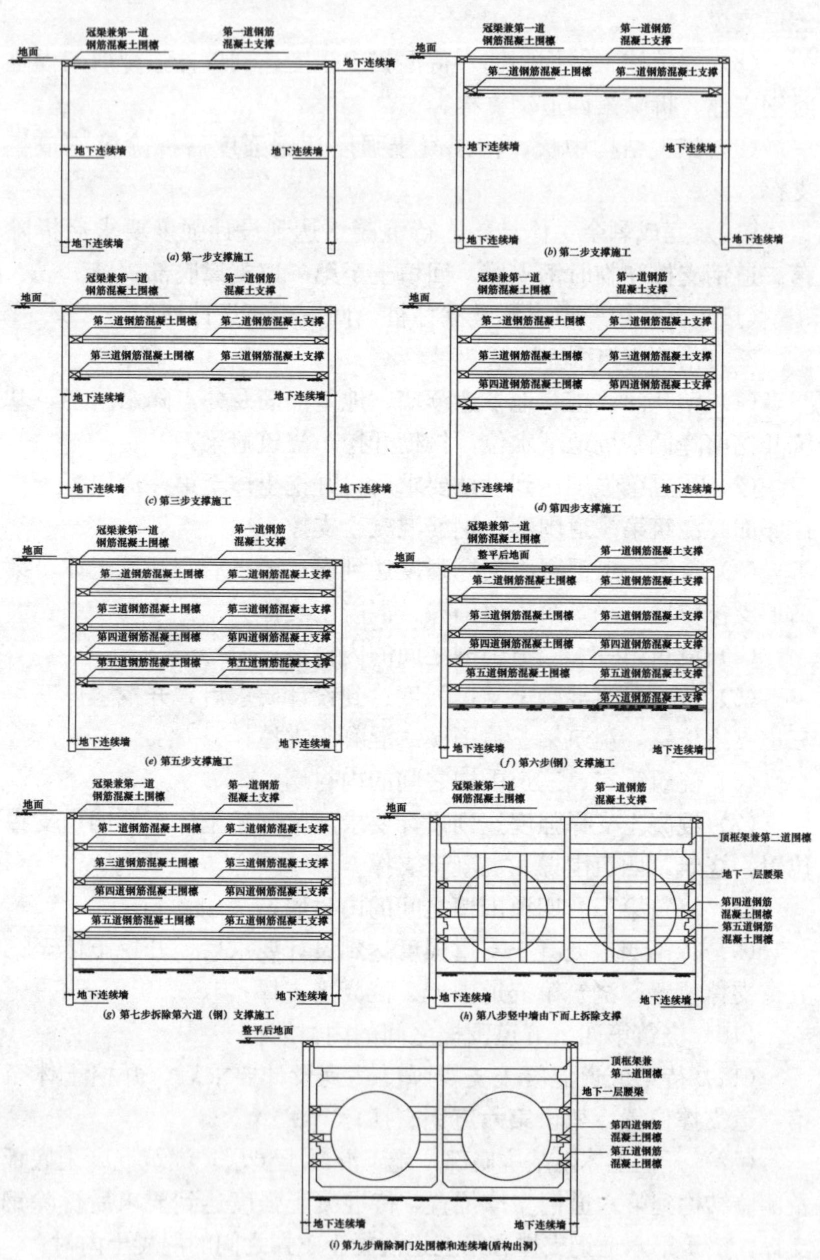

(a) 第一步支撑施工

(b) 第二步支撑施工

(c) 第三步支撑施工

(d) 第四步支撑施工

(e) 第五步支撑施工

(f) 第六步(钢) 支撑施工

(g) 第七步拆除第六道（钢）支撑施工

(h) 第八步竖中墙由下面上拆除支撑

(i) 第九步凿除洞门处围檩和连续墙(盾构出洞)

图 4-22 支撑施及拆除流程图

4.5.3 施工重难点及关键技术措施

基坑开挖前需做好如下准备工作：凿除内侧导墙、准备支撑材料和施加支撑轴力的液压装置、布设测量网点、进行技术交底、检查井点降水效果、配置施工机械和落实好弃土地点。

开挖前必须具备以下现场条件：基坑四周设置安全围栏、四周无零散物质堆放、坑内设置足够照明度、备足本施工阶段的已拼装好的符合质量要求的钢支撑。

1. 基坑开挖重难点

基坑开挖以机械挖土与水冲法挖土结合为主，人工修挖为辅。

表层土方采用液压挖掘机挖土，直接装车外运。第二层以下10m深度内的土采用长臂挖机＋在适当的部位采用水冲法取土；超过10m的深度采用液压挖掘机挖机配合履带吊机挖土，装车外运。机械挖不到的死角用人工翻挖，喂给液压挖掘机。开挖至最下层时，逐小段开挖后在8～16h内浇筑混凝土垫层。

2. 基坑开挖及支撑关键技术

（1）严格执行开挖程序。在开挖前明确分层位置、深度、各道支撑标高等相关信息，以控制挖土深度，严禁超挖回填土。遵循“先中间、后两端”的原则，分段分层开挖。挖每一层土，土层底面都要大致平整。

（2）随着挖土深度的逐层加深，及时凿除围护墙上的混凝土凸瘤与积土。及时测定支撑安装点，确保支撑端部中心位置误差≤30mm；

（3）在地面按数量及质量要求配置支撑；

（4）准确施加支撑预力；

（5）控制开挖段两头的土坡坡度；

（6）封堵水土流失缝隙；

（7）检查支撑桩的回弹及降水效果；

（8）坑底开挖与修整；

（9）测定合适的基坑超挖量；

（10）按限定施加做好混凝土垫层及钢筋混凝土底板；

（11）按规定要求拆除支撑及井点；

(12) 实行信息化施工，及时对地下墙变形和地层位移移动进行监测。

在采用钢筋混凝土支撑体系时应注意合理提高支撑立模的刚度和精度，严格控制偏心偏差。

采用钢支撑体系时应注意施工中严格控制支撑轴线及交汇点的偏心，承压板与垫板要均匀接触，承压板中心与支撑轴线要尽量一致。钢支撑中设置预加轴力的顶力装置测力装置。斜向钢支撑与围护结构墙体或围檩相接处，要在墙体或围檩上设支撑钢支托，使支撑轴力线与钢支托上的传力钢板相垂直。

3. 结构施工重难点及关键技术

(1) 砂垫层铺设：圈梁和支撑施工砂垫层材料采用中粗砂。砂中不得含有草根、垃圾等有机杂物，含泥量不得大于3%，砂垫层一般厚50mm，局部厚150mm，人工铺设，平板振动器振实。

(2) 素混凝土垫层铺筑：采用C20泵送混凝土，层厚250mm，为防止结构底板受地下水浮力损害，在浇灌素混凝土垫层前将泄压水孔立于砂垫层下施工阶段。

(3) 结构底板施工：结合现场实际情况，可利用已经完成坑内降水任务的降水井点的井管来制作泄压孔，在工作井和暗埋段的底板上设置泄水孔释放地下水压力，起到抗浮作用。待结构全部施工结束后再封堵泄水孔。

(4) 内衬施工：对地下连续墙和接缝进行堵漏、凿毛、清洗处理，使内衬混凝土和地下连续墙面紧密结合。施工凿毛工作随基坑开挖顺序进行。内衬超限不大时，利用围护结构外放余量和调整内衬墙厚度及钢筋设计来处理；超限过大时，需剔除超限部分混凝土和钢筋，并采取型钢加强和外侧补强处理。

(5) 圈梁与框架施工：施工前做好材料、设备和劳动力等各方面的准备工作；基坑开挖至控制标高后，尽快浇捣圈梁、框架；对地下连续墙进行凿毛、清洗处理，使内部结构与围护内表面结合紧密；做好堵漏工作；砂垫层作为梁的底模，浇捣前先摊铺找平，复测标高后立模浇注混凝土。

(6) 结构顶板防水：采用双面自粘防水材料、设细石混凝土保护层、在变形缝处嵌置低模量密封胶等措施。

(7) 洞门钢环安装：结合基坑开挖步骤及内部结构施工顺序，工作井洞门钢环分 4 块分块安装。保证洞门钢环安装精度和整圆度的措施如下：

1) 钢环加工精度及分割精度必须满足施工要求；

2) 为了保证钢环在运输及安装时的整圆度要求，在钢环内设支撑钢桁架；

3) 进行分块安装前，在连续墙上钢环所在位置进行测量放样；

4) 安装每一块钢环时，采用吊机进行吊装定位；

5) 浇筑混凝土前，钢环必须在连续墙上固定牢靠；

6) 在对钢环所在位置的内衬墙进行混凝土浇筑时，对钢环变形进行监测，如变形量超限，则在钢环内增设临时支撑桁架，确保其成圆精度。

4.6 基坑开挖施工

江南工作井平面尺寸为 46.5m×23m，开挖深度为 28.3m，属于超深基坑。开挖前，地下连续墙、立柱桩、坑内地基加固施工完毕，强度及深井井点降水达到开挖质量要求。基坑开挖从 2008 年 9 月 19 日开始，2009 年 6 月 20 日结束，工期共 275 天，采用机械挖土与水冲法开挖相结合的挖土工艺。

基坑开挖自 2008 年 12 月开始，由 JN04 段及工作井开始，向中间的顺序分区开挖，基坑分段及各段的施工进度如图 4-23 所示。

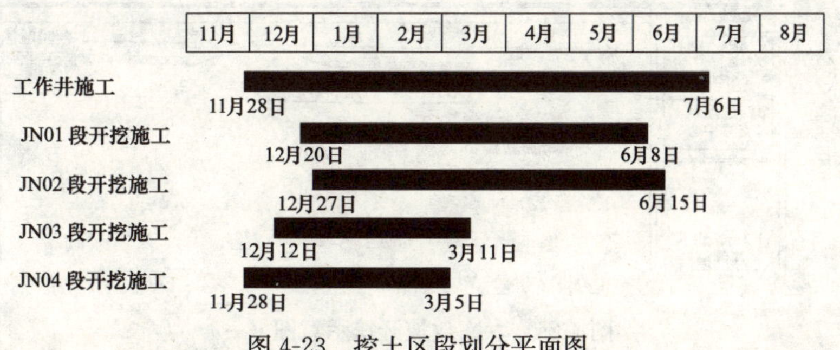

图 4-23 挖土区段划分平面图

放坡开挖示意图如图 4-24 所示。

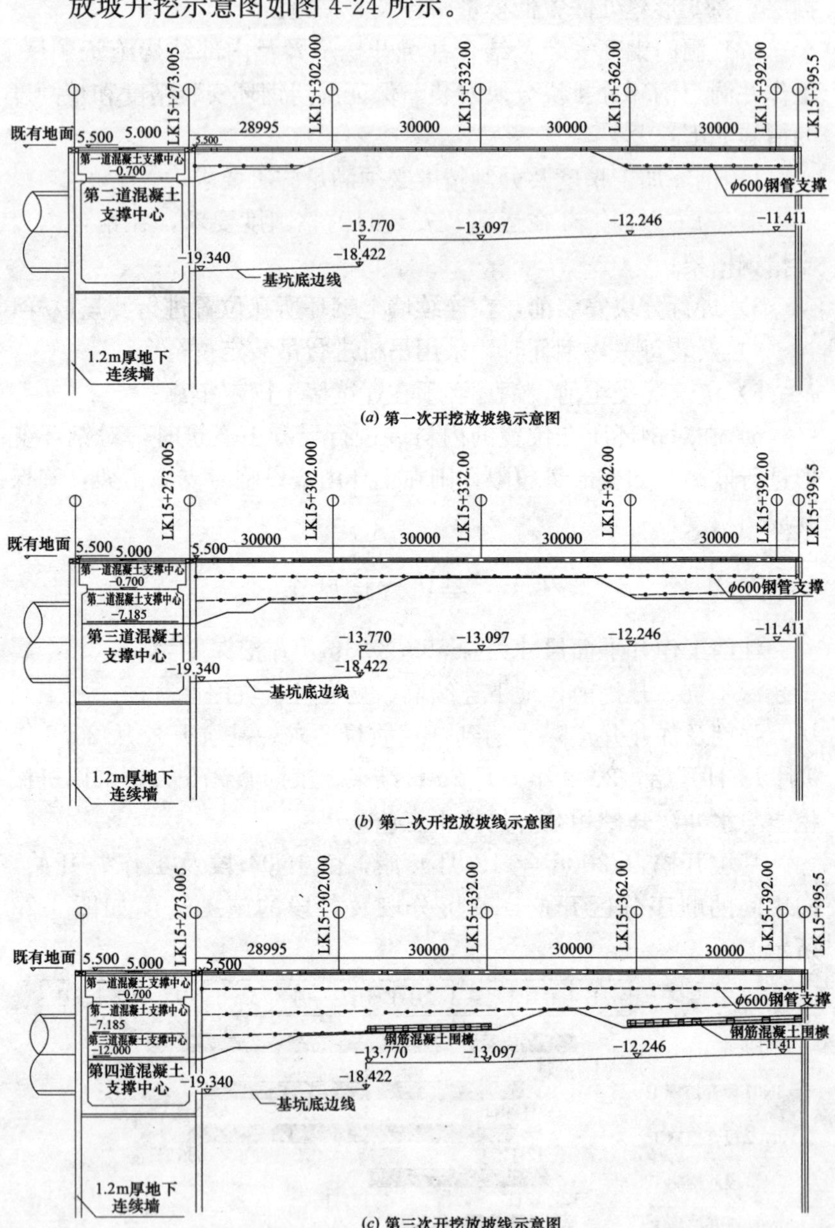

(a) 第一次开挖放坡线示意图

(b) 第二次开挖放坡线示意图

(c) 第三次开挖放坡线示意图

图 4-24　六次放坡开挖示意图（一）

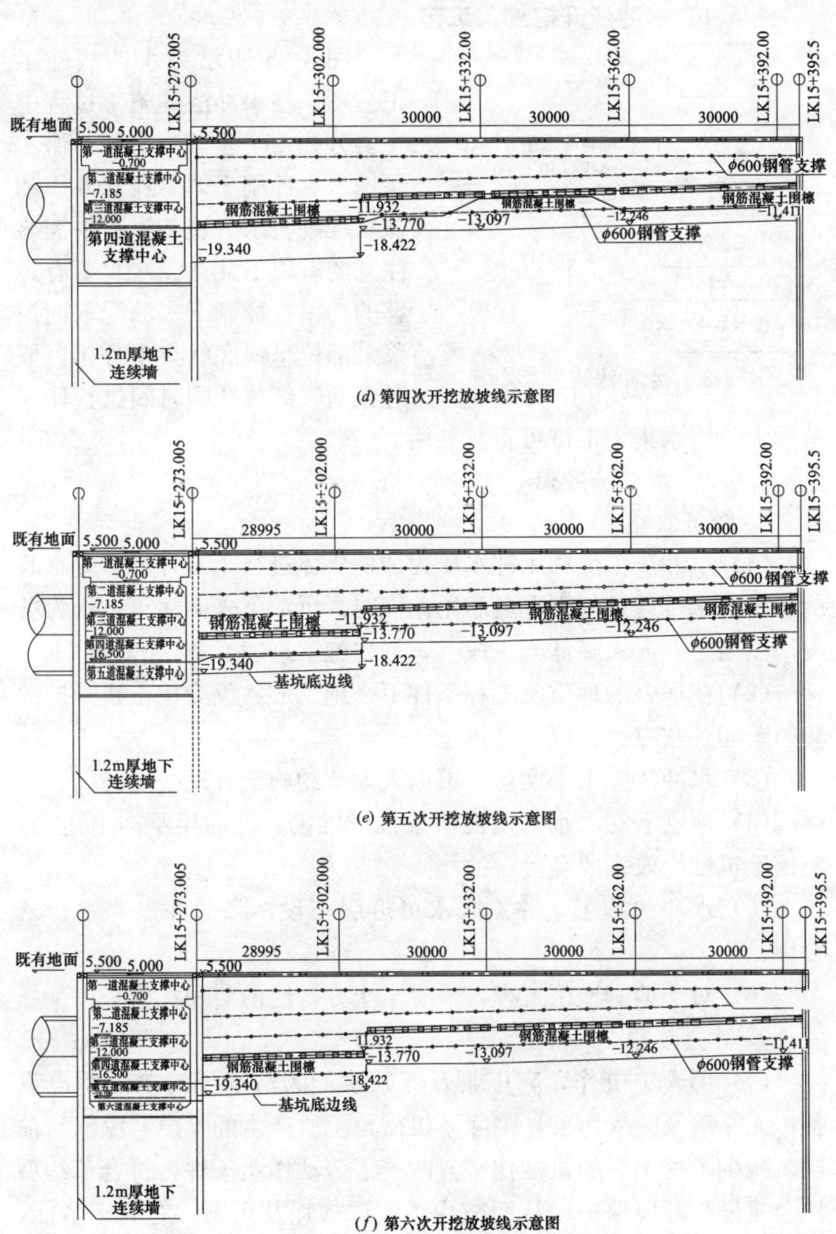

图 4-24　六次放坡开挖示意图（二）

4.6.1 水冲法开挖施工工艺

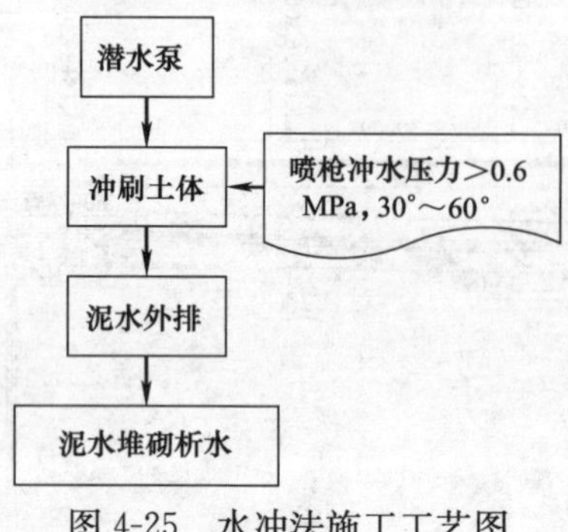

图4-25 水冲法施工工艺图

图4-25所示为水冲法施工工艺图。在水冲法的施工过程中主要分为4个步骤，分别是潜水泵抽水、冲刷土体、泥水外排和泥水堆砌析水。施工过程中需要注意的有以下几点：水泵要有足够的功率；冲刷下来的泥水向泥浆泵部位呈锅底状集中外排，要避免同一部位冲刷时间过长使高差过大；清水集中汇流可重复利用。

4.6.2 水冲法效益

1. 经济效益

（1）水冲法主要利用冲水压力冲刷土体进行土方开挖，降水及所析出的水可通过处理重复利用。同时，沉淀下来的泥土可作为场内回填用土，大大降低施工成本，加快施工进度。

（2）在适合的地质及工程条件下，施工成本仅为挖土机开挖的30％～50％左右。

（3）水冲法施工工期短，可以大大节约施工管理费用。

（4）冲刷下的泥水可用泥浆泵抽排堆砌，然后用泵向上运送，较挖土机堆土效率要高。

（5）水冲法施工，井点降水可迟缓布设，降低井点降水台班费用。

（6）对于偏僻地区工程，节省了土方运送的费用。

2. 社会效益

（1）用人工操作，高压泵及泥浆泵均为清洁无污染的用电设备，无噪声及废气污染，消除了机械挖土所产生的噪声、废气与油耗，减少了挖土时的机械伤害，改善了劳动作业条件，符合节约型社会建设与环境保护，从而减少了资源损耗及污染，有利于节能，具有较好的社会效益。

（2）缩短了工期，从而加快了建设工程投资回收。

4.6.3 水冲法施工注意事项

(1) 一般情况下，预开挖的基坑内植物根茎较多，在水冲法土方开挖时应注意经常用人工进行清理，防止植物根茎堵塞泵管。

(2) 基坑内的孤石等杂物在施工时随时用人工清除。

(3) 基坑深度较大时，需考虑基坑支护和坑外降水。基坑支护一般不受水冲法影响，可根据工程实际，采用放坡、排桩、喷锚等方法，降水一般采用一级或多级轻型井点或管井降水。

(4) 基坑周边应做好防排地表水的措施。

4.6.4 水冲法设备配备

钱江隧道江南工作井水冲法采用的设备主要是 ϕ75 高压水枪（枪口 ϕ15）；功率为 7.5kW 增压泵（MD-380V～7500W）及清水泵（IB-380～7500W）用于高压冲水；耐压软管（管径为 6.6cm）20m 及普通塑料软管（管径为 13.2cm）500m；铁丝过滤网片 2 块（孔径为 2mm×2mm）；在清水池中间设置 1 台清水泵（自吸式），调节好泵的高度，保证冲土时水的供应；在距离高压水枪头 7～8m 处布置增压水泵 1 台。清水池至增压泵处以及泥浆泵至冲土堆场布置管径为 13.2 cm 的普通塑料软管，如图 4-26～图4-28 所示。

图 4-26 水冲法抽水泵

图 4-27 水冲法施工全景

图 4-28 局部挖掘机开挖

4.7 基坑施工风险与对策

该工程基坑开挖和支撑施工过程中风险及潜在危险主要有基坑失稳风险、支护结构安全风险、意外事故风险。

1. 基坑稳定性风险

该工程属深基坑工程，江南工作井采用明挖半逆筑法施工。施工技术风险主要表现形式为承压水管涌、基坑施工中出现因支护结构体系（包括地下墙、支撑结构及地下墙插入地基中的被动抗力区土体）和基坑整体失稳而发生如图 4-29 所示的破坏形式。

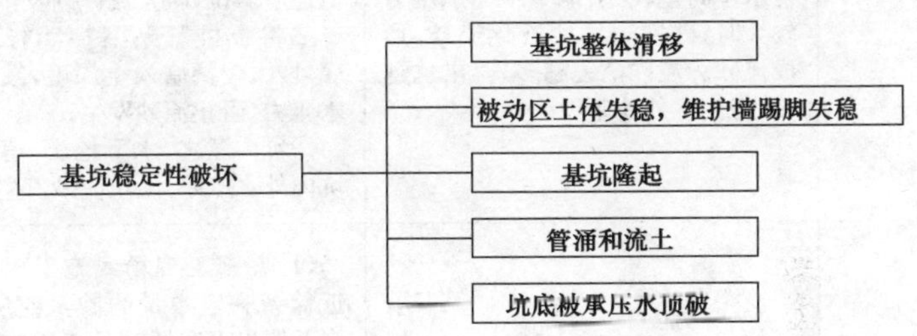

图 4-29 基坑整体失稳形式图

2. 支护结构安全风险

在深基坑工程施工中，支护结构安全风险主要表现形式为围护墙和支撑体系发生如图 4-30 所示的破坏。

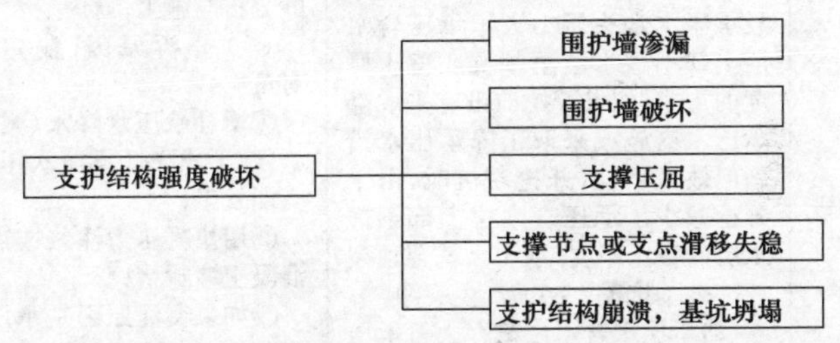

图 4-30 支护体系破坏形式

3. 意外事故风险

深基坑工程施工中意外事故风险主要有以下表现形式：

(1) 基坑开挖过程中突遇暴雨，致使纵向边坡失稳滑坡；

(2) 基坑施工中意外断电，致使降水泵停止抽水，导致承压水压头回升，坑底出现突涌。

针对基坑施工中可能出现的施工风险，实施表 4-12 所列的应对措施。

基坑开挖施工风险及应对措施表 **表4-12**

风险因素	原因分析	应急对策
坑底出现流砂	基坑开挖土体中有砂性土层，但开挖前没有采取降水措施或采取了降水措施但效果不佳，当基坑内外水位高差较大、地下水动水压力较大时，砂性土层便液化流动，形成流砂。流砂挖去越多，冒出也越多，将使坑外地基下陷	(1)停止开挖基坑； (2)回填土方压住流砂； (3)分析原因，制定进一步对策： ①采取坑内降水补救措施，降低地下水位，阻止流砂的发生； ②将板桩紧贴围护墙打入坑底，增大围护墙入土深度，减小动水压力，阻止流砂发生； ③坑内灌水，水下挖土，消除基坑内外水压差，阻止流砂发生
坑底承压水突涌	(1)地基土中有承压水含水层，且承压水水头压力大于承压含水层上部不透水层至基坑底覆土厚度的重力，如果开挖前没有采取降承压水措施或采取了降承压水措施但效果不佳，开挖基坑时，由于开挖减小了承压含水层上部不透水层的覆土厚度，承压水就会顶裂或冲破基坑覆土层而产生突涌。 (2)承压水含水层赋存大量承压水，下面又没有较稳定的隔水层，靠现有深井不能疏干承压水或把承压水压力降低到设计压力以下	(1)在施工现场或施工现场附近储备一定数量的砂及蛇皮袋，当基坑出现突涌时迅速用蛇皮袋装砂回填，然后在基坑开挖面以下采用灌浆等处理措施，处理妥当后再开挖； (2)若出现严重的突涌现象，可将基坑回填或向坑内灌水压重，先阻止突涌发生，再进行下一步的分析与施工； (3)分析原因，制定进一步对策： ①增补承压水降水(减压)井措施，疏干或降低承压水压力，阻止突涌发生； ②用快凝压力注浆或灌注快凝混凝土堵封堵； ③如果突涌原因是承压水含水层下面没隔水层，承压水有抽降不下的补给来源，可采用在基坑周围设置竖向落底式隔渗帷幕与深井降水相结合的方法，也可采用周底隔渗帷幕(竖向落底式隔渗帷幕和水平封底隔渗层相结合)与深井降水相结合的方法疏干或降低承压水压力，阻止突涌发生； ④如果工期或场地不允许设置隔渗帷幕，则采用坑内灌水、水下挖土、水中封底的方法

续表

风险因素	原因分析	应急对策
坑底隆起	(1)基坑开挖等于基坑内地基卸荷,必然产生土体的回弹,引起坑底隆起现象; (2)由于坑外土体压力大于坑内,形成坑外土体坑内方向挤压的动力,使坑内土体产生回弹隆起变形现象	坑底回弹隆起变形量的大小与地质条件、开挖深度、基坑面积大小、围护结构插入土体的深度、坑内有无积水、基坑暴露时间、开挖顺序、开挖深度以及开挖机械等有关。对一般小量的回弹变形可忽略不计,但对较大的基坑回弹隆起现象,一定要分析原因,制定对策: (1)坑外卸载,挖去一定范围内土体; (2)坑内加载或坑内周沿插入板桩防止坑外土向坑内挤压; (3)坑内按实际情况作坑底地基土加固,然后挖至标高
基坑纵向边坡失稳滑坡	(1)边坡坡度太陡; (2)坡顶局部堆载过大,或受外力振动影响; (3)有地面水侵入基坑; (4)未采取降水措施,或降水未达到规定要求; (5)开挖次序、方法不当,局部土体超挖	(1)如边坡坡度太陡,修复边坡时放缓边坡; (2)清除坡顶堆载,禁止工程车辆和工程机械在坡顶行驶或作业; (3)采取有效措施阻止地面水浸入基坑; (4)采取坑内降水的补救措施; (5)在修复塌方或滑坡的边坡之前,先在坡脚外作临时性的支护(如堆砌装土草袋、坡脚打桩等),再按安全坡度放坡修复边坡
支撑体系失稳	(1)支撑长细比过大; (2)支撑与墙面不垂直; (3)支撑不水平; (4)支撑直线度差; (5)支撑端头板与支撑面不密贴; (6)斜撑钢牛腿焊接质量差; (7)支撑预力施加值未达到设计值或支撑预力衰退	分析支撑体系失稳原因,采取针对性措施: (1)如是支撑长细比过大,可设置中间立柱桩和取系杆来稳定支撑; (2)如是支撑与墙面不垂直,则拆除支撑重新安装,使其垂直后再固定; (3)如是支撑不水平,拆除重新安装; (4)如是支撑直线度差,立即调用经过检测符合直线度要求的支撑; (5)如是支撑端头板与支撑面不密贴,可采用楔形垫纠正; (6)如是斜撑钢牛腿焊接质量差,可根据焊缝实际质量及钢牛腿破坏情况作补强处理; (7)如是预力值未达到设计值或预力衰退,重新施加预力确保其值达到设计要求

续表

风险因素	原因分析	应急对策
基坑围护结构位移过大，周围建(构)筑物过量沉降	(1)开挖基坑时，坑内井点预降水天数未达到规定天数； (2)基坑开挖方法不当，支撑到位不及时； (3)支撑体系失稳； (4)坑底有过量回弹隆起现象； (5)围护墙渗漏流土或坑底流砂； (6)坑底承压水突涌	(1)立即停止开挖，在薄弱部位紧贴土面设置临时支撑，控制围护结构继续位移； (2)对周围建构筑物进行跟踪注浆保护； (3)根据监测报告和位移情况，找出围护结构位移原因，制定具体对策： ①等到坑内井点预降水达到规定天数、水位达到规定要求后再开挖基坑； ②严格执行分段、分层、分块，限时开挖完成、限时支撑到位的基坑开挖原则； ③根据找到的原因，实施支撑体系失稳、坑底隆起、围护墙渗漏流土、坑底流砂和坑底承压水突涌等应急对策
基坑支护结构局部崩塌	(1)支护结构强度破坏； (2)基坑稳定性破坏； (3)地震等自然灾害	(1)立即停止施工，尽快向基坑内支护结构局部崩塌区回填大量黄砂、土方，提高坑内被动土体的水平抗力，防止支护结构崩塌范围扩大； (2)在向基坑内支护结构局部崩塌区回填大量黄砂、土方的同时，对支护结构局部崩塌区坑外采取补桩、注浆等措施保护地下管线和建(构)筑物的安全； (3)分析基坑支护结构局部崩塌原因，制定进一步对策

第5章　深基坑工程监测

5.1　监测内容与警戒值的设定

5.1.1　监测内容

该工程安全等级及环境保护等级标准均按一级基坑实施。为保证施工阶段基坑开挖、主体结构施工的稳定，必须进行现场施工监测，监测内容主要为：

（1）围护墙（内部）水平位移监测（测斜）；

（2）围护墙顶部水平位移监测；

（3）围护墙顶部垂直位移（沉降）监测；

（4）支撑轴力监测；

（5）地下水位监测；

（6）土压力及孔隙水压力监测；

（7）立柱隆成监测；

（8）基坑周围地表沉降及土体分层沉降观测。

5.1.2　警戒值的设定

监测警戒值是监测工作实施前，为确保监测对象安全而设定的各项监测指标的预估最大值。一般情况下，警戒值按以下原则确定：

（1）有关结构安全的监测警戒值应满足设计计算中对强度和刚度的要求，一般小于或等于设计值；

（2）有关环境保护的警戒值，应考虑保护对象（如建筑物、隧道、管线等）主管部门所提出的确保其安全和正常使用的要求；

（3）监测警戒值的确定应具有工程施工可行性，在保证安全的前提下，应考虑提高施工速度和减少施工费用；

（4）监测警戒值应满足现行的相关设计、施工法规、规范和规程的要求。

根据以上原则提出以下警戒值供有关方面参考：

（1）地表最大沉降量为40mm。

（2）围护结构最大水平位移为40mm。

（3）建筑物沉降警戒值为$\delta/h<1/300$（δ为差异沉降值，h为建筑长度），或由设计确定。根据测点之前的距离控制差异沉降值的警戒值或根据设计的要求确定警戒值。

（4）立柱沉降日变化±2mm，累计变化±10mm。

（5）钢筋应力和支撑轴力设计强度的80%。

（6）地下水位日变化量±500mm，累计变化±1000mm。

5.2 测点布置

5.2.1 地面沉降监测点

基坑四周共布置了7个沉降监测区域（DS1-DS7），如图5-1所示。

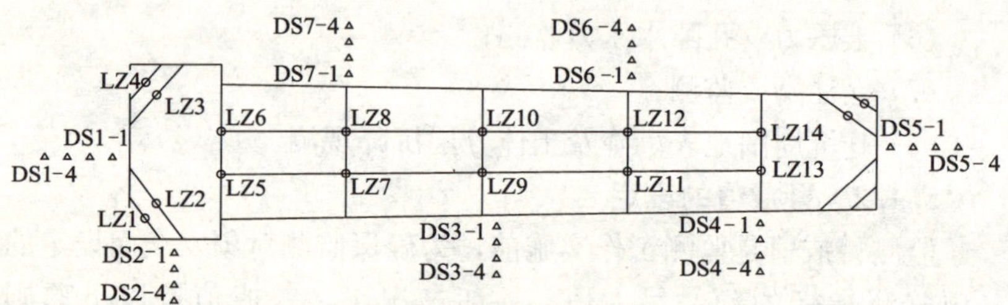

图5-1 地面沉降监测点

5.2.2 地下地下连续墙测斜监测点

沿基坑四周共布置了12个地下地下连续墙测斜观测点（CX1～CX12），平面布置如图5-2所示。

5.2.3 混凝土支撑和钢支撑轴力监测点

基坑中共布置了9个支撑轴力观测区域（ZL1-ZL9），平面布置如图5-3所示。每个观测区域从上到下每层支撑上都布置观测点，根据相应区域支撑数量不同，所布置观测点数量也不同。

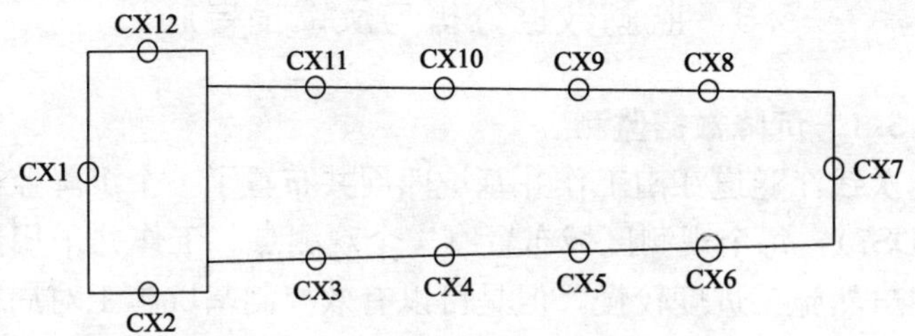

图 5-2 地下地下连续墙测斜监测点

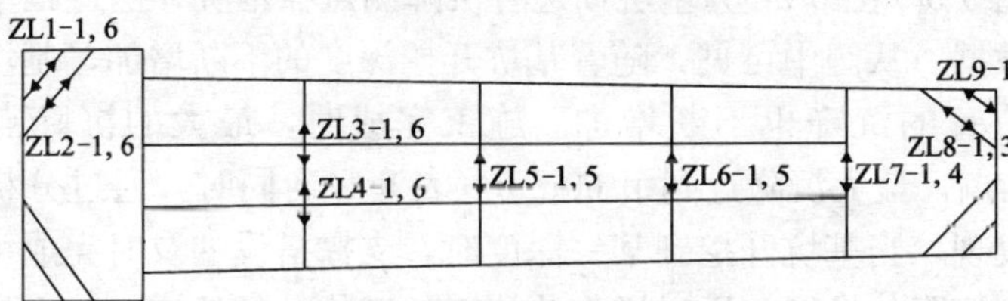

图 5-3 混凝土支撑和钢支撑轴力监测点

5.2.4 地下水位观察点

基坑施工过程中的抗渗问题是重点，针对这一问题，基坑四周共布置了 12 个地下水水位观测孔，其中潜水水位观测孔 8 个（SW1-SW8），承压水水位观测孔 4 个（ZYS1-ZYS4），平面布置如图 5-4 所示。

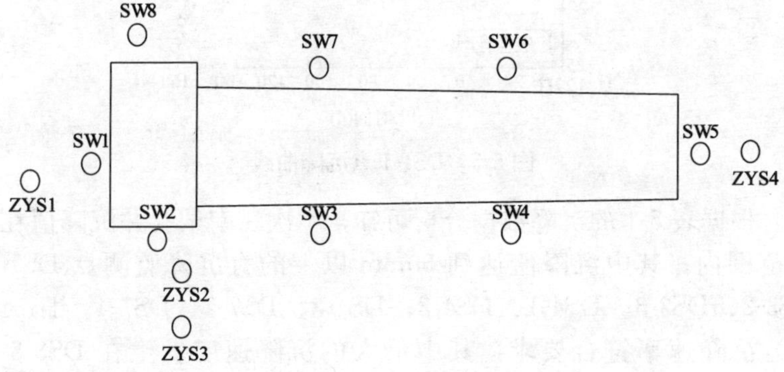

图 5-4 地下水位观测点

5.3 监测数据分析与反馈指导施工

5.3.1 沉降数据监测

本次钱江隧道江南工作井基坑四周共布置了7个沉降监测区域（DS1-DS7），每个观测区域布置有4个观测点。工作井采用逆作法施工，虽然施工进度较慢，但是可以有效控制基坑施工对周围环境的影响，其中DS3与DS7区域基坑周边土沉降最为明显，最大的沉降值超过50mm。

图5-5～图5-26为基坑周边各沉降测点在基坑开挖过程中沉降监测数据。从图中可见，随着基坑开挖深度的不断增加，基坑周围各个位置的沉降也不断增加。施工完成时，最大的沉降点位于DS3-1点，最大沉降达到了60mm（表5-1）。同时，通过分析沉降数据发现，当基坑开挖到某一深度时，支撑搭设的及时完成可以有效控制沉降的发展。通过逆作法施工的工作井虽然施工速度较开挖段慢，但是周围沉降控制较好，对环境影响较小。

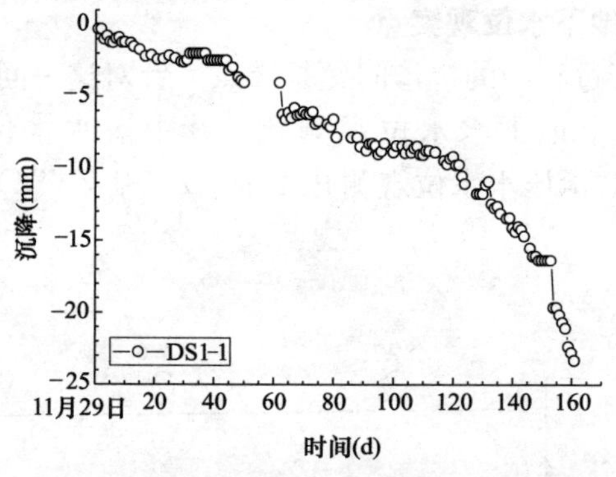

图5-5 DS1-1点沉降曲线

根据表5-1的沉降数据分析可知，本次江南试验井沉降值在可控范围内。其中沉降值达到50mm以上的有沉降监测点DS1-1、DS3-2、DS3-3、DS4-1、DS4-2、DS4-3、DS7-2、DS7-4。日（最大）沉降速率符合要求，其中最大的沉降速度发生在DS3-3和DS6-3，分别达到了－1.02mm/d和－1.13mm/d，且最终沉降也都达到了50mm以上。

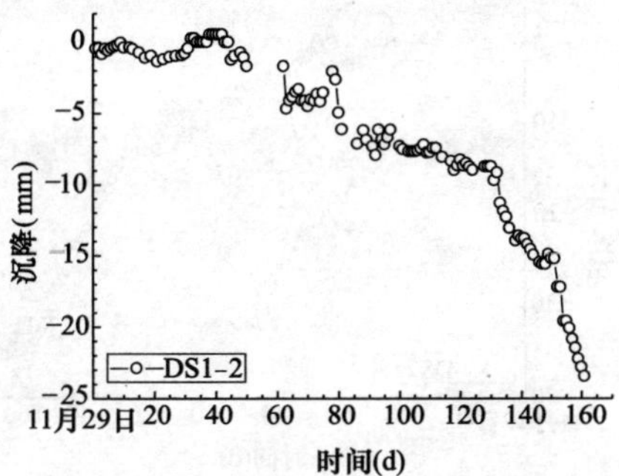

图 5-6 DS1-2 点沉降曲线

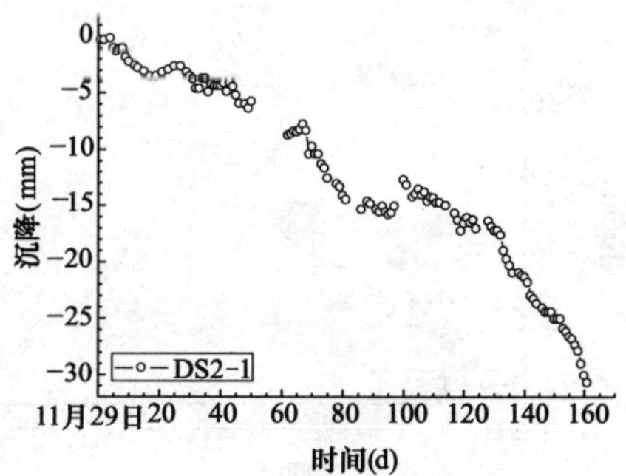

图 5-7 DS2-1 点沉降曲线

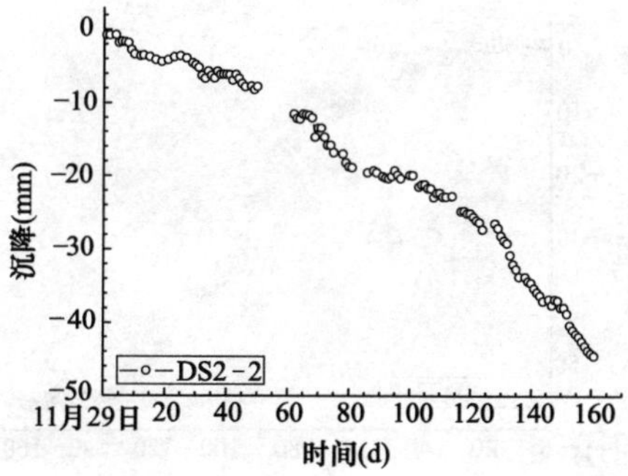

图 5-8 DS2-2 点沉降曲线

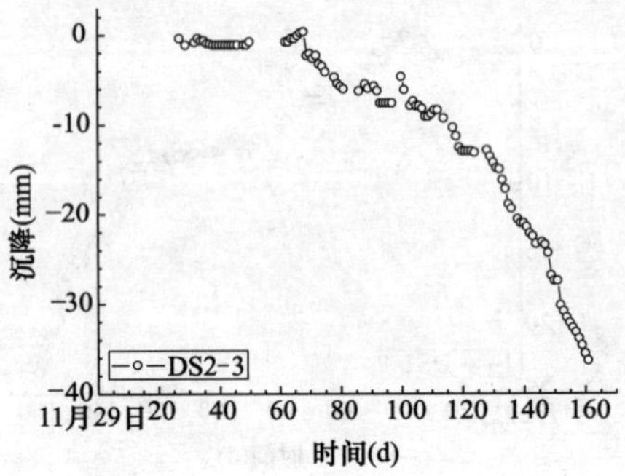

图 5-9　DS2-3 点沉降曲线

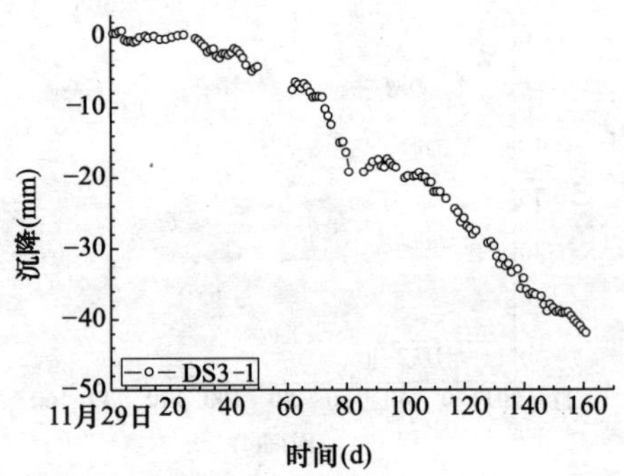

图 5-10　DS3-1 点沉降曲线

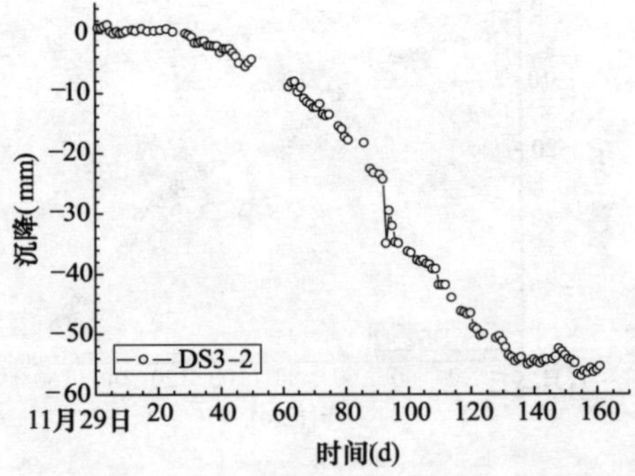

图 5-11　DS3-2 点沉降曲线

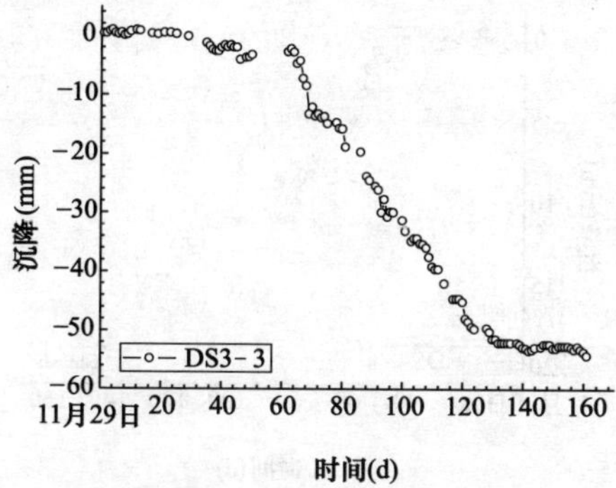

图 5-12 DS3-3 点沉降曲线

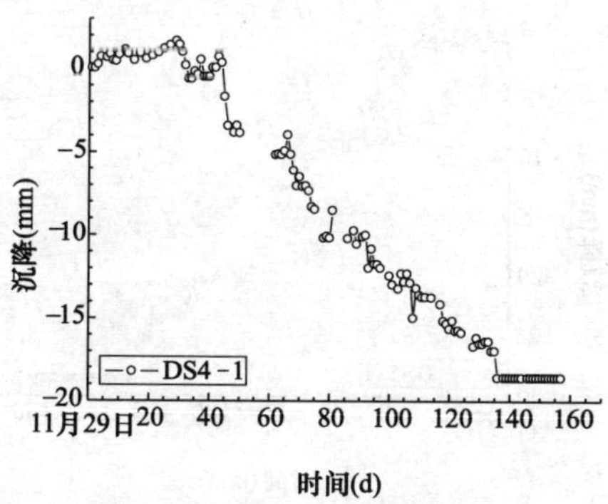

图 5-13 DS4-1 点沉降曲线

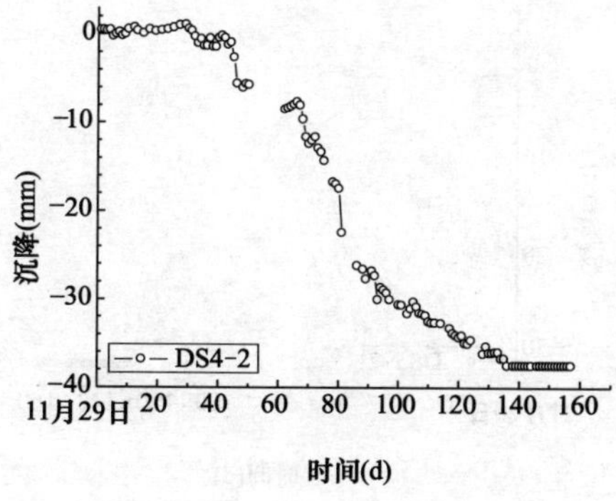

图 5-14 DS4-2 点沉降曲线

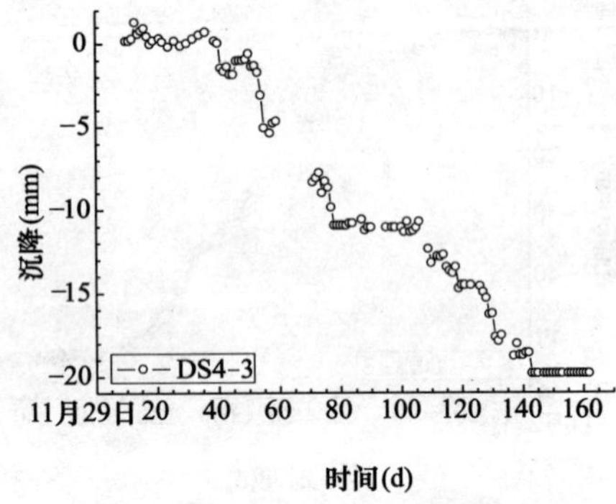

图 5-15 DS4-3 点沉降曲线

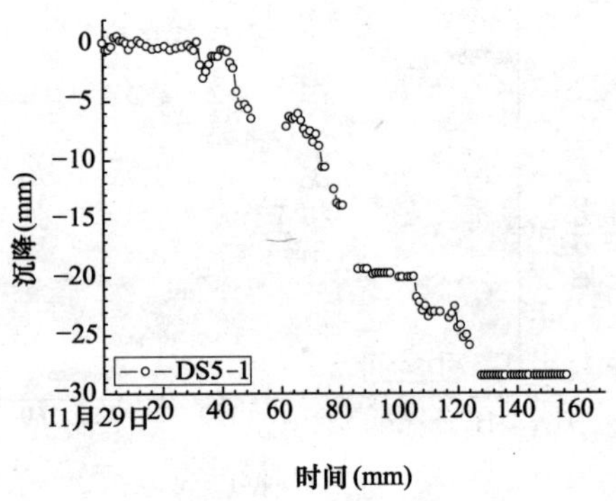

图 5-16 DS5-1 点沉降曲线

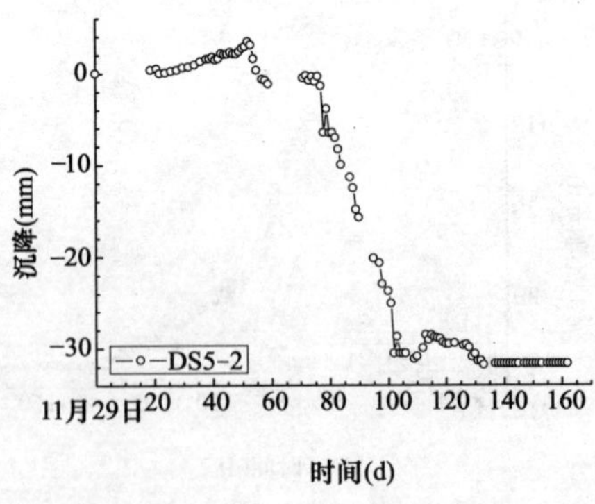

图 5-17 DS5-2 点沉降曲线

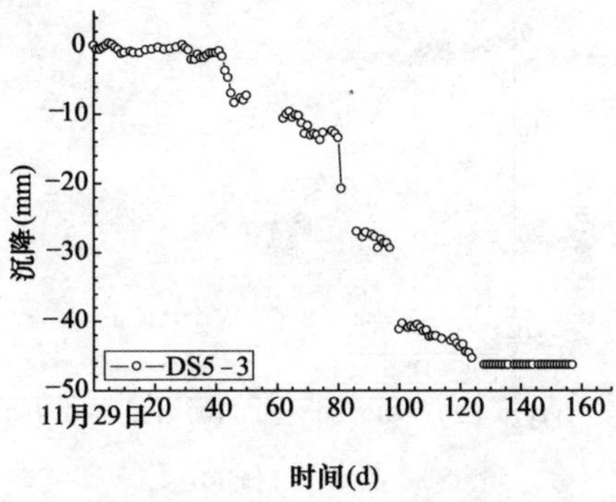

图 5-18 DS5-3 点沉降曲线

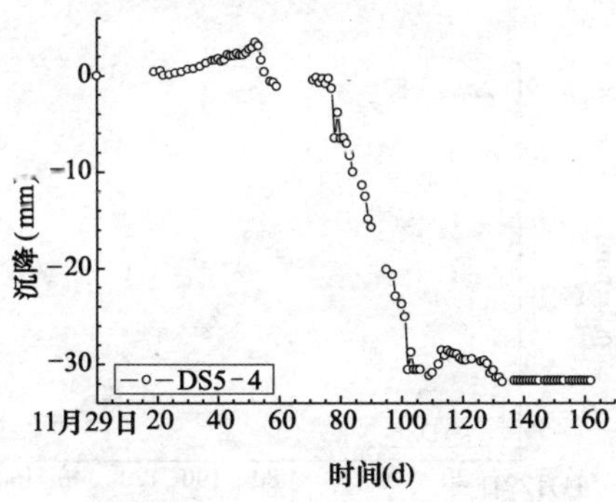

图 5-19 DS5-4 点沉降曲线

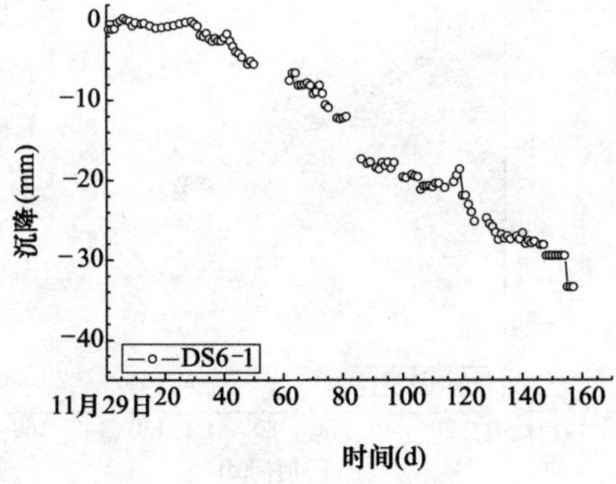

图 5-20 DS6-1 点沉降曲线

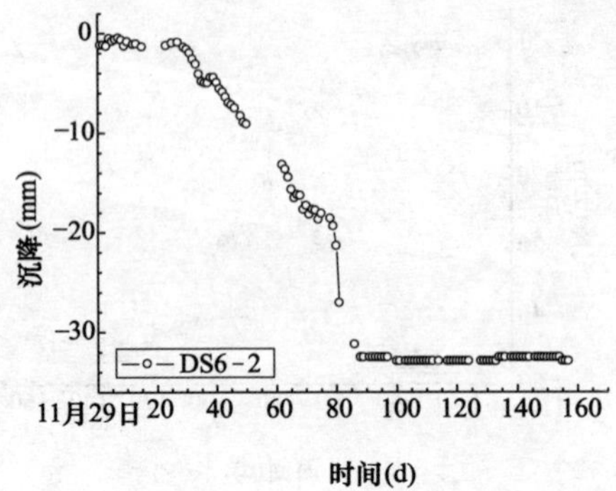

图 5-21 DS6-2 点沉降曲线

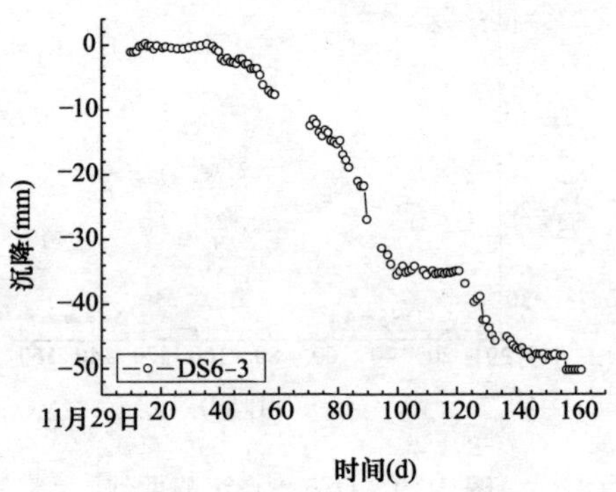

图 5-22 DS6-3 点沉降曲线

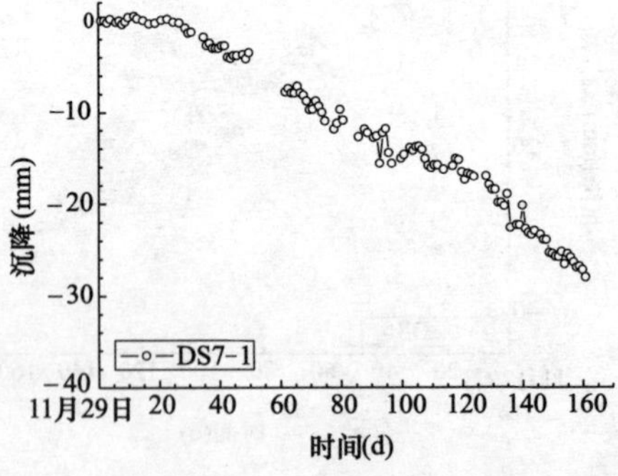

图 5-23 DS7-1 点沉降曲线

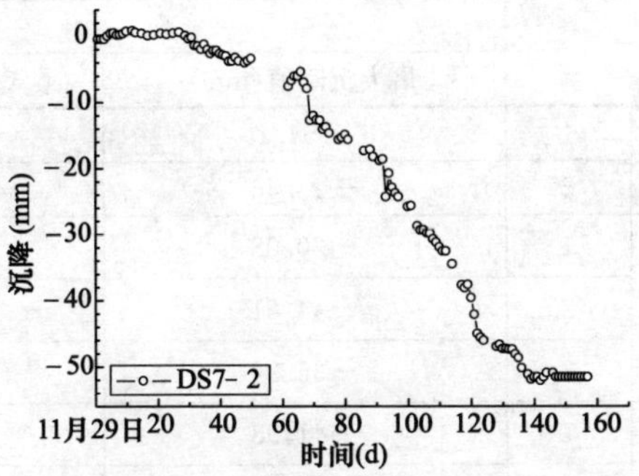

图 5-24 DS7-2 点沉降曲线

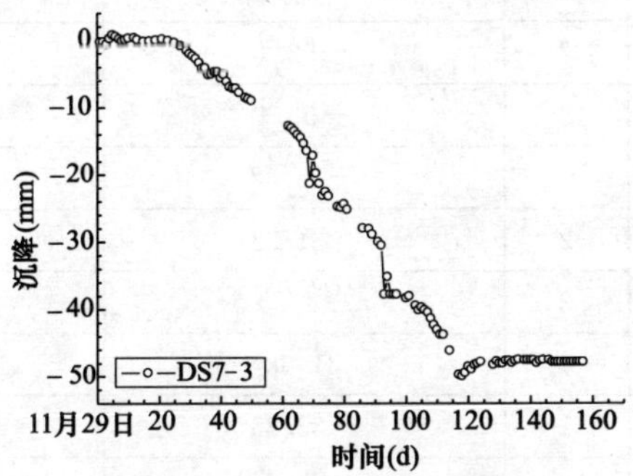

图 5-25 DS7-3 点沉降曲线

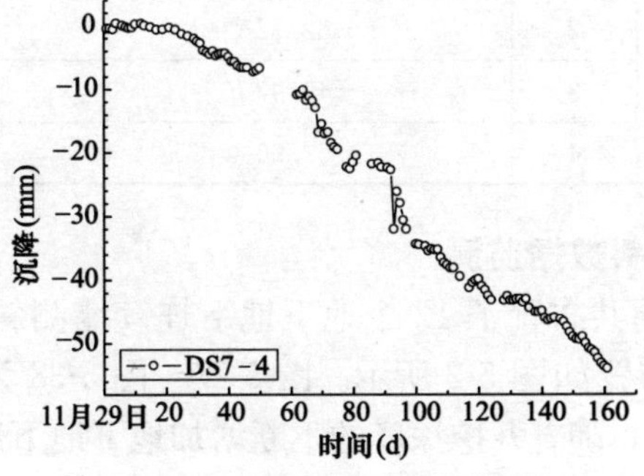

图 5-26 DS7-4 点沉降曲线

沉降数据跟踪分析统计表 表5-1

区域		现象	
		最大沉降值(mm)	最大沉降速率(mm/d)
DS1	1	−54.2	−0.51
	2	−23.46	−0.52
DS2	1	−30.08	−0.35
	2	−44.61	−0.50
	3	−36.34	−0.97
DS3	1	−41.98	−0.50
	2	−57.06	−0.63
	3	−54.2	−1.02
DS4	1	−54.2	−0.41
	2	−52.1	−0.82
	3	−53.4	−0.51
DS5	1	−28.52	−0.57
	2	−31.38	−0.40
	3	−46.3	−0.93
	4	31.68	−0.40
DS6	1	−33.35	−0.53
	2	−32.9	−0.88
	3	−50.32	−1.13
DS7	1	−28.05	−0.25
	2	−52.12	−0.60
	3	−49.97	−0.70
	4	−53.96	−0.49

5.3.2 测斜数据监测

沿基坑四周共布置了12个地下地下连续墙测斜观测点（CX1-CX12），平面布置如图5-2所示。图5-27～图5-38为各测点测斜数据。从图中可见，随着开挖深度的不断增加地下地下连续墙的侧向变形也越来越大，变形的最大点也随着开挖深度的增加而下移。开挖结束后，最大的侧向位移发生在点CX3处，达到了64.62mm（表5-2）。

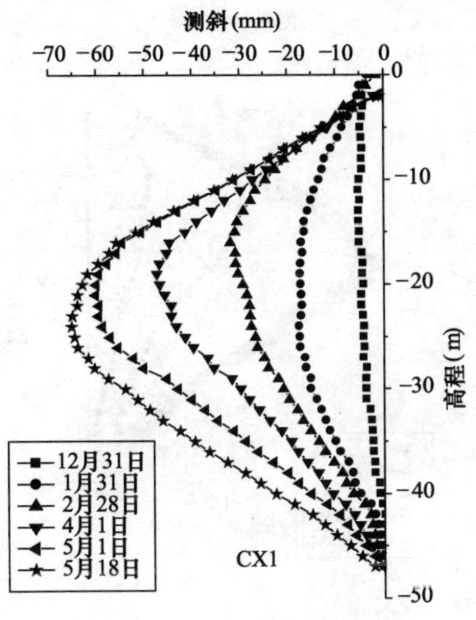

图 5-27 CX1 点测斜

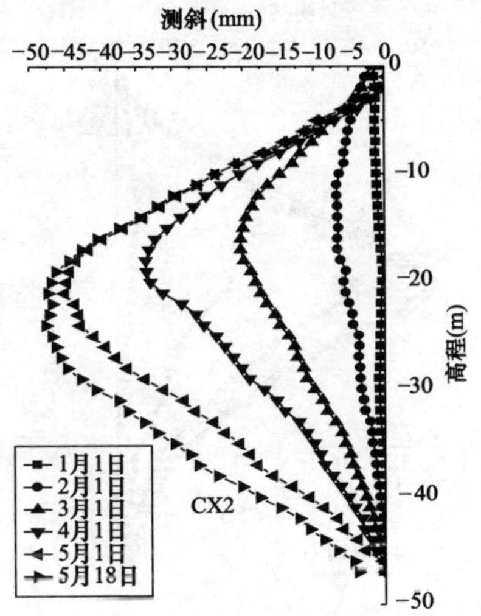

图 5-28 CX2 点测斜

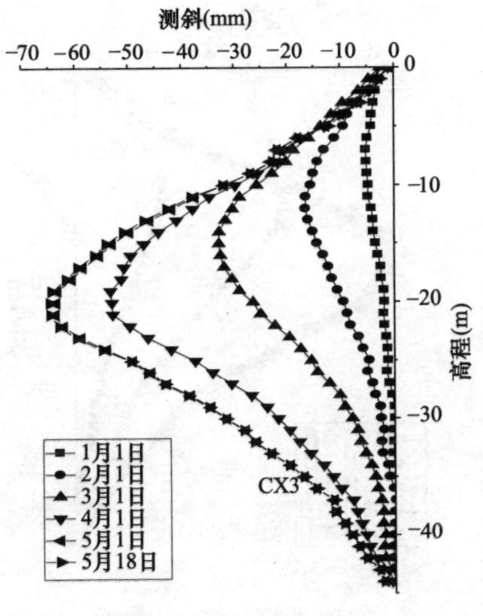

图 5-29 CX3 点测斜

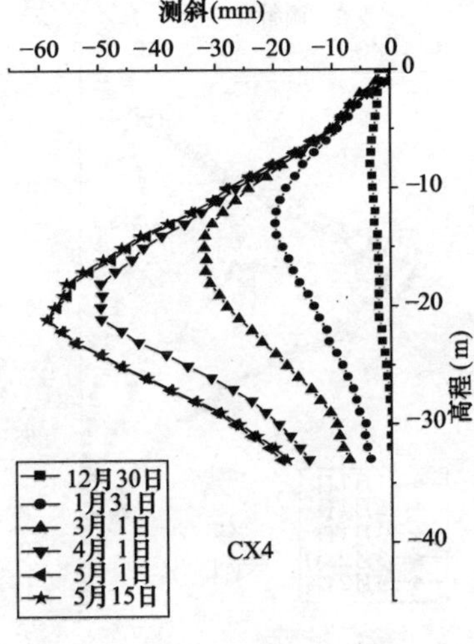

图 5-30 CX4 点测斜

（部分数据缺失）

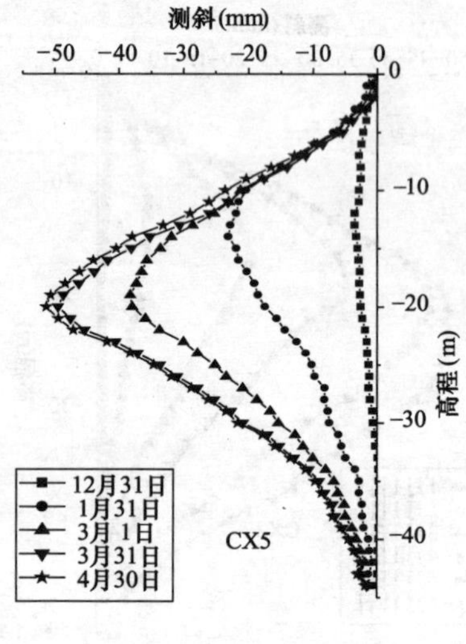

图 5-31 CX5 点测斜

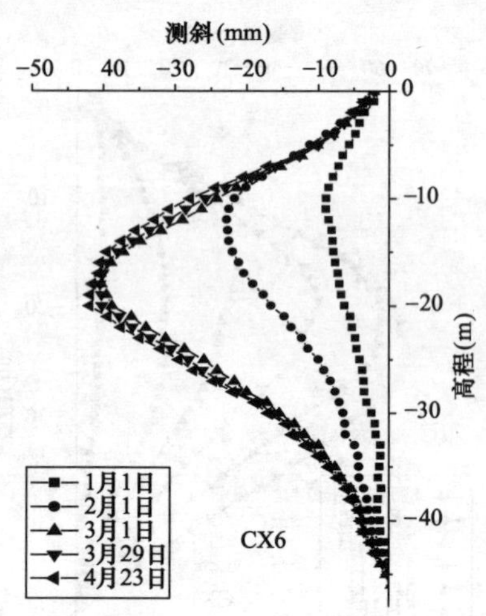

图 5-32 CX6 点测斜

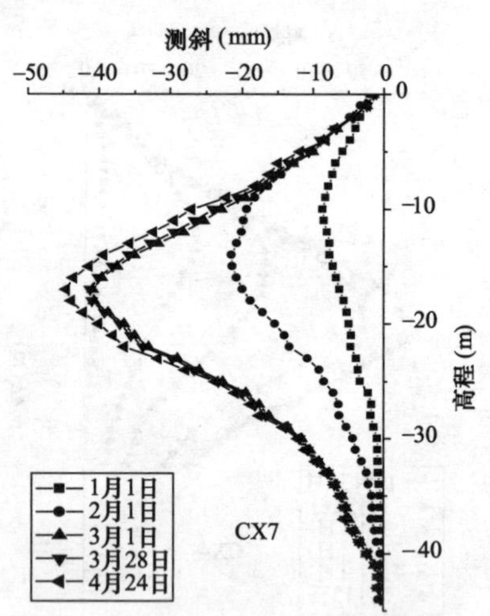

图 5-33 CX7 点测斜

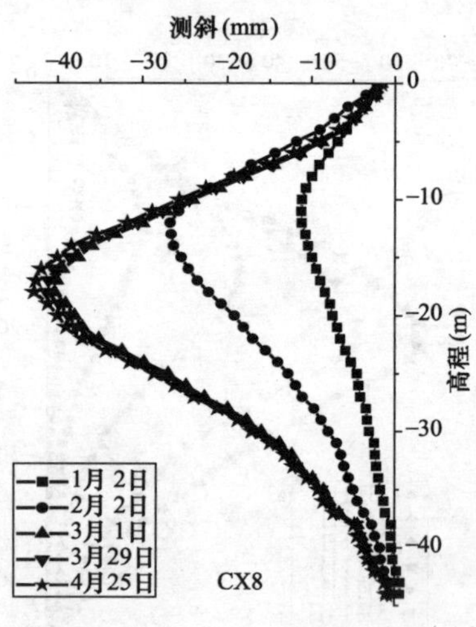

图 5-34 CX8 点测斜

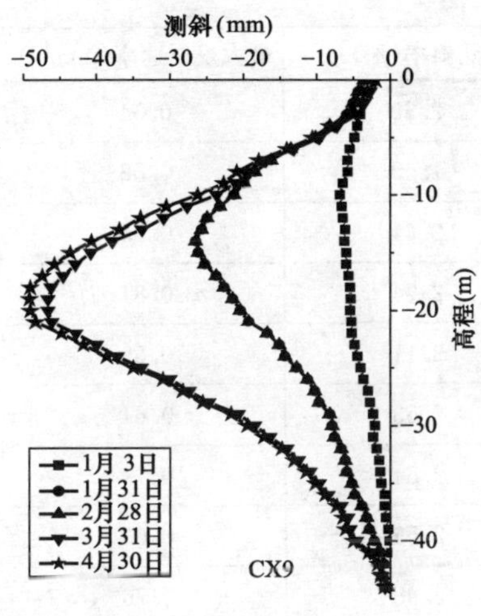

图 5-35 CX9 点测斜

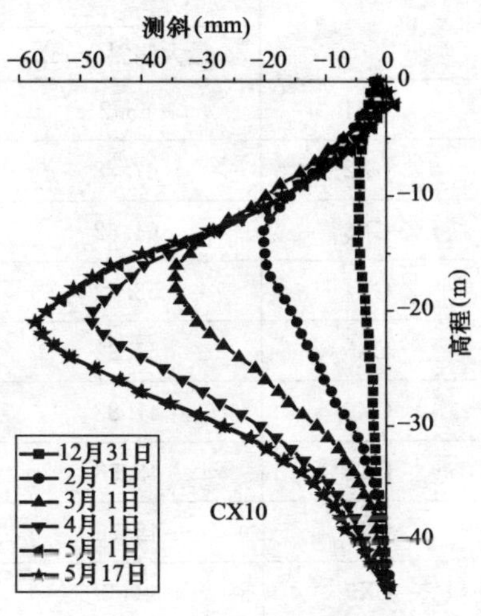

图 5-36 CX10 点测斜

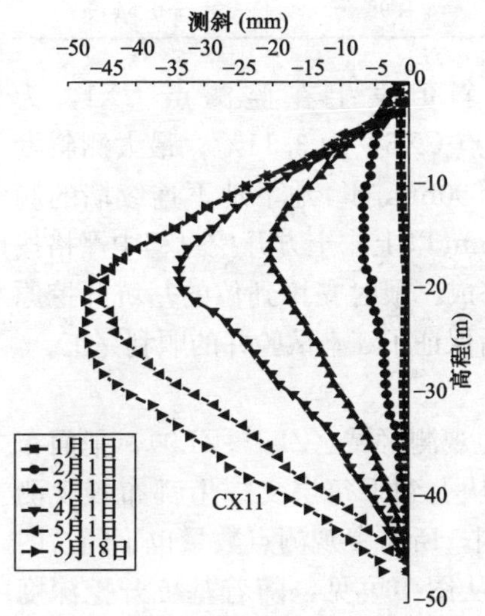

图 5-37 CX11 点测斜

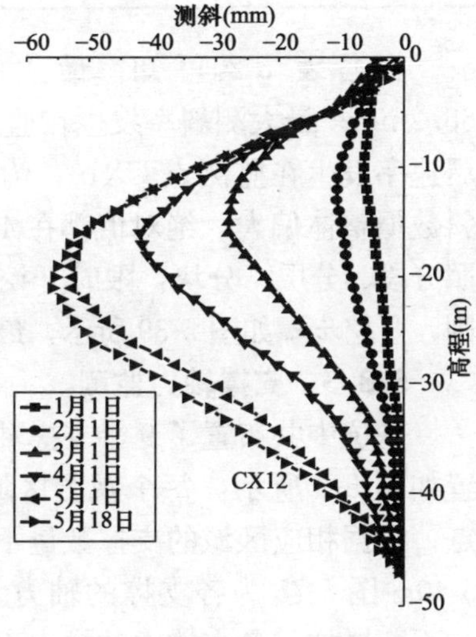

图 5-38 CX12 点测斜

基坑测斜数据跟踪分析表　　表 5-2

区　域	测　斜		
	最大测斜(mm)	测斜率(‰)	最大发展速率(mm/d)
CX1	65.2	2.30	0.54
CX2	47.78	1.69	0.56
CX3	64.62	2.64	0.55
CX4	58.72	2.74	0.81
CX5	51.32	3.11	0.59
CX6	41.82	2.53	0.61
CX7	43.58	2.64	0.71
CX8	42.76	2.59	0.66
CX9	49.2	2.98	0.76
CX10	57.4	2.68	0.90
CX11	47.78	1.95	0.56
CX12	55.92	1.98	0.54

根据表 5-2 可知，最大测斜值发生在监测点 CX1，为 65.2mm；最大测斜率发生在监测点 CX5，为 3.11‰；最大测斜发展速率发生在监测点 CX10，为 0.90mm/d。地下地下连续墙的测斜数据整体偏大，绝对值都在 40mm 以上。土方开挖过程中严格按照分段、分层、分块，限时开挖完成、限时支撑到位的基坑开挖原则，开挖步骤如图 5-39 所示，最后保证了江南试验井的顺利完工。

5.3.3 支撑轴力监测

基坑中共布置了 9 个支撑轴力观测区域（ZL1～ZL9），平面布置如图 5-3 所示，每个观测区域从上到下每层支撑上都布置观测点，根据相应区域的支撑数量不同，所布置观测点数量也不同。图 5-40～图 5-75 为各支撑的轴力。从图中可见，随着基坑开挖深度的不断增加，各支撑中的轴力不断变大，同时随着其周围支撑的完成，其轴力又趋于稳定。基坑完成后最大支撑轴力发生在 ZL1-5 点，最大轴力为 2300kN。

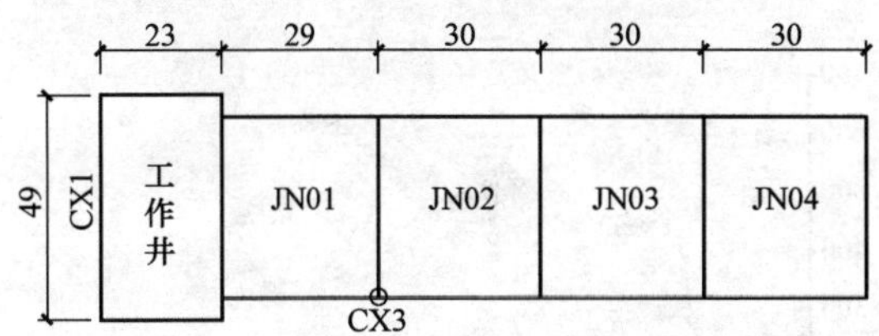

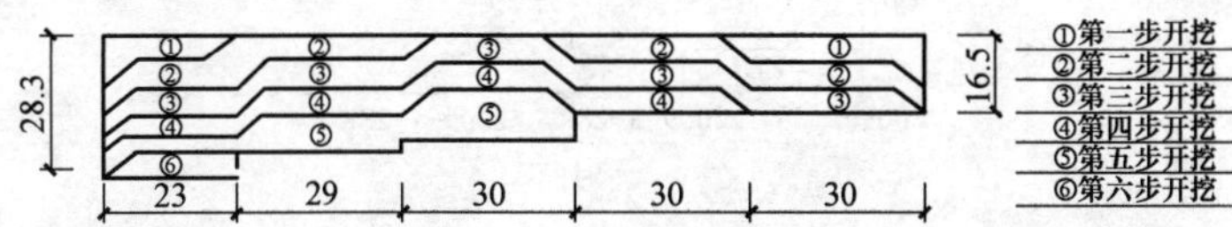

图 5-39 考虑时空效应的基坑开挖示意图

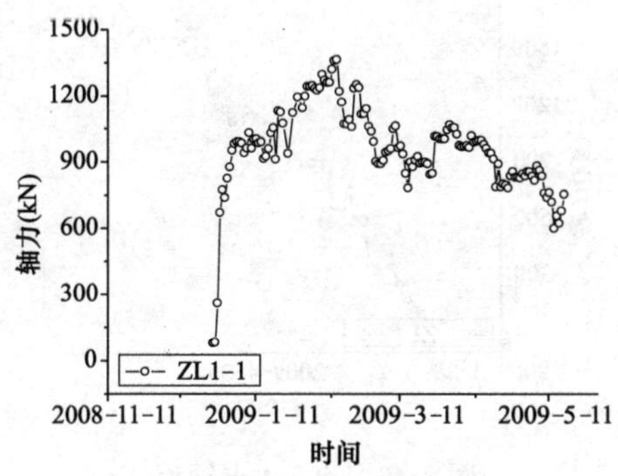

图 5-40 ZL1-1 点轴力

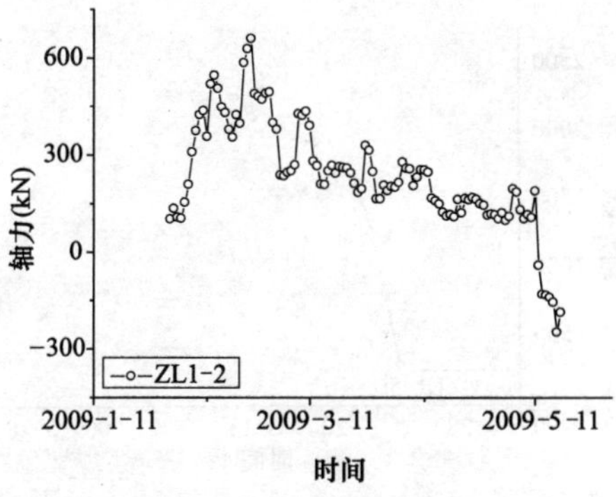

图 5-41 ZL1-2 点轴力

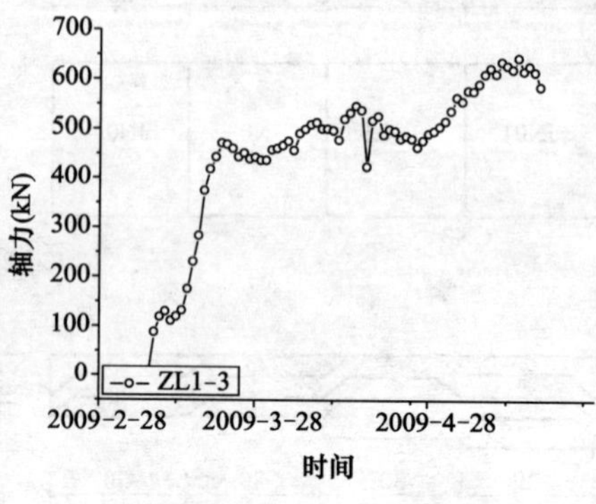

图 5-42　ZL1-3 点轴力

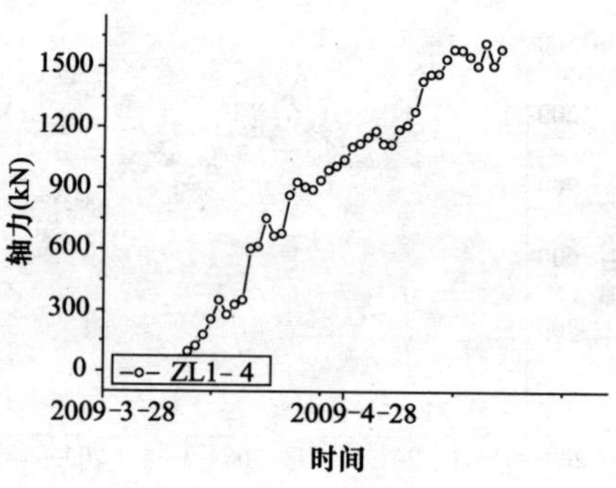

图 5-43　ZL1-4 点轴力

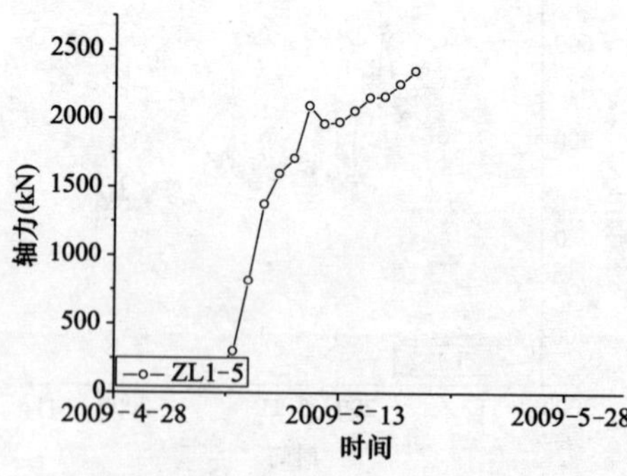

图 5-44　ZL1-5 点轴力

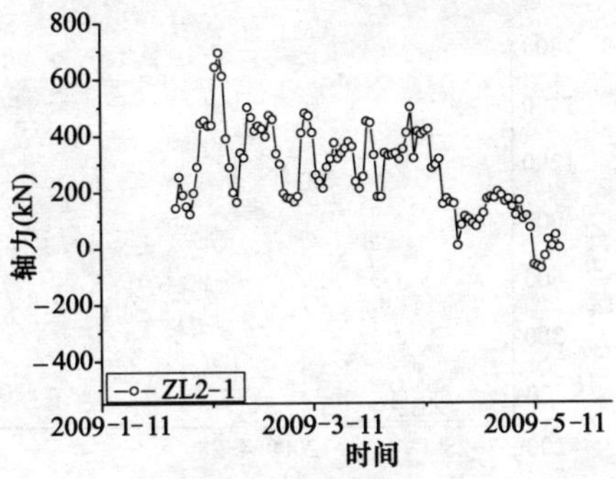

图 5-45 ZL2-1 点轴力

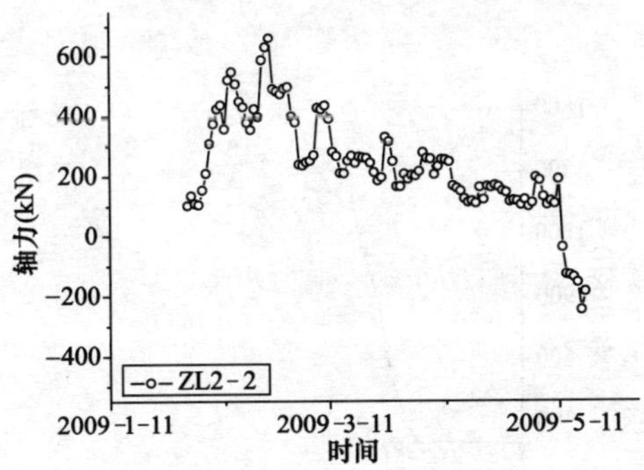

图 5-46 ZL2-2 点轴力

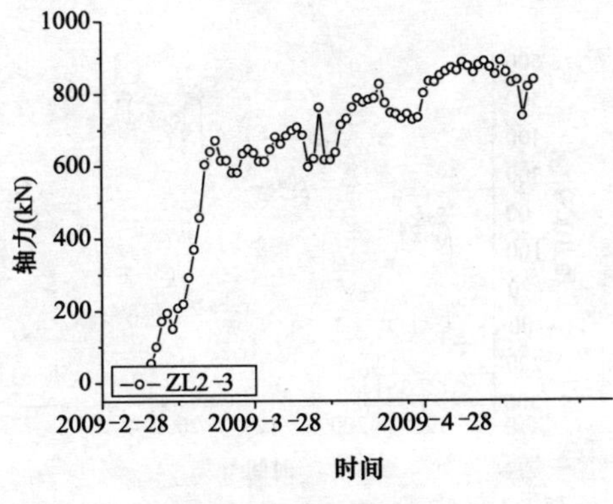

图 5-47 ZL2-3 点轴力

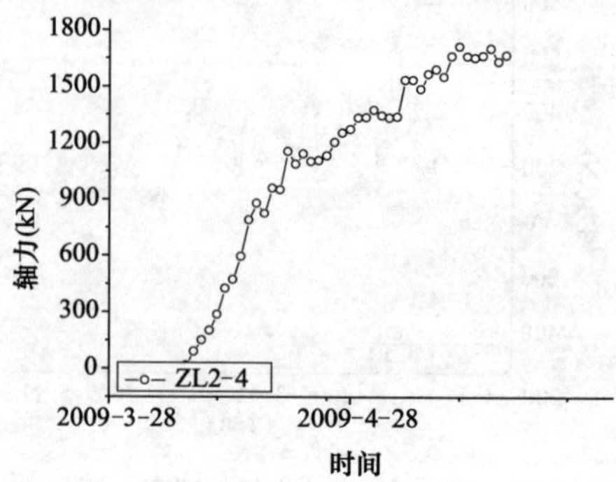

图 5-48 ZL2-4 点轴力

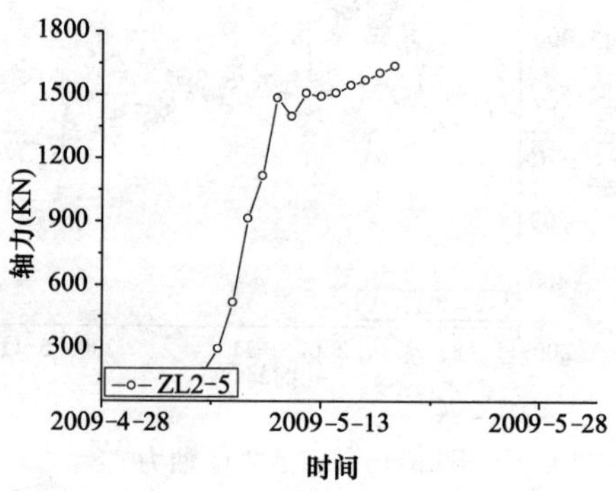

图 5-49 ZL2-5 点轴力

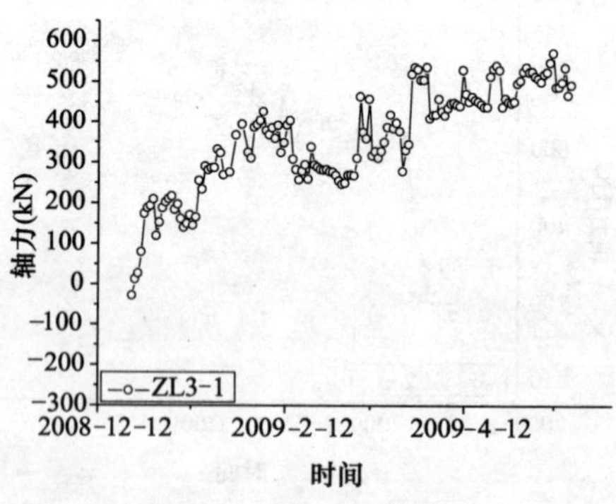

图 5-50 ZL3-1 点轴力

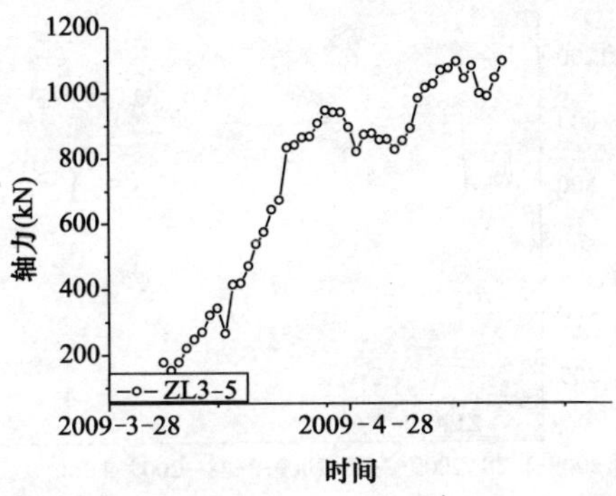

图 5-51 ZL3-5 点轴力

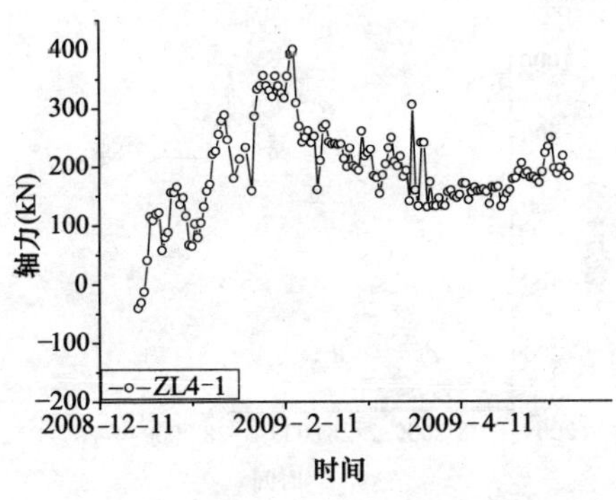

图 5-52 ZL4-1 点轴力

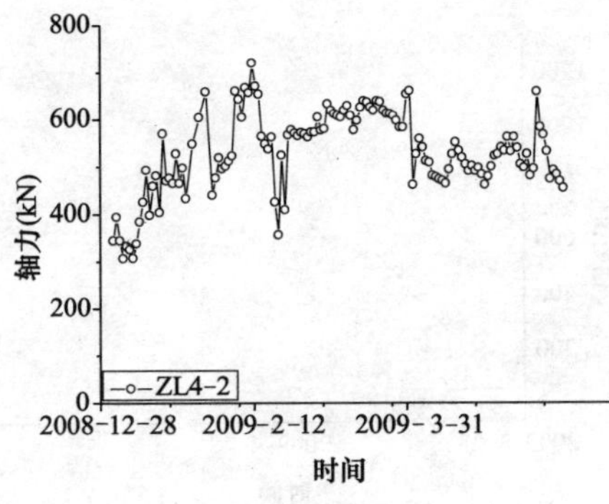

图 5-53 ZL4-2 点轴力

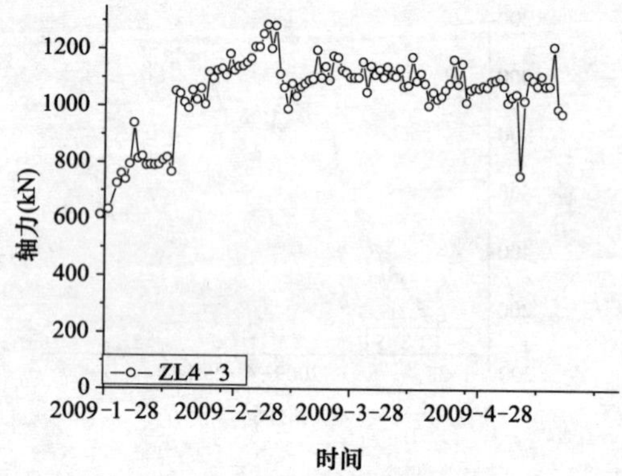

图 5-54　ZL4-3 点轴力

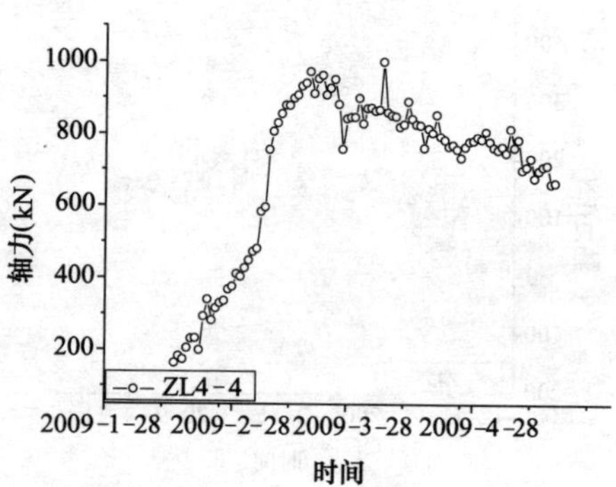

图 5-55　ZL4-4 点轴力

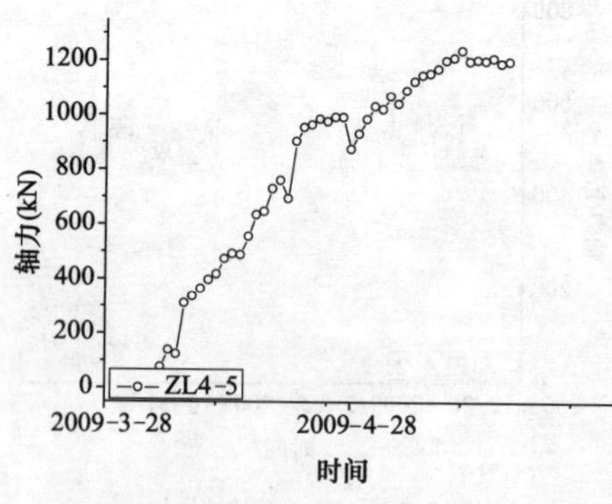

图 5-56　ZL4-5 点轴力

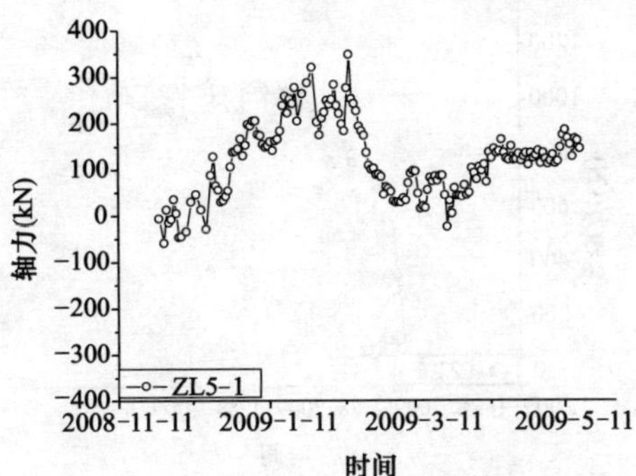

图 5-57 ZL5-1 点轴力

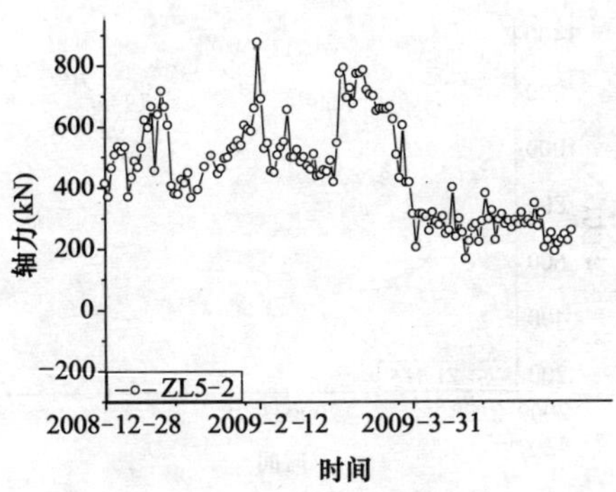

图 5-58 ZL5-2 点轴力

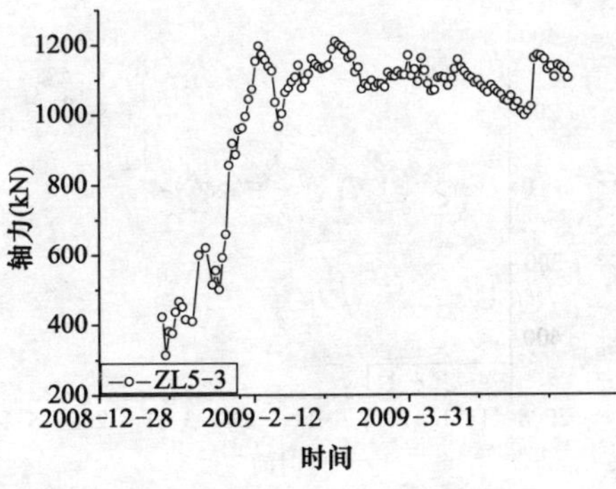

图 5-59 ZL5-3 点轴力

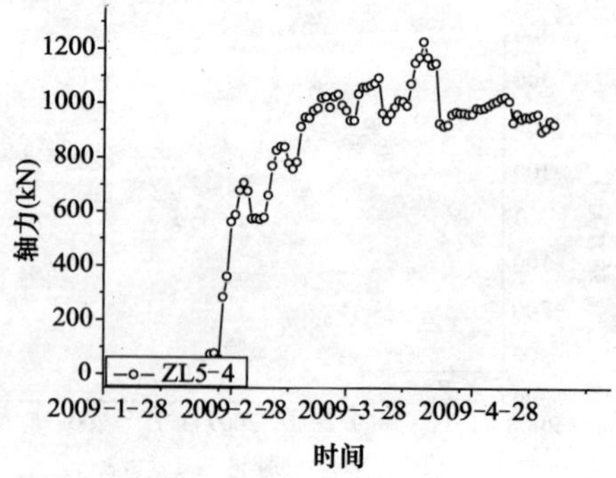

图 5-60 ZL5-4 点轴力

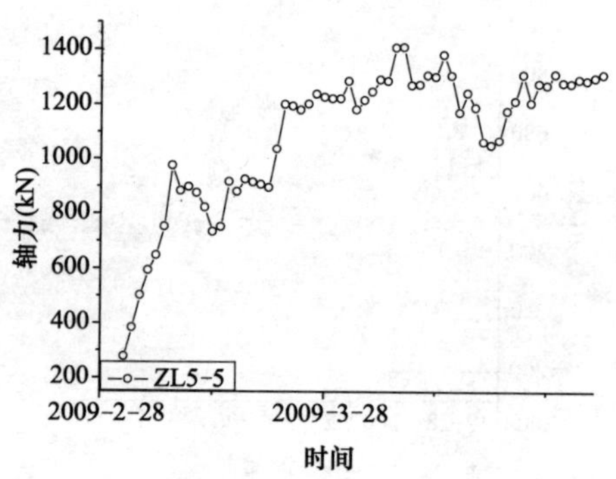

图 5-61 ZL5-5 点轴力

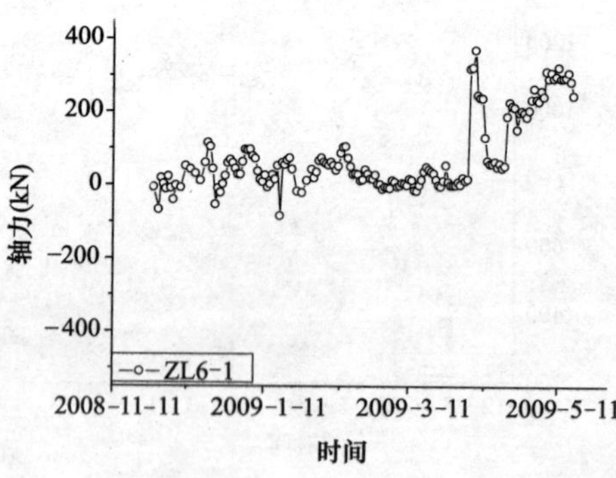

图 5-62 ZL6-1 点轴力

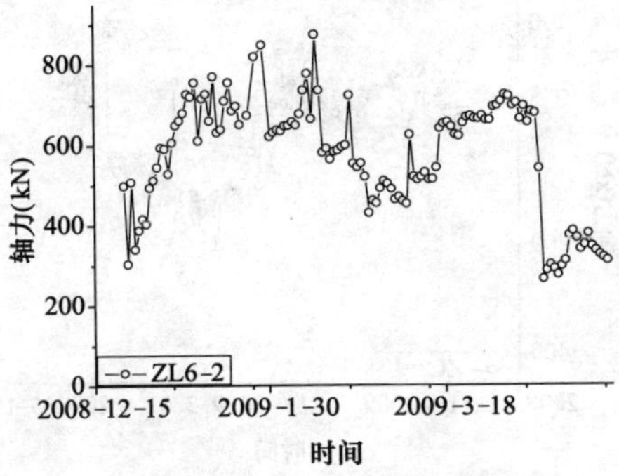

图 5-63 ZL6-2 点轴力

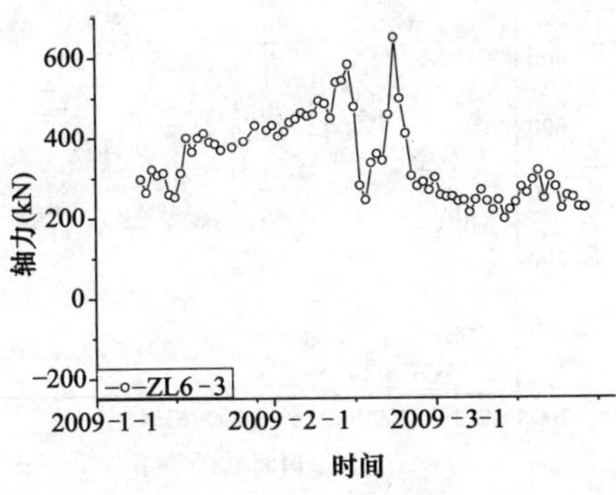

图 5-64 ZL6-3 点轴力

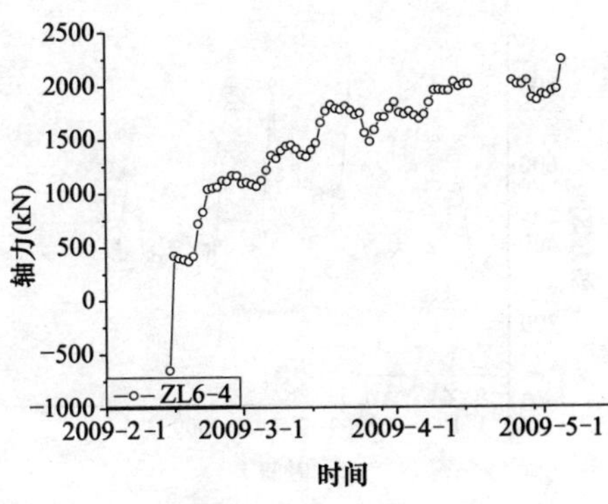

图 5-65 ZL6-4 点轴力

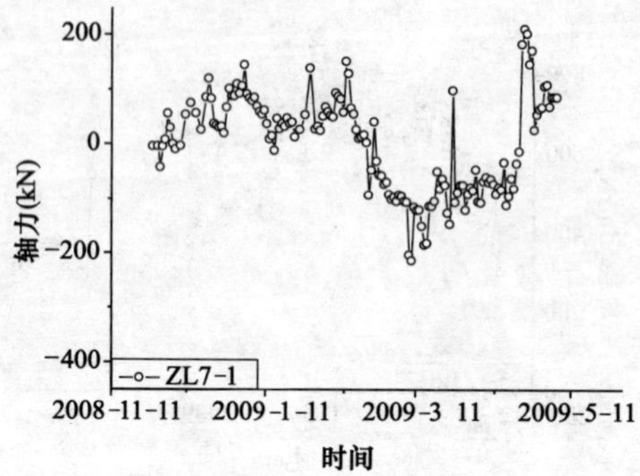

图 5-66　ZL7-1 点轴力

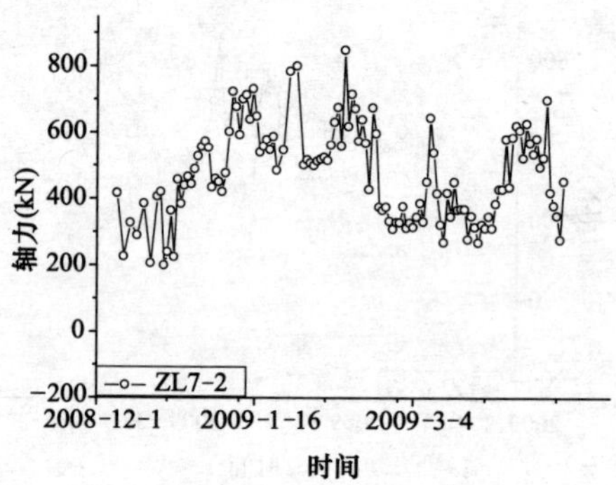

图 5-67　ZL7-2 点轴力

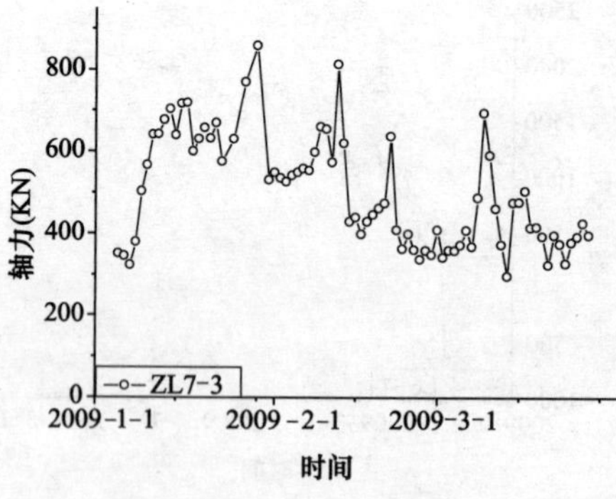

图 5-68　ZL7-3 点轴力

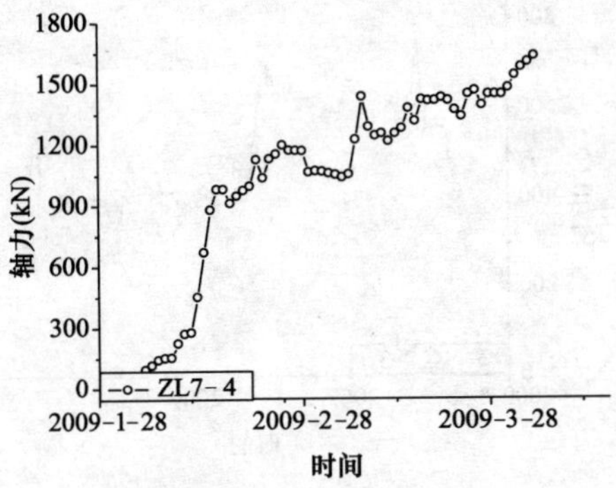

图 5-69 ZL7-4 点轴力

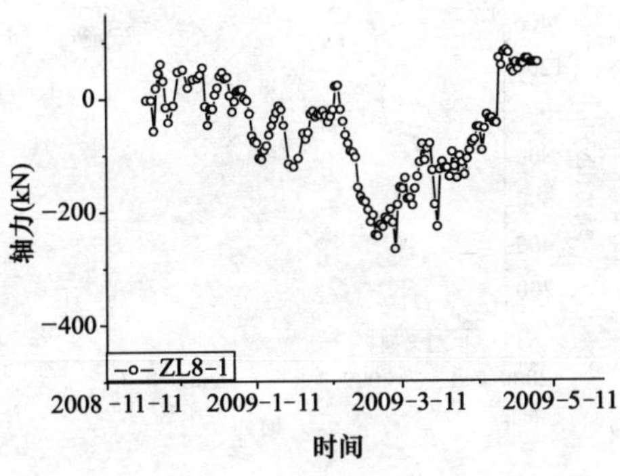

图 5-70 ZL8-1 点轴力

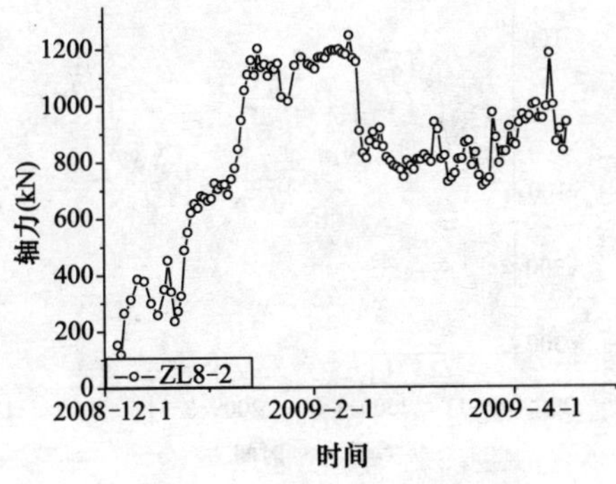

图 5-71 ZL8-2 点轴力

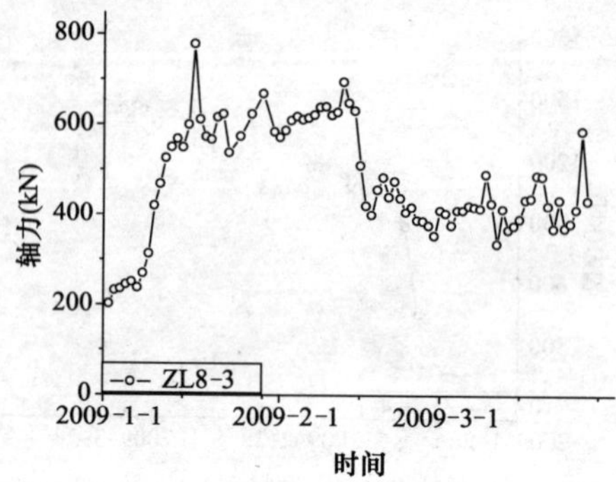

图 5-72　ZL8-3 点轴力

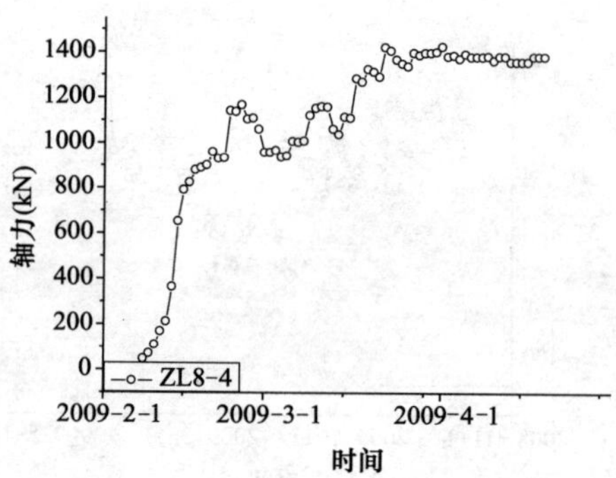

图 5-73　ZL8-4 点轴力

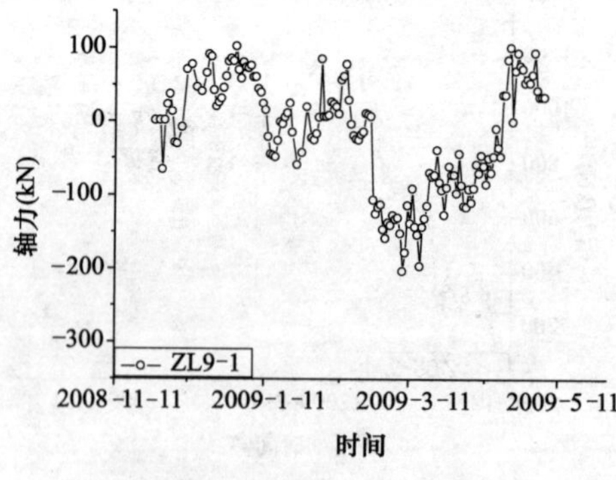

图 5-74　ZL9-1 点轴力

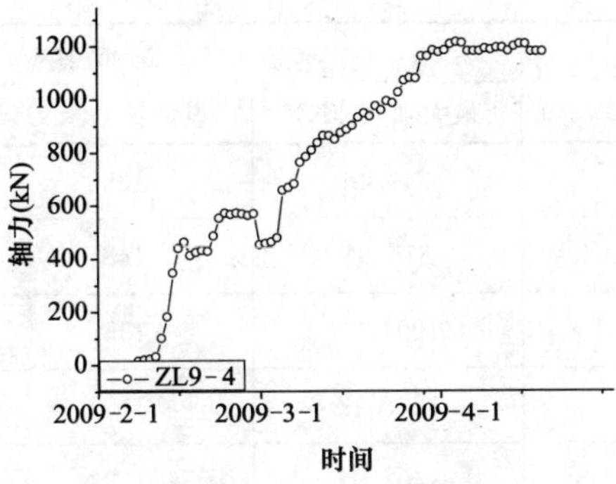

图 5-75　ZL9-4 点轴力

基坑支撑轴力跟踪分析表　　**表 5-3**

支撑名称		支撑轴力		
		最大轴力(kN)	设计轴力(kN)	百分比(%)
ZL1	1	1362.83	1546	88.15
	2	659.55	2011	32.80
	3	644.18	2614	24.64
	4	1617.00	2654	60.93
	5	2349.42	2100	111.88
ZL2	1	691.95	1546	44.76
	2	659.55	2011	32.80
	3	889.65	2614	34.03
	4	1711.70	2654	64.50
	5	1637.85	2100	77.99
ZL3	1	571.60	1353	42.25
	2	1095.59	2133	51.36
ZL4	1	399.56	1353	29.53
	2	719.89	1485	48.48
	3	1284.78	1555	82.62
	4	999.04	1755	56.93
	5	1237.54	2133	58.02

续表

支撑名称		支撑轴力		
		最大轴力(kN)	设计轴力(kN)	百分比(%)
ZL5	1	347.46	1353	25.68
	2	875.06	1485	58.93
	3	1207.53	1555	77.65
	4	1228.47	1755	70.00
	5	1407.92	2133	66.01
ZL6	1	369.83	1361	27.17
	2	873.00	2222	39.29
	3	647.92	1688	38.38
	4	2231.92	1981	112.67
ZL7	1	211.44	1361	15.54
	2	848.47	2222	38.19
	3	859.04	1688	50.89
	4	1634.08	1981	82.49
ZL8	1	83.87	1629	5.15
	2	1245.32	1790	69.57
	3	777.78	1985	39.18
	4	1426.07	2170	65.72
ZL9	1	102.31	1629	6.28
	4	1212.58	2170	55.88

全过程的轴力监测数据如表5-3所示，支撑轴力基本在安全范围内。施工过程中，Zl1-1点、ZL4-3点、ZL7-4点分别达到了设计轴力的88.15%、82.62%和82.49%。ZL1-5点、ZL6-4点分别达到了设计轴力的111.88%和112.67%，但该两支撑均为混凝土支撑，仍均未超过其设计承载力。

第6章　深基坑工程监理

6.1　监理大纲的编制

6.1.1　编制依据

1. 国家和地方有关建设法律、法规：

(1)《中华人民共和国建筑法》；

(2)《建设工程质量管理条例》；

(3)《建设工程监理规范》GB 50319—2000；

(4) 国家、浙江省有关工程建设的政策、法规和文件。

2. 监理招标文件及其附件。

3. 国家和地方及设计指定的有关工程建设的技术标准、施工及验收规范和质量评定标准。

6.1.2　监理工作主要范围

该工程整个施工及保修阶段全过程监理，协助业主开展施工前期准备工作，对工程进行质量、进度、投资控制和合同、信息管理、组织协调施工现场各方关系，安全生产监督等。在工程实施过程中，工程规模的调整及各种变更均属于监理范围。

6.1.3　监理工作内容

监理的工作内容应满足业主的需要，在实施过程中，为业主提供专业化的技术咨询服务，是业主的“智囊”，为业主决策做好技术支持；在建设单位的委托和支持下进行现场管理工作及与该工程有关的项目管理的相关任务，随时完成业主交办的与该工程有关的项目管理的相关任务；参与实施工程施工阶段对投资、质量、进度、安全的监督调控；协调各施工单位的进度安排，协助业主做好竣工验收的各项准备工作，为业主承担部分现场项目管理任务；随时完成业主交办的工作，参与竣工决算审核和保修阶段对工程质量检查、签订，督促有关责任单位做好保修工作。

6.1.4 监理工作目标

根据项目建设总目标的要求，通过动态控制、组织协调、合同管理，确保合同规定的投资、进度、质量目标及安全文明施工目标的实现。

质量目标：杜绝质量事故，在确保质量达到合格标准的基础上，争创优良工程。

进度目标：以建设单位与施工单位签订的建安合同所约定的开工日期和总工期为依据进行控制，在合同工期内顺利竣工。

投资目标：以建设单位与承建单位签订的承包价为依据，严格控制合同外费用，以确保总投资控制在投资概算额内。

监理单位的目标是：为业主提供优质的服务，杜绝质量事故和安全事故，控制现场安全生产和文明施工；以最短的工期实现工程顺利竣工；以最少的投资达到最佳的投资效果。

6.2 现场监理制度

6.2.1 设计文件、图纸审查制度

(1) 项目监理机构在收到施工图纸后应及时组织专业监理工程师进行熟悉和预审施工图。

(2) 专业监理工程师应了解工程特点、设计意图和关键部位的工程质量要求。

(3) 专业监理工程师应审查是否无证设计或越级设计，设计证号、出图章等是否齐全，设计图是否符合现行设计与施工规范，设计说明与设计内容是否相符。

工程地质勘测报告资料是否齐全；设计抗震强度是否符合“中国地震强度区划图”的规定。

(4) 审查各专业施工图纸，核对建筑、结构、水电、通信、设备安装等各种图纸是否相互有矛盾，是否有否错、漏、碰、缺等情况。

(5) 在熟悉和预审施工图纸的基础上，尽快组织施工图纸会审，会同业主、承包单位，把设计技术和施工技术有机地衔接

起来。

(6) 做好会审记录，并将提出的问题提交设计单位。

(7) 在施工图会审的基础上，由业主组织有设计单位、承包单位、监理单位以及有关的设备制造单位参加的设计交底会议。

(8) 设计单位根据设计交底规定的内容向与会者进行设计交底，设计代表在广泛听取与会者的意见后，将意见集中，并形成交底会议纪要。

(9) 驻地监理工程师做好设计交底记录，并负责闭环。

(10) 审核竣工图。

6.2.2 技术交底制度

1. 监理向承包单位的交底

(1) 技术交底文件：监理规划、监理细则、安全监理细则等。

(2) 参加人员：总承包单位和有关分包单位项目管理主要人员、监理有关人员、现场甲方项目经理。

(3) 技术交底后，参加人员发表意见，监理收集、汇总形成会议纪要，并由与各方代表会签。

各单位工程开工前，均应由项目监理机构向施工单位做监理细则交底，并形成会议纪要。

2. 监理组内部的技术交底

(1) 技术文件交底：设计图、技术标准和质量验收规范、施工方案等。

(2) 技术交底内容主要为设计要求、应用的技术标准和质量验收规范规程、施工措施、监理检查应该注意的问题等。

技术交底会议应认真记录以下内容：时间、地点、出席人员、交底内容、登记情况等，并形成会议文件，监理存档。

6.2.3 总（分）包单位资质审查制度

(1) 监理工程师应审查总包单位的施工资质，并将总包单位资质备案。

(2) 分包单位资质材料由总包单位填写《分包单位资格报审表》，交监理单位。

（3）项目驻地监理工程师在收到总包单位的申报材料后，要组织各专业监理工程师及有关人员审查分包单位的资质，审查应以技术能力和管理水平为主。

（4）审查合格后，将拟签订分包合同的有关情况通知业主，并尽快协商，做出资质审查的结论，驻地监理工程师以书面通知总包单位，并报业主备案。

（5）未经监理单位认可的分包单位，总包单位不得让其进入施工现场施工。

6.2.4 开工（含复工、工程暂停令）审批制度

1. 开工审批制度

（1）总包办理各项有关开工的证明文件。

（2）总包填写“工程开工报审表”。

（3）报审表送项目监理组，由驻地监理工程师审核开工条件。

（4）驻地监理工程师审核同意开工，在报表上签字、盖章，并报业主备案。

2. 工程暂停及复工

（1）驻地监理工程师签发“工程暂停令”的前提条件。

（2）驻地监理工程师签发“工程暂停令”，分别发往总包单位、业主。

（3）由于业主原因，驻地监理工程师应在施工暂停原因消失后、具备开工条件时，签署《工程复工报审表》，指令承包单位继续施工。由于施工单位原因导致工程暂停，在具备施工条件时，监理组应审查承包单位报送的复工申请及有关材料，同意后由驻地监理工程师签署《工程复工报审表》，指令承包单位继续施工。

6.2.5 材料、构配件检验、复验制度

对出厂的材料、半成品（构件）及设备必须符合下列要求：

（1）施工单位必须把好材料、半成品（构件）使用前检查和试验关，对领用的材料、半成品（构件）必须按规范或有关规定进行检验，不合格的应立即清退出场，严禁用于工程。

（2）施工单位在对材料、构件等自检合格的基础上，填好《工程材料/构配件/设备报验表》，向监理工程师提出核验申请。

(3) 监理工程师在接到施工单位检验申请后，对材料、构件进行查验和认证，查验合格后予以签发，施工单位方可用于工程。

(4) 当检查设备时发现的缺陷认定为一般性缺陷时，监理工程师在征得业主和供应单位同意后，可委托施工单位在现场负责修正，修正合格后方可用于工程。

(5) 所有材料、半成品（构件)，施工单位必须在办理好查验签证手续后方可使用，未经监理工程师查验签证的材料、半成品（构件）不得使用，检查先检验后使用。

(6) 工程中所用的各种商品化的预制桩或构配件必须具有生产厂家的批号和出厂合格证。

(7) 监理工程师在检查时重点检查预制桩或构配件的合格证及试验报告，在上述资料不清或对资料表示怀疑时，可采取措施进行检查，当认定为不合格产品时，责成购方单位负责退货。

(8) 进口材料查验以商品检验单为准，未经商检与检验不得使用。进口结构钢材必须先进行复验，复验合格方可使用。

(9) 专业监理工程师应对施工单位的试验室进行考核审查。

6.2.6 隐蔽工程检查、验收制度

(1) 驻地监理工程师应安排监理人员对施工过程进行巡视和检查，对隐蔽工程的隐蔽过程、下道工序施工完成后难以检查的重点部位，专业监理工程师应安排监理人员进行旁站。

(2) 工程隐蔽前，施工单位应根据《工程质量评定验收标准》进行自检，并将验收评定资料报监理工程师。专业监理工程收到报验资料后，进行审核。

(3) 施工单位应将需检查的隐蔽工程在隐蔽前至少24h提出书面计划报监理工程师，监理工程师应排出计划通知施工单位进行隐蔽工程检查。重点部位或重要项目应会同施工单位、设计单位共同签认。

(4) 隐蔽工程验收有设备、管道、电气等安装专业的预埋件、预留孔或测试内容的，应先进行安装专业隐蔽验收，再进行土建专业隐蔽验收。

(5) 专业监理工程师应根据施工单位报送的隐蔽工程报验申请

表和自检结果进行现场检查，对隐蔽工程应全数验收，符合要求的予以签收。

(6) 对未经监理人员验收或验收不合格的工序，监理人员应拒绝签认，并要求施工单位严禁进行下一道的施工。

(7) 如验收不合格，施工单位应及时整改，并重新进行验收，直至验收合格。未经复验签证的一律不得进行隐蔽，也严禁进行下一道工序的施工。

(8) 专业监理工程师做好隐蔽资料填写和签字工作，待驻地监理工程师在资料上签字后，隐蔽资料一份退施工单位，一份留监理存档备案。

(9) 进施工过程中出现的质量缺陷或不符合设计要求的情况，专业监理工程师应及时下达监理工程师书面或口头通知，要求施工单位限时整改，并检查改正结果。

6.2.7 变更设计审查制度

(1) 凡是由业主、设计单位在施工过程中提出的作法变动、材料代换、纠正施工图中的失误或其他变更事项，均以通过设计变更解决。凡是由于施工单位在施工过程中提出的作法变动、材料代换或因施工条件发生变动而引起的变更事项，均通过工程洽商并征得同意后，予以解决。上述变更是施工图的补充，与施工图具有同等作用。

(2) 监理单位应负责对变更设计的理由进行确认，应维护经审批的设计文件的严肃性。

(3) 项目驻地监理工程师应授权专人处理工程变更。在处理时，监理工程师应当综合考虑进度、质量、投资控制和合同、信息管理情况，不能贸然从事，以免在某些环节上发生脱节。

(4) 在处理工程变更时，要严格按照《监理合同》中监理内容及职责的有关条款从事，不得出现越权行为。监理工程师审批工程变更，应取得业主同意后方可签证。

(5) 监理工程师审批工程变更时，要坚持按规范、规程、工艺标准、验评标准审批，不得迁就施工单位。未经监理工程师签认的工程变更不计入已完成工程量。

(6) 工程变更引起的造价增减，经与业主协商后，由驻地监理工程师审定。

(7) 工程变更必须签证手续齐全（由施工单位提出的变更需四方签认，由设计单位提出的变更需三方确认）。

(8) 工程变更的内容应明确具体，图示应符合有关规范要求，语言应规范准确，深度要满足施工和预算要求。

(9) 如几个单位工程使用同一份工程变更通知，经办人必须按单位工程个数印发，原件由经办人保存。

(10) 工程变更文件不得涂改，每个单位工程要按办理的日期顺序排列，统一编号，妥为保管。

6.2.8 旁站制度

按照《建设工程质量管理条件条例》、《建设工程监理规范》、《房屋建筑工程施工旁站监理管理办法（试行）》、《公路工程施工监理规范》等文件要求，结合实际情况，制定监理旁站操作要求。

1. 旁站监理的概念

旁站监理是在有关地基和结构安全的关键工序或关键施工过程中，由监理人员在施工现场进行的连续不断监督检查或检验的监理活动，有时甚至要连续跟班监理。

关键部位是指受力复杂、技术要求高及施工难度大的工程部位以及对使用功能影响大的部位。

2. 旁站监理的内容

通过监理人员的现场跟踪监控，监督和检查施工单位管理人员是否到位、质保体系是否落实、建筑材料的质量是否符合要求、施工工艺是否符合工艺操作规程和标准的要求。对违操作和不按设计要求、施工图纸、施工方案和施工规范以及违反强制性标准施工的现象，监理人员应及时进行纠正和严格控制，并做好记录。

3. 旁站监理工作范围

(1) 涉及结构安全和使用功能的重要施工部位和隐蔽工程；

(2) 见证取样和专项检测；

(3) 测量复核和检验过程；

(4) 对新工艺、新技术、新材料、新设备的试验，首件样板及重要施工过程，确定施工顺序、工艺技术参数和检验方法；

（5）施工过程中出现的严重质量问题及质量事故处理过程。

4. 进行旁站监理的要求

各项目监理组根据工程特点制定旁站监理的内容，在项目《监理规划》中予以明确，院监理部在审核监理规划时加以重点审核，并作备案，作为日后对项目监理组考核的一个依据。实施旁站监理的具体内容、方法和要点应在《监理实施细则》中予以明确，并在项目监理组内部进行详尽的旁站监理技术交底。

5. 旁站监理工作的考核

各项目驻地监理工程师应对监理人员旁站监理工作的质量和实效进行考核。监理部对项目监理组进行考核时，将旁站监理工作作为考核的重点之一，将对旁站监理工作的落实情况、监理人员到岗情况以及旁站监理记录进行检查。

6.2.9 工程质量控制管理制度

（1）项目监理机构应督促承包单位在开工前开展施工组织设计，并经上级技术负责人员审批同意以后，及时报项目监理审查。对关键工序、重要部位、特殊施工工艺、质量和安全的风险控制部位，承包单位应编制具体的施工技术方案（经投标单位技术负责人审批同意），报项目监理审查。

（2）在施工过程中，承包单位若要调整或补充施工组织设计和施工技术方案，应报原投标单位技术负责人审批同意，并报监理审查批复。

（3）当承包单位采用新材料、新工艺、新技术及新设备时，监理人员应要求承包单位报送相应的施工工艺措施和技术资料，组织专题论证，必要时应经过试验，达到设计和质量标准后，才允许投入工程正常施工。

（4）项目监理机构应对承包单位在施工过程中报送的施工测量成果进行独立复测与审批。

（5）专业监理工程师应对承包单位自有的试验室（标养室）或委托的试验机构进行考察、检查、并履行监理审批手续。

（6）专业监理工程师应对承包单位报送的拟进场工程原材料、

构配件和设备的报审表及其质量证明材料进行审核，对进场的实物进行质量验收和外观及量测检查，并按监理合同约定或有关工程质量管理文件规定的比例采用平行检验及见证取样方式进行材料抽检试验。承包单位在报审材料时，应提交复试报告的合格证，取样时通知监理人员到场见证。工程使用的原材料、构配件、设备等应符合设计要求及规范、制度。

(7) 对未经监理人员验收或验收不合格的工程材料、构配件和设备，监理人员有权拒绝签字，并应签发监理工程师通知单，书面通知承包单位限期将不合格的工程材料、构配件和设备撤出现场。

(8) 项目监理机构应定期检查施工单位使用的量测及检测设备的技术状况及法定的计量校正合格证件，并在校正使用期内使用。

(9) 驻地监理工程师应组织监理人员对施工过程进行巡视和旁站检查，并做好相应的巡视和旁站记录。对隐蔽工程的质量应贯彻旁站监理，隐蔽前履行报验手续。对存在的质量问题必须整改，并经监理人员复查消项后方可隐蔽覆盖。

(10) 专业监理工程师应对承包单位报送的隐蔽工程报验申请表和自检结果进行现场检查，符合要求予以签认。对未经监理人员验收或验收不合格的工序，监理人员应拒绝签认，对承包单位不得进行下道工序施工。同时督促进行施工整改消项。

(11) 专业监理工程师应对承包单位报送的分项工程质量验收评定资料进行审核和现场检查验收，达到设计及验收标准予以签认；驻地监理工程师应组织监理人员对承包单位报送的分部工程和单位工程质量评定资料进行审核和现场检查，符合要求后予以验收签证。对存在的质量问题，应督促施工单位整改消项。

(12) 对施工过程中出现的质量缺陷，专业监理工程师应及时发出监理工程师通知单，要求施工单位整改，并检查整改结果。

(13) 发现施工存在重大质量隐患，可能造成质量事故或已经造成质量事故时，驻地监理工程师应及时报业主，经业主批准，由驻地监理工程师签发工程暂停令，要求承包单位停工整改。整改完毕后，由承包单位填写复工报审表，经监理人员复查，符合要求后，经业主认可，由驻地监理工程师及时签署工程复工报审表。

(14) 对地下管线、地面建筑及其他构筑物应建立监测措施。监测方案应符合工程合同的要求，报监理审批。监理应督促、监测检测措施的落实情况，次日分析监测资料，视情况督促承包单位采取必要的过程保护措施，确保地下管线及建筑物的安全，符合环境控制要求。

6.2.10 质量事故报告及处理制度

(1) 施工发生质量事故，现场监理机构应在第一时间向业主项目代表报告，并根据质量事故严重程度，按《建设观工程质量条例》规定，对质量事故进行报告。

(2) 驻地监理工程师应及时向业主提交有关质量事故的书面报告，并应将完整的质量事故处理记录整理归档。

(3) 监理人员发现存在重大质量隐患，可能造成质量事故或已经造成质量事故，应通过驻地监理工程师及时下达施工暂停令，要求承包单位停工整改。整改完毕，监理人员复查，符合规定要求后，驻地监理工程师应及时签署工程复工报审表。驻地监理工程师下达工段暂停令和签署工程复工报审表，应事先向业主报告得到认可。

(4) 对需要返工处理或加固补强的质量事故，驻地监理工程师应责令承包单位报送质量事故报告和经设计等有关单位认可的处理方案，项目监理机构应对质量事故的处理过程和处理结果进行跟踪检查和验收。

(5) 工程质量事故处理程序：发现质量事故，监理应及时发出通知单，并进行质量事故调查，组织质量事故原因分析，通过调查、分析、研究、制订处理方案，组织有关部门对调查报告及处理方案进行审查，监理按审查通过后的方案对实施过程进行检查、验收。

(6) 质量事故处理的鉴定验收：质量事故的处理是否达到了预期目的，是否仍留有隐患，应严格通过检查鉴定和验收作出确认。事故处理的质量检查鉴定，应严格按施工验收规范及有关标准的规定，必要时还应通过实际量测、试验和仪表检测等方法获取必要的数据，才能对事故的处理结果作出确切结论。对重大、技术复杂及环境影响较大的质量事故，应及时报业主，邀请有关专家进行分析论证，审定技术措施和施工方案。

6.2.11　质量事故报告及处理制度

(1) 协助业主做好开工前的必须工作，确保工程准时开工。

(2) 各个项目监理单位在收到有效工程图纸后，监理工程师应依据合同约定的计价方式，编制该项目的工程控制概算；对施工承包合同中标价与控制概算的差异，应提出书面的分析意见，做好工程风险预测，协助业主方做好工程风险预测和分析，做好预防经济索赔工作。

(3) 驻地监理工程师负责组织监理人员熟悉、掌握有关合同文件和技术规范，并安排专业监理工程师进行项目的投资控制。负责投资控制的监理工程师应着重分析工程施工合同中有关价款与支付，材料设备供应、设计变更、竣工与结算、争议，同时应了解当地建设主管部门的有关文件。

(4) 检查重要建筑材料和主要设备订货，并核定其性能满足规范及设计要求。

(5) 严格控制设计变更。驻地监理工程师应从造价、项目功能要求、质量、工期等方面审查工程变更方案，做好工程变更的经济核定，及时会签设计变更和工地洽商变更方面的文件。

(6) 未经监理人员质量验收合格的工程量，或不符合施工合同规定的工程量，监理人员应拒绝计量和该部分的工程款支付申请。

(7) 在掌握总承包、分包合同的基础上，对施工方每月申报的《工程款支付申请表》进行严格的审核。首先，由进度监理工程师审核实进度；然后，交质量相关专业的监理人员审查，核审无误后交投资控制监理工程师审核；认定工程质量和进度，依照合同进行计量，然后交驻地监理工程师审批并签署付款凭证。

6.2.12　监理报告制度

(1) 项目《监理规范》报总监理工程师审批，监理细则报驻地监理工程师审批后报建设方。

(2) 施工单位提出的重大（重要）工程施工设计或施工方案，应由施工方技术主管会同设计、业主及项目监理组讨论审核；一般工程的施工组织设计或施工方案由监理组织审核。

(3) 工程项目暂停、缓建时应书面报告有关部分：工程发生的重大质量、安全事故，项目监理组应在第一时间报业主，2h内通报公司监理（工程部），8h内由监理部将事故快面报告业主，并参与事故调查与分析，待确定责任后作出相应的处理，并按《监理规划》规定和程序要求督促整改，事故处理完毕后应将事故处理报业主、监理公司和总师室、总经理。

(4) 凡涉及严重影响监理合同实施和其他重大事宜，应及时报监理公司协商处理。

(5) 项目监理组每月底编写监理月报，要由驻地监理工程师签字，当月25日前报业主和监理部。

(6) 关键工序的验收、中间检查、工程初验、竣工验收、质量评估报告等监理的阶段性报告，由驻地监理工程师组织编写，经驻地监理工程师审查（质量评定报告由监理公司审查）后报业主及质监站等有关部门。

6.2.13 工程竣工验收制度

1. 竣工验收制度依据：

(1)《公路工程施工监理规范》JTG G10—2006；

(2) 施工招投标文件、施工合同、监理合同；

(3) 国家及交通运输部、浙江省和杭州市交通公路工程建设法规和规定。

2. 竣工验收的依据：

(1) 经批准的设计文件、施工图纸及相应的技术说明书；

(2) 招投标文件和合同文件；

(3) 经主管部分审批、修改、调整的相关文件；

(4) 有关工程质量验收的规范、规程、标准等。

3. 竣工验收程序分为工程预验收和工程收验收

6.2.14 监理日志及会议制度

1. 监理日志制度

(1) 监理日志由专业监理工程师填写，并由驻地监理工程师定期签阅。

(2) 监理日志每天填写的内容必须真实、准确、全面、公正地反映与工程相关的一切问题（包括三控制、二管理、一协调），同时要字迹清晰、用语规范，记录及时、实事求是地反映监理工作情况。

(3) 监理日记填写内容监理日记内容包括：天气情况、施工情况、存在问题及处理情况。

2. 监理会议制度

(1) 工程例会制度；

(2) 专题会议制度；

(3) 监理内部学习制度。

6.2.15 监理资料、文档管理制度

(1) 监理资料必须及时整理，真实填写、分类有序。

(2) 监理资料的管理应出驻地监理工程师负责，并指定专人具体实施。

(3) 监理资料应在各阶段监理工作结束后及时整理归档。

(4) 监理档案的编制及保存应按有关规定执行。

(5) 项目监理在施工阶段监理资料的管理中，应按杭州市交通质安监督局的要求，进行资料内容收集、分类、归档。

(6) 监理资料收集时，应做好文件的收发手续。

(7) 监理资料收集好后应保持好，防止遗失，做好保密工作。

6.2.16 安全监理工作制度

1. 定期学习与交流

驻地监理工程师应组织安全监理人员研究设计文件、有关规定、规范、标准、监理合同、安全监理细则和及时传达业主的文件和会议精神等，建立起定期学习和交流制度。该工程做到每月一次。

2. 填写安全监理日记

3. 安全监理月报

专职安全监理每月在规定日期（该工程规定为每月 25 日）向驻地监理工程师提供安全监理工作月报，经驻地监理工程师审查签字后，报业主（4 月份），报本公司（1 份），并在现场监理组留存

（1份）。

4. 安全检查

5. 例会和来往信函

6.2.17 监理工作廉政制度

监理工作是以自己的专业知识、协调能力来为业主服务、为工程服务，推动工程建设目标的实现。作为一个称职的监理，应是业主的助手、项目策划师和质量卫士。“想到、说到、做到”、切实履行合同是公司质量保证体系的要求，也是公司诚信的体现。在该项目监理工作中，无论是公司、监理组，还是每一位监理人员，均要遵守监理人员工作守则及监理人员廉政公约。

6.3 现场监理和质量控制

6.3.1 测量监理工作及质量控制

1. 试验井加固施工监理测量

施工单位完成工作井和明挖段加固区域测量放样，并使用Leica TC802全站仪在完成平面控制点监测后，直接进行放样点检测，测量允许横向偏差≤±10mm。

2. 工作井、明挖段围护结构施工监理测量

围护结构施工监理测量包括端头井导墙特征点和明挖段导墙轴线控制，轴线控制的目的是将设计位置按必要的精度放样到实地位置。轴线放样点检测使用Leica TC802全站仪在完成平面控制点监测后，采用左、右角各测2测回观测，进行控制点引测，其中左、右角平均值之和与360°较差应小于5″，测距往返各2测回，往返2测回平均值较差≤±3mm，完成引测后直接进行各轴线放样点检测。轴线测量放样允许误差≤±10mm。

3. 工作井洞门安装监理测量

该洞门采用分块钢洞门拼装法进行安装，施工单位完成每块拼装后进行三维轴线检测，完成拼装和盾构出洞前分别进行一次轴线偏差测量。由于盾构直径大，无法利用常规的横搁尺法进行测量，因此采用TCRA1101型全站仪直接测量钢圈门上的点位的三维坐标，根据实测坐标进行拟合，求得洞门理论中心三维坐标和施工

偏差。

由于洞门钢环内侧三维坐标的精度直接影响三维空间的拟合效果，因此采用高精度的测量方案精确确定洞门钢环上各点位是十分重要的。如图 6-1 所示，在考虑施工现场的场地环境的前提下，应尽可能地确保量测点位的密度，尽量覆盖整个钢环，量测点位要用统一符号进行标识，标识符应与钢环内圈保存一定的距离 S（这个距离以多数为宜，可以根据现场标识符的难易程度而定），每个标识符与钢圈内圈的距离都要用游标卡尺进行量测，且尽量保持恒定。由于标识符的光滑连线所形成的圆从点位的设计原理上来说就是洞门钢环内圈的同心标准圆，因此标识符与钢环内圈的距离大小不影响洞门中心三维空间拟合的精度。由此得知，实际洞门的内径 r 与 R、S 有如下关系：$r=R-S$。

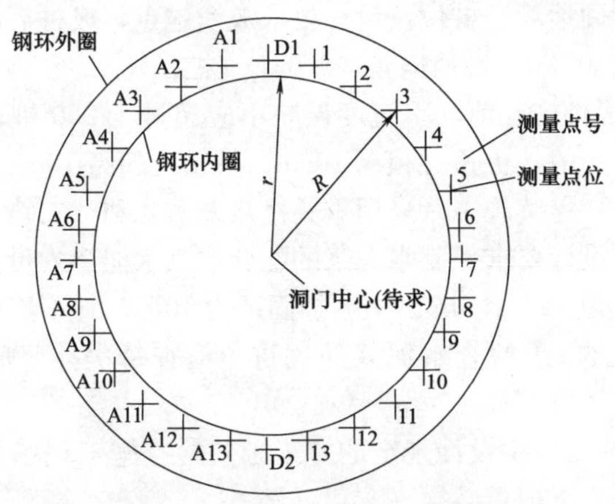

图 6-1 洞门监理测量点位图

具体测量方案的实施：利用联系测量将首级控制点引测到洞门附近的适当位置，并且尽可能地减少引测点的个数。采用 TCRA 1101 型免棱镜全站仪，利用极坐标法和三角高程法精确测量标有标识符的各个点位。获得隧道洞圈的三维量测数据 x、y、z，采用拟合方法计算洞门三维偏差，当三维轴线偏差超过设计要求时，应及时向业主汇报。

4. 工作井洞门安装监理测量

试验井内部结构施工主要控制两侧结构边线、底标高，施工单位完成放样后在实地必须进行标记。标高和平面放样点检测时必须在完成控制点检测后将其引测到试验井内，直接进行放样点检测。

6.3.2　江南工作井加固监理工作及质量控制

1. 搅拌桩施工质量的控制

（1）测量放线控制

1）监理复核场地控制点测量。

2）监理复核控制线测量，考虑施工误差将桩位适当外放，精确定位，减小桩位偏差的不利影响。

3）监理复核水准点测量。

（2）搅拌桩施工控制

1）施工场地要求基本平整，清除地面和地下的障碍物。施工场地内设置硬地坪。桩位按设计要求放线定点，成桩后的桩位偏差不应超过±50mm。桩径偏差<0.04D（桩径）。

2）每根桩施工前，垂直度误差不应超过1/250桩；桩头标高不宜低于设计值，桩长宜超深10cm，桩顶宜超高10cm。选用三轴搅拌机设备，连续施工，采用重叠搭接缝形式和“二喷三搅”的工艺。严格按设计要求控制水泥浆的配合比（水泥掺入量为：盾构出洞强加固区为20%；5m以上弱加固区为10%。地下连续墙两侧区位为20%）。每天检查水泥浆的比重，检查每次拌浆所用水泥的记录。

3）按施工组织设计规定的施工工艺检查施工现场各参数是否满足要求，施工记录必须真实，可靠。

4）搅拌头下沉到设计标高后，边喷浆边搅拌，约1～2min后上提。提升速度不大于0.5m/min，避免过快导致真空负压，出现孔壁塌陷等现象。

5）相互搭接的桩体需连续施工，一般相邻桩的施工间隔时间不宜超过24h。严格控制相邻桩的搭接间距，不小于25cm。

6）水泥土需制作标准试块，每台桩机每台班不少于一组。

（3）搅拌桩加固指标检测

该工程出洞区域和导墙两侧加固结束后，按照规范要求，对其进行强度检测，监理进行核查备案。现场取样过程中，监理人员要做好跟踪检查和见证。加固要求其28d无侧限抗压强度 q_u 不小于设计要求，检测抽取施工桩数的1%，并且不少于3根。

2. 高压旋喷桩施工质量控制

（1）水泥要有出厂合格证、质量保证书、进场后应复试。合格者方可使用（由于现场使用散装水泥，应督促施工单位按照同一批号，每500t进行一次抽检，监理进行20%的复检）。

（2）测量放样检查是否按照设计图纸放出桩位。检查临时控制点，并进行复核。即在第二排三轴搅拌桩与地下地下连续墙之间700mm间隙区域采用三重管双高压旋喷桩（ϕ1500mm），加固范围为地面以下30m至地面下7.5m。

（3）检查机架（每次巡视检查）：

1）用垂直度检测设施检测机架的安装情况；

2）检查机架基础是否平稳、安全，一旦发现存在安全隐患，要求立即采取措施。

（4）检查是否严格按照下述经批准的施工参数进行施工：

1）孔径：1500mm；

2）旋喷桩中心距：1100mm；

3）水泥用量：840kg/m；

4）水压力：≥35MPa；

5）浆压力：28MPa；

6）空气压力：0.7MPa；

7）浆液流量：65～75L/min；

8）浆液喷射钻杆提升速度：5～7cm/min；

9）应控制空位偏差≤5cm，钻孔垂直度≤1%；

10）钻杆深度符合设计标高。

3. 旋喷桩加固指标检测

该工程出洞区域旋喷桩加固结束后，应按照规范要求，对其进行强度检测，并经监理进行核查备案。现场取样过程中，监理人员要做好跟踪检查和见证。旋喷桩加固要求为：28d无侧限抗压强度 q_u 不小于设计要求，且检测抽取施工桩数的1%，并且不少于3根。

4. 事后按照规范要求，对土体加固部位，要求施工取样，实施加固质量检测，监理进行核查备案。现场取样过程中，监理人员要进行跟踪检查和见证。

5. 督促施工单位整理竣工文件及施工技术档案资料。并按照相关要求，做好监理资料的整理工作。

6.3.3　地下连续墙施工监理工作

1. 开工前的准备工作

（1）主体工程开工前需要大量的准备工作，主要包括施工范围内工地上、地下建筑物、构筑物的拆迁，管线搬迁，路面翻交改线，施工道路、场地硬面化等大型设施的施工等。

（2）收集及学习与该工程有关的法律、法规、合同文件、规范、标准。

（3）熟悉设计图纸、设计说明及设计单位明确的有关技术要求和规范。

（4）参加设计图纸会审核和组织设计交底。

（5）审查施工单位的施工计划和施工组织设计（或施工方案）。

（6）施工用的坐标控制点和高程控制点，经施工方复测后将资料提交给测量监理工程师，由测量监理工程师复核符合要求后，方可进入导墙放样施工。

（7）材料质量是工程质量的重要保证，该工程使用的主要材料有钢材（钢筋、钢管、钢板、型钢）、商品混凝土、钢筋接驳器、电焊条等。应对材料的进场、加工、使用进行系统的监督和控制。

（8）对进场的钢筋按60t为一批（同一规格、同一炉号、同一批号），进行监理见证取样送检，检测报告交试验监理工程师审核同意后，方可用于该工程。

（9）对进场的直螺纹钢筋接驳器，要求施工单位及时提供供应单位资质，出厂合格证及测试数据，按每500只为一批试验，监理工程师见证取样送检，检验报告交监理工程师审核同意后，方可用于该工程中。

（10）施工单位提供商品混凝土供应单位资质，如有必要还需考察拌站的设备、管理和原材料质量，经监理工程师审核同意后，方可用于该工程中。

(11) 现场配制的施工机具、设备必须符合投标及施工措施中承诺的要求，且要满足施工进度。施工机械要有专人保养、维护、检查，且要有年检资料，并经安全监理工程师审核同意后，方可用于该工程中。

(12) 对进场的电焊条，要求施工单位提供供货单位资质、出厂质保书，并经监理工程师审核同意后，方可用于该工程中。

(13) 对钢筋电弧焊接头、碰焊衔头及直螺纹连接接头，需经监理工程师现场见证取样送检，检测报告经监理工程师审核同意后，方可用于该工程中。

(14) 检查施工单位管理人员，特别是质保人员的岗位证书及工人的上岗操作证，特殊工种作业人员（吊车司机、电工、电焊工、试验工、测量人员）的操作证，坚持持证上岗。

(15) 现场标养室、试验设备、应符合规定要求，各项试验制度齐全。

(16) 安全保证体系和安全组织机构健全，安全措施落实到位，现场消防、安全设施符合要求。

(17) 施工单位质保体系健全，质保人员和质检人员落实到位，管理制度运行有效。

(18) 审查施工单位开工的各项准备工作，施工许可证已经办好，协助建设单位下达开工通知。

2. 施工过程中的质量控制

(1) 导墙施工的质量控制

1) 导墙沟槽应挖至原状土以下 20cm，严防挖槽时导墙底部坍塌。

2) 导墙沟槽内若有废弃管道要及时将其进行封堵，以防止泥浆和浇筑的混凝土流失。

3) 导墙施工完成，拆除模板后，应立即在导墙沟内设置支撑。

4) 导墙混凝土的强度自然养护到设计强度，试验报告交试验监理工程师审核同意后，方可进行成槽施工。混凝土在养护期间，禁止起重机等大型设备在导墙附近作业，禁止停放大型构件，以防止导墙混凝土开裂和位移。

(2) 槽段开挖的质量控制

1) 槽孔开挖样按照施工组织设计的要求进行施工。

2) 成槽施工时，质量监理工程师加强巡视观察，发现浆面突然跌落或局部塌方时，及时要求施工单位停止挖掘，采取有效措施，妥善处理后再进行施工。

3) 泥浆质量的优劣直接影响地下连续墙的成槽质量。在成槽过程中，督促施工单位按施工组织设计规定进行配置、管理、使用和废弃。

4) 槽段施工过程中，质量监理工程师检测垂直度，发现垂直度异常时，及时通知施工单位，要求做到随挖随纠。

5) 雨天地下水位上升时，质量监理工程师应及时通知施工单位，加大泥浆比重；当雨量较大时应暂停挖槽，并封盖槽口；需降低地下水位时，要定时观测地下水位，严防地下水向槽内渗漏。

6) 施工中防止泥浆漏失并及时补浆，始终保持稳定槽内段所需的液面高度。

7) 当质量监理工程师巡视时发现有地下水流流至槽内时，及时通知施工单位采取有效措施截流。

8) 成槽时遇到石块等地下障碍物时，应立即停止挖槽，及时采取有效措施，妥善处理后再继续挖槽。

9) 在沙性土层中，抓斗下降或上升的速度不能过快，以免造成涡流刷壁而产生局部塌方。

10) 槽段成槽结束后，质量监理工程师应立即要求挖掘机械离开槽段，以减轻槽段承压。

11) 成槽结束后，施工单位应检测槽位、槽深及壁面垂直度，质量监理工程师应会同测量监理工程师进行平行检测。

12) 成槽时用多层钢丝刷壁器，堆成上幅止水钢板街头面，上下提升来回10次以上进行刷壁，刷壁器钢丝损坏了要求及时更换。

13) 该工程采用气举反循环法清孔，气举置换槽内泥浆时，储浆池内应储备充足的优质泥浆，要保证泥浆进出基本平衡，当质量监理工程师巡逻时发现浆面低于导墙 50cm 时，应立即通知施工单位条件送浆量，必要时停止清空。

14）清孔一定时间后，施工单位测试泥浆常规指标，合格后通知质量监理工程师进行平行检测，检测合格签署《地下连续墙成槽检查记录表》后方作为完成清孔。

（3）钢筋笼制作与吊装的质量控制

1）钢筋笼制作是在平整的钢筋笼平台上完成的，在吊点处应设置纵横向桁架予以加强。在钢筋笼制作过程中，质量监理工程师加强巡视，随时检查钢筋的规格、数量、主筋间距、分布筋间距、预埋铁板及接驳器的位置规格数量、钢筋的搭接长度、钢筋笼的外形几何尺寸等指标。

2）吊放钢筋笼监控：280t 主吊和 150t 副吊抬吊钢筋笼，由人指挥协调一致，转换到副吊松扣主吊领直钢筋笼，对准入槽口。

3）按设计要求，纵向主桁架主筋搭接焊 10d，其他纵向钢筋点焊连接止水钢板满焊连接，吊放前均要仔细检查，6 级风以上和雷雨天严禁起吊。

4）起吊点的焊接质量，必须经质量监理工程师认可；施工单位专职起重工会同安全监理工程师一起检查吊具、钢丝绳、卸扣等工具，施工单位要有专人指挥起吊，以确保起吊工作安全。

5）钢筋笼内外两侧主筋配置不同，施工单位应以明显标志注明，在入槽时必须注意摆正内外两侧方向。

6）起吊由主副吊钩同时起吊，施工单位应设有专门的吊架，防止钢筋笼的变形，起吊时必须保证笼体的垂直度和水平度。

7）钢筋笼起吊前，前道工序必须经质量监理工程师验收合格后方可进行吊装。下放过程中遇到障碍，不允许强行冲击下沉。如发生槽壁土体局部凸起或坍落至槽底，必须修整壁面，并清除槽底坍土，经现场质量监理工程师验收认可后，方可再次下放钢筋笼，严禁将割短或割小的钢筋笼放入槽底有坍土的槽中。

8）钢筋笼入槽后，应检查标高是否符合设计要求。

（4）混凝土质量的控制

1）混凝土搅拌站提供混凝土的配合比应试验应经过监理工程师审核同意。

2）督促施工单位根据规范要求在钢筋笼下放后8h内浇筑混凝土，否则要求重新进行清底。

3）每幅地下连续墙混凝土要由试验监理工程师进行见证取样，抗压试块按每幅一组，抗渗试块每5幅一组。最后一幅地下墙浇筑混凝土，应增加同条件养护抗压试块2组（按设计要求地下连续墙混凝土达到100％设计强度才允许基坑开挖）。

4）混凝土浇筑时防止发生返浆、卡管、脱管等事故。

5）要求施工单位精确计算，确保混凝土的首灌量。

6）混凝土的浇筑面应高出设计标高30～50mm。

（5）吊装、顶拔反力箱的质量控制

1）为防止混凝土从反力箱墙脚外流出，要求施工单位在吊装反力箱的跟脚插入槽底土体少许。

2）为了减少反力箱开始顶拔时的阻力，可在混凝土开浇5～6h后，开始将街头管顶升一次，幅度不宜大于100mm，而后每小时顶升一次，幅度约30cm。

3）要求施工单位在确定开始顶拔反力箱的时间时，应以开始浇筑混凝土时所做的试块达到终凝状态所经历的时间为依据。一般混凝土浇筑结束后约6～8h到达终凝，可将接头管全部拔出。

4）要求施工单位在顶拔反力箱的过程中，要根据现场混凝土浇筑记录表，计算反力箱允许顶拔高度，严禁早拔、多拔。

5）反力箱由液压顶管机顶拔，履带吊协同作业，分段拆卸。

6）混凝土的浇筑面应高出设计标高30～50mm。

7）督促施工监理单位整理合同文件及施工技术档案资料。

8）按照杭州市工程建设施工阶段监理实施细则，做好监理资料的整理工作。

9）地下连续墙竣工验收资料。

（6）墙趾注浆

地下连续墙底注浆压力及注浆量应进行试验而定，墙底注浆管必须固结于钢筋笼上，起吊和浇注混凝土时，注浆管不得松动和位移，注浆喷嘴插入墙底 30cm，并不得堵塞，浆体强度必须符合设计要求。

（7）平行监理制度

根据有关规定，对该工程使用的原材料、半成品、成品设备的质量进行独立平行抽查和复验。原材料和半成品抽检率不得低于规定的施工单位自检的20%，至少不少于一批。

特制定该工程的平行监测制度：

1）钢筋按施工方的进场检验数的20%进行抽检。

2）钢筋、焊接件、钢筋机械连接件按施工方检验数的20%进行平行抽验。混凝土试块（抗压、抗渗）按施工方检验数的20%进行平行抽检。

6.3.4 深基坑开挖、支撑施工质量控制

为确保基坑支撑施工与开挖安全、高效并符合设计要求，监理将采取以下控制措施。

（1）基坑开挖前检查验收的项目必须符合要求。主要包括：基坑的测量网点布置情况、地下连续墙施工质量、地基加固、井点疏干降水、立柱桩施工、墙趾注浆、浇筑地下墙混凝土顶圈梁设计强度、支撑设备准备情况、技术交底情况、弃土地点的落实情况等方面。

（2）监理对开挖设备、人员组织、支撑材料和开挖方案等进行检查，合格后方可开挖施工。严格按照深基坑开挖与支撑施工技术要求执行，确保周边环境安全。监理将严格按照基坑开挖施工顺序设计说明提出的技术要求和批准的施工组织设计实施内容进行现场检查。

（3）钢支撑安装监理检查控制工作：

1）钢支撑应进行地面预拼装，检查其总长度、活络头长度、弯曲矢高、法兰螺栓孔是否对应等情况。

2）安装过程中，检查平面位置、竖向位置、弯曲矢高、联系杆规格、联系杆与立柱连接情况、支撑抱箍规格、抱箍与联系杆连接情况、支撑与围檩间连接构造处理情况等。

3）按照设计预加轴力，检查压力表鉴定情况、压力值、围护变形等，并进行旁站并见证。

4）拆除钢支撑前，检查下部结构混凝土强度情况，督促施工单位按照方案实施。

（4）钢围檩安装监理控制：

钢围檩安装工序中，监理要检查型钢规格、型钢质量保证资料、型钢接头焊接质量、围檩与围护墙连接构造处理情况、围檩与围护墙间空隙处理情况。

（5）土方开挖监理控制：

1）基坑内超前进行井点疏干降水，开挖前必须确保降水深度达到开挖面以下（具体降水深度参照设计方案）。

2）土方开挖必须根据设计图纸的规定进行挖土。开挖过程中应配合上道支撑系统强度或安装质量情况实施，确保基坑的安全。

3）严格执行分层分段开挖，坚持“先中间，后两端”的原则，并控制放坡情况。

4）挖土时防止超挖，水准仪随时测量挖土标高。严格控制土方开挖相邻区的土方高差。基坑开挖接近坑底200～300mm时，应配合人工清底，不得超挖或扰动基底土。

5）基坑内开挖应注意预防基坑浸泡、坍塌和滑坡等事故发生，为此要做好支撑防护工作。

6）挖至设计标高后，应立即定时测量坑底的土体回弹过程情况。

7）在开挖到底后，必须在设计规定时间内浇筑C20混凝土垫层，垫层厚200mm。

8）在基坑外挖过程中，及时分析监测数据，当监测数据达到或超过报警值时，监理单位要及时组织召开专题会议，按照预定方案实施。

9）开挖过程巡视检查的重点还包括：挖机对降水疏干井点的保护，对支撑的保护、对格构柱的保护等方面。

（6）钢筋混凝土支撑及围檩施工：

1）钢筋施工：

① 进场的钢筋必须有出厂质量保证书或试验报告单，并按规定由监理方见证人员见证取样复试，合格后方可用于该工程。

② 检查钢筋外表质量，如有严重锈蚀、麻坑等缺陷者，不得使用于该工程。

③ 钢筋成行加工应符合设计及规范要求，钢筋加工允许偏差如下：受力钢筋顺长度方向加工后的全长，允许偏差＋5mm、－10mm，弯起钢筋各部分尺寸允许偏差±20mm。

④ 钢筋安装所配置钢筋的级别、钢种、根数、位置、直径、形状等必须符合设计要求。

⑤ 钢筋接头必须错开，同一截面内主筋接头数不超过50%。

⑥ 绑扎或焊接接头与钢筋弯曲处相距不应小于 $10d$，也不宜位于最大弯矩处。

⑦ 钢筋焊接必须符合设计和规范要求，并按规定见证取样试验。

⑧ 钢筋笼制作成型位置允许偏差按表6-1的要求验收。

钢筋笼制备质量要求表 **表6-1**

项 次	项 目	允许偏差(mm)
1	两排以上受力钢筋排距	±5
2	同一排受力钢筋间距	±10
3	钢筋弯起点位置	±20
4	箍筋、横向钢筋间距	±20

⑨ 箍筋加密区的长度和负弯矩钢筋升入跨中的长度应符合设计图纸和设计交底要求。

⑩ 围檩绑扎钢筋时做好预留内衬墙向上及向下的插筋。

⑪ 地下墙凿毛后，绑扎围檩钢筋前或放置箍筋后按照防水图纸要求，仔细做好防水处理。

⑫ 混凝土主筋保护层厚度满足要求。

2）模板工程：

① 利用挖土形成的土胎模施工时，应是夯实后的原状土，没

有积水，土层的表面搁置12mm夹层板后，便可绑扎钢筋。

② 若局部需要要架立模板施工时，模板下方的钢管脚手支架和纵横方木搭设应按专项方案施工。

③ 模板拼装面应平整光洁，接缝严密不漏浆；模板支撑牢固，不得松动及跑模或产生超标准的变形；模内必须洁净。

④ 拼装模板允许偏差如表6-2所示。

拼装模板允许偏差 **表6-2**

项 次	项 目	允许偏差(mm)
1	同层支撑中心标高差	≤30
2	同一根支撑两端标高差	≤20
3	模板内部尺寸	+8 －5
4	相邻模板高差	2
5	模板表面平整度	5
6	支撑与立柱轴线偏移	≤50
7	支撑水平轴线偏移	≤30

⑤ 围檩立模时应预留内衬墙混凝土捣孔。

⑥ 素混凝土垫层标高和强度应满足设计要求。

3）混凝土施工：

① 混凝土浇筑前，监理人员应检查混凝土配合比设计资料和送料单是否符合设计及施工规范要求。

② 混凝土浇筑过程中，监理人员实行旁站监督，平行检查，并在浇筑地点取样试验。

③ 混凝土浇筑、下料、振捣、平仓、养护施工应符合设计与施工规范要求。

④ 督促承建方按施工组织设计要求，搞好冬（雨）期施工措施。

⑤ 严禁现场采用外加水的方式调整混凝土级配。

⑥ 应多留试块同条件养护，达到符合设计及施工规范要求后，方可向下挖土。

⑦ 开挖和支撑应注意顺序。

6.3.5 主体结构施工

1. 垫层施工监理

(1) 基坑挖到标高后，监理先对基坑尺寸、标高进行测量检查，对坑底土质进行检查，对坑底持力层（原状土）验收合格的基础上再浇筑垫层。

(2) 垫层施工完毕后，要做到表面平整、坚硬、干燥、洁净。

(3) 特别要注意控制好垫层浇筑的标高，不允许高出底板底面。

2. 模板工程监理控制

(1) 模板支架、扣件和对拉螺栓等配件，要达到坚固可靠和刚度要求，模板支架有足够的承载力和稳定性，特别是对拉螺栓须与围护体可靠焊接。

(2) 对于梁板模板安装，均应进行起拱，以抵消在施工混凝土自重、施工人员、设备等荷载作用产生的挠度。

(3) 模板必须支撑牢固，不得松动、跑模、超标准的变形下层，模板应定线准确，拼缝严密，不得漏浆，模内必须洁净。

(4) 模板安装、预埋件、预留孔允许偏差的检查验收，按照设计和施工规范进行。

3. 钢筋工程监理控制

(1) 根据进场钢筋的厂标、钢号、炉灌号、批号、直径等标记的标排及附有的质量证明书分批进行验收，并进行原材料复试。

(2) 对钢筋进行外观质量检查，检查其表面是否有裂纹、结疤、折叠等。

(3) 对进口钢筋要分别作物理和化学试验。

(4) 对焊接接头进行外观检查并进行机械性能送检试验。

(5) 按照设计和施工规范要求，对现场钢筋绑扎制作、连续、安装进行检查验收。

4. 预埋件安装监理控制

结构预埋件安装，种类多样，其中在工作井前端内衬墙安装与盾构出洞相配套的钢洞圈是该工程的重点工序。该工程洞门钢圈直径为 15830mm，由于横跨两道围檩，钢环必须结合基坑开挖步骤及内部结构施工顺序分块安装，拟等分4块。

钢洞圈安装位置的准确与否，对盾构出洞轴线位置的准确性以及盾构出洞的难易等影响重大，因此在钢洞圈安装前和安装过程中，应对以下问题加以关注并进行严格控制：

（1）对盾构出洞洞门中心进行再次的设计方确认，避免盾构出洞起始点理解上的不一致而引起依据性误差，从而导致一系列下一步工作上的失误。

（2）大直径的盾构洞门圈一般分块安装，因此在分块安装前，将对每一块的安装位置进行放样量测，以保证分块安装的准确性。

（3）整个洞门圈安装完毕后，将对整个洞门圈的整圆度进行测量、计算，使盾构刀盘与洞门圈四周的间隙做到心中有数。

（4）洞门圈安装完毕后应考虑整个内衬墙下沉或上浮给钢洞圈位置变化带来的不利影响。在测量条件具备的情况下对洞门圈进行测量、复核。

5. 浇筑混凝土监理控制

（1）混凝土浇筑前，必须做好标高控制桩，监理进行复测。

（2）混凝土到工地后，需核定配合比通知单、出厂合格证明书，并在现场作坍落度测试。

（3）整个建筑过程监理将实施旁站工作。同时按照浇筑计划（有时设定分层分段）实施控制，做到不过振、不漏振，按照方案对照施工缝设置情况。

（4）按照要求随即留置混凝土抗渗、抗压试块。

（5）监督检查结构现场养护工作。

（6）按照规范规定，做好混凝土质量评定工作。

6. 结构防水监理

根据设计文件，该试验井项目工程在地下结构防水施工方面涉及的内容有：结构顶底板防水层施工、聚氨酯涂膜防水层施工、水平和垂直施工缝防水施工、变形缝（诱导缝）防水施工、降水井及观测井穿底板防水施工、立柱桩穿底板防水施工等内容。针对不同防水施工，监理均将采取检查与隐蔽验收的措施，具体如下：

（1）结构顶底板防水（双面自粘式）铺设防水卷材隔离层工序

作业中，隔离层材质应符合设计要求，材料搭接宽度应符合施工规范要求。

(2) 特殊部位涂刷水泥基结晶防水材料时，应进行基层处理检查验收，涂刷范围、材料使用、涂层厚度等，对照设计要求和施工规范进行检查。

(3) 橡胶止水带安装工序，监理要核查止水带质量保证资料，使用前要进行施工单位抽检和监理单位的复检，现场检查的重点是安装位置、固定方式、接头构造处理等，均应符合设计和施工规范要求，严禁破损情况。

(4) 水平和垂直施工缝钢板止水带安装，要检查验收钢板厚度、宽度、接头焊接质量、埋设位置、固定方式、施工缝表面凿除等方面均应符合设计和施工规范要求。

(5) 施工缝敷设止水条作业，要检查施工缝表面凿除清理情况，使用资料及复试合格的止水材料。止水条敷设位置、固定方式等方面，按照设计和施工规范要求检查，特别注意禁止使用已膨胀变形的止水材料。

(6) 涂刷顶板（暗埋段）防水层方面，要检查基层处理情况、诱导缝嵌防水腻子的检查验收，阳角及阴角的处理、诱导缝处附加的防水层、涂刷范围、材料使用、涂层厚度等方面，检查验收均应符合设计和施工规范要求。

(7) 立柱桩穿底板防水施工时，检查验收水泥基渗透结晶防水涂料、遇水膨胀橡胶条、双面自贴式高分子防水材料、聚合物水泥防水砂浆、钢板止水带等均应符合设计和规范要求。

(8) 降水井及观测井穿底板防水施工时，监理将检查验收缓膨胀止水条的安装、钢板止水环安装、过底板套管安装、防水水泥砂浆等质量均应符合设计和规范要求。

6.3.6 基坑立柱桩施工监理

1. 立柱桩施工事前质量控制

(1) 熟悉设计图纸及有关技术规范的要求。

(2) 参加设计交底，组织监理工作交底会议。

(3) 审核施工单位报送的钻孔灌注桩施工组织设计。

(4) 对进场钢筋按每60t为一批(同一规格,同一炉号、同一批号)进行监理见证取样送检,合格后方可用于该工程。

(5) 对进场的格构柱、电焊条,要求施工单位提供供应单位资质、出厂质保书,经监理工程师审核同意后,方可用于该工程。

(6) 对钢筋的电弧焊接头进行监理见证取样送检,检测报告交监理工程师审核同意后,方可用于该工程。

(7) 施工单位提供商品混凝土供应单位资质及混凝土配合比试验,经监理工程师审核同意后,方可用于该工程。

(8) 检查施工单位质保体系管理网络及特殊工种作业人员持证上岗情况。

(9) 桩位放线后,需经测量监理工程师复核同意后,方可使用。

2. 立柱桩施工中的质量控制

(1) 护筒埋设应垂直,埋设完成后质量监理工程师进行复测。下沉厚顶面中心应与设计桩位偏差不得不大于2cm,同时倾斜度不小于0.5%,护筒内径应比孔径大10cm。

(2) 钻机安装就位后,底座和顶端应平稳,在钻进过程中不应产生位移和沉陷。钻机顶部的起吊钢索和转盘中心应在同一垂直度上,监理人员应检查其偏差不得大于2cm。

(3) 钻孔过程中,经常测定和控制泥浆的有关指标,泥浆性能控制指标如表6-3所示。

泥浆参数指标 **表6-3**

	黏度(Pa·s)	比重(kg/m³)
成孔泥浆	16~22	1.05~1.20
一清泥浆	18~20	<1.15
二清泥浆	18~20	<1.06

(4) 成孔过程中孔内泥浆面应保持稳定,液面应高于地下水位且不低于自然地面30cm。

(5) 成孔完成后,施工单位检测孔径、孔深、孔壁垂直度。

(6) 清孔应在终孔检查后随即进行,不得隔时过久,以至泥浆、钻渣的沉淀增多，造成清孔工作的困难，甚至坍孔。在下放钢筋笼和灌注混凝土的导管安装完毕后再进行第二次清孔。

(7) 第二次清孔后，施工单位应测量泥浆比重和沉渣厚度，沉渣厚度应小于10cm，监理人员进行测定或见证，签署《钻孔灌注桩成孔质量检查记录》。在浇筑混凝土前，沉渣超厚时，应重新清孔，直至沉渣厚度控制在允许范围内。

(8) 在钢筋笼制作过程中，质量监理工程师加强巡视，随时检查钢筋的规格、数量、主筋间距、分布筋间距、钢筋的搭接长度、钢筋笼的外形几何尺寸等指标。

(9) 钢筋笼制作完成后，经施工单位三级检查后，填写《隐蔽工程检查记录》，提交质量监理工程师验收，验收合格后方可进入下道工序施工。

(10) 钢筋笼起吊前，要验收合格后方可进行起吊。下放过程中遇到阻碍，不得强行下放。

(11) 钢筋笼起吊前，前道工序必须经质量监理工程师验收合格后方可进行吊装。下放过程中遇到障碍，不允许强行冲击下放。如发生孔壁土体局部凸起或坍落至孔底，必须修整壁面，并清除孔底坍土，经现场质量监理工程师验收认可后，方可再次下放钢筋笼，严禁将割短或割小的钢筋笼放入槽底有坍土的孔中。

(12) 钢筋搭接长度及焊缝质量经施工单位自检合格，监理验收同意后方可吊放入孔。

(13) 混凝土浇筑过程质量控制：混凝土搅拌站提供的混凝土配合比报告应经试验监理工程师审核同意；水封管应进行压力检查；要求施工单位精确计算确保混凝土的首灌量；浇筑工作应连续进行，中途停顿不得超过30min；浇筑过程中检查施工单位人员的到位情况，质量监理人员实施旁站监督并进行记录；测定坍落度。

3. 立柱桩施工后的质量控制

(1) 督促施工单位整理竣工文件及施工技术档案资料。

(2) 按照公路工程建设施工阶段监理实施细则，做好监理资料的整理工作。

(3) 整理钻孔灌注桩竣工验收资料。

6.3.7 监测监理工作

1. 施工准备阶段

(1) 审查施工单位提出的监测施工方案，审查其是否满足设计提出的要求。

(2) 审核施工单位及测量人员的资质。

(3) 审核施工单位、检测单位使用的测量仪器设备的鉴定有效性。

(4) 在设计交底以及监理实施细则编写后，组织技术交底。

2. 施工阶段

(1) 督促并检查监测单位，严格按照检查方案实施。

(2) 监督监测单位执行监测报警制度。

(3) 定期对监测单位使用的测量仪器设备的鉴定有效性进行检查。

(4) 定期对各监测点位进行状况检查，发现问题应督促监测单位进行及时修复。

(5) 分析每日报表，根据工程的进展和发生的特殊情况，提出应增加监测项目、监测频率和监测点的布设建议，并应督促监测单位抓紧落实。

3. 竣工验收阶段

(1) 督促施工单位按时完成监测工作总结。

(2) 审查监理单位提交的竣工验收相关资料。

6.4 现场风险监控要点

6.4.1 流砂与管涌

江中段、江南段浅部均属饱和粉、砂性土，基坑开挖时，由于坑内外存在水头差作用，产生较大的动水压力，在渗透水流作用下，土中的细颗粒被冲走，使土的孔隙不断扩大，从而渗流速度不断增加，较粗的颗粒也随之相继被流水带走，最终逐渐形成管状渗流通道，即管涌现象。当产生的动水力坡度大于砂土层的极限水力坡度时，砂土颗粒就会处于悬浮状态，在水动力作用下形成流砂现象。

流砂、管涌的防治措施包括：采用井点降水降低坑内外水位差，设置搅拌桩或旋喷桩等止水帷幕形成连续的止水支护结构，防止流砂、管涌的发生。

6.4.2 纵坡失稳

在长条形基坑开挖工程中保证纵向土坡稳定是至关重要的，一旦土坡坍塌，就可能冲断横向支撑并导致基坑挡土墙失稳，酿成灾害性事故。

纵坡失稳的原因一般包括：基坑开挖放坡不够；基坑边坡顶部超载或由于震动，造成滑坡；施工方法，开挖程序不正确；超标高开挖；排水不够。

纵坡失稳的对策：深基坑开挖时，严格遵循“时空效应”，坚持“分层、分段、对称、平衡”的原则。土层要按土层性质，确定安全坡度，使纵向放坡坡度要小于安全坡度；坡顶超载时，应相应增大放坡比；针对季节性降水及暴雨，期间应加强排水与护坡。

6.4.3 坑底隆起

支护结构插入土体的深度不够，被动土压力过小，支护结构的稳定性差，导致基坑坡脚滑动，基坑底部大面积隆起。

坑底隆起的对策：及时安装最下面支撑，减小基坑暴露面；在最下层开挖过程中分部开挖、分部浇捣快凝混凝土垫层；必要时进行被动区加固。

6.4.4 支撑体系失稳

支撑失稳的主要表现形式：支撑偏心受力，挠曲失稳；斜撑节点滑移失稳；立柱隆起导致失稳。

对策：及时检查发现支撑轴线偏差、支撑（尤其是钢支撑）节点浇筑或安装质量问题以及挖土过程中的碰损情况，结合监测数据，及时对支撑轴线进行校正，对节点进行加固，对立柱进行保护。

第7章　深基坑工程相关专题研究

7.1　钱江隧道江南工作井基坑优化设计研究

基坑支护工程是集岩土工程与结构工程为一体的系统工程，涉及的影响因素多，而且各种因素之间的相互作用比较复杂。在基坑支护结构设计和施工过程中，重点要解决两方面的问题：一要确保基坑工程的安全与稳定；二要将基坑工程施工对环境的影响减少到最低和环境可容许的程度。因而要求对基坑支护结构的设计、施工过程进行多方案的综合比较。本节采用数值模拟分析方法，以钱江隧道江南工作井为研究对象，在研究主要因素对基坑支护结构内力与变形影响的基础上，提出基坑支护结构优化设计建议，并且对具有不同地质条件和相同结构形式的江北工作井基坑设计提出合理化建议。

围护结构变形的主要影响因素有：

(1) 地下连续墙的插入比；

(2) 地下连续墙的厚度；

(3) 地下连续墙各道支撑的刚度；

(4) 地下连续墙支撑道数；

(5) 土体加固深度。

在以上工作的基础上，对支撑轴力、地下连续墙弯矩、地下连续墙位移、地表位移的数据进行分析，研究其随影响因素变化的规律，确定相对优化的设计取值范围，为今后钱江流域超深基坑的设计提供建议。

7.1.1　江南工作井基坑数值模型建立及参数选取

1. 基坑优化模型（图7-1）

2. 模型的参数选取（表7-1）

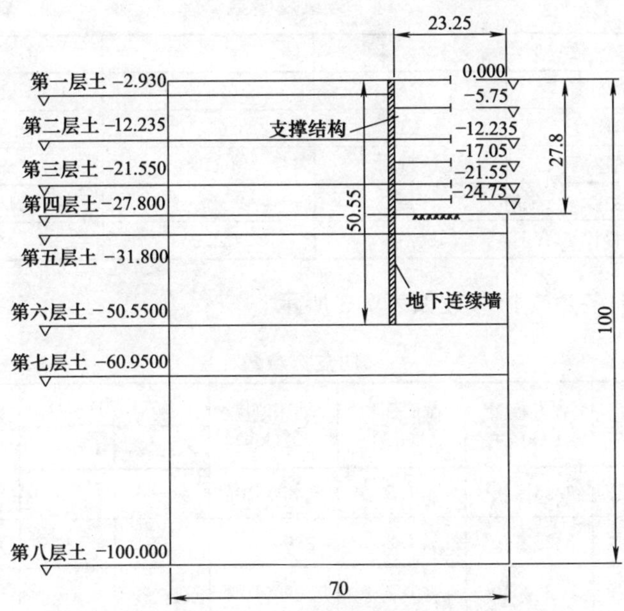

图 7-1 PLAXIS 基坑优化模型

模型土层参数 **表 7-1**

土层次序	土层层号	名称	各层底标高(m)	E(kPa)	μ	黏聚力 C (kPa)	内摩擦角 φ(°)	ρ (kN/m³)
1	①-1	素填土	−2.93	23000	0.3	4.7	27.4	19.41
2	③-1	砂质粉土	−12.235	27000	0.33	5.0	28.1	19.50
3	③-2	粉砂	−21.55	23000	0.31	5.3	29.2	19.90
4	④-2	淤泥质粉质黏土	−27.8	12000	0.42	16.7	10.8	18.00
5	⑤-3	黏质粉土	−31.8	21000	0.32	13.0	21.0	19
6	⑤-4	粉质黏土	−50.55	45000	0.33	23.9	15.0	18.7
7	⑥-3	粉质黏土	−60.95	48000	0.34	24	16	18.52
8	⑦	粉砂	−100	69000	0.31	6	29	19
		加固地层		100000	0.28	30	30	22

地下连续墙参数如表 7-2 所示。

地下连续墙参数 表 7-2

参　数	名　称	数　值	单　位
轴向刚度	EA	3.575×10^{7}	kN
抗弯刚度	EI	3.6×10^{6}	kNm^2
等效厚度	D	1.1	m
容重	ρ	25	kN/m^3
泊松比	μ	0.2	

横向各道支撑参数如表 7-3 所示。

横向支撑参数 表 7-3

	弹性模量 E(kPa)	截面面积 $A(m^2)$	轴压刚度 EA(kN)	最大内力(kN)		标高 (m)
				$F_{max,comp}$	$F_{max,tens}$	
第一层支撑	3.25×10^{7}	1.8	5.85×10^{7}	—	—	0
第二层支撑	3.25×10^{7}	1.2	3.9×10^{7}	—	—	−5.75
第三层支撑	3.25×10^{7}	1.2	3.9×10^{7}	—	—	−12.235
第四层支撑	3.25×10^{7}	1.43	4.7×10^{7}	—	—	−17.05
第五层支撑	3.25×10^{7}	1.3	4.3×10^{7}	—		−21.55
第六层支撑	3.25×10^{7}	1.3	4.3×10^{7}	—	—	−24.75

3. 模拟支撑开挖工况

第一步：模拟施工地下连续墙，加固底层进行加固；

第二步：模拟施工第一层支撑，开挖 0～−5.75m；

第三步：模拟施工第二层支撑，开挖−5.75～−12.235m；

第四步：模拟施工第三层支撑，开挖−12.235～−17.05m；

第五步：模拟施工第四层支撑，开挖−17.05～−21.55m；

第六步：模拟施工第五层支撑，开挖−21.55～−24.75m；

第七步：模拟施工基坑部第六层支撑，开挖基坑部分−24.75～−27.8m；

第八步：模拟底板的施工。

7.1.2 数值模拟与优化分析

采用变量控制法，在其他参数不变的情况下，改变某个设计参数后得到的优化结果。

1. 地下连续墙插入比的优化

地下连续墙的插入比分别选取为 0.7、0.8、0.9、1.0、1.1、1.2 六种情况，进行数值分析对比。

(1) 各道支撑最大轴力随地下连续墙的插入比的变化

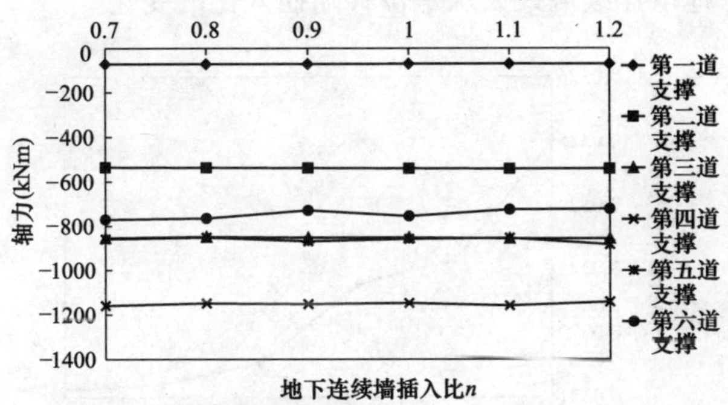

图 7-2 各支撑最大轴力随地下连续墙插入比的变化

由图 7-2 可知，不同插入比下，各支撑轴力随工况变化的趋势是相同的。另外，第四道支撑所承受的轴力最大，各支撑最大轴力随插入比的变化如图 7-2 所示。插入比对支撑轴力的变化影响较小，轴力最大变化为第六道支撑，减小值为 50kN，减小幅度仅仅为 6.4%。

(2) 地下连续墙的最大弯矩随插入比的变化

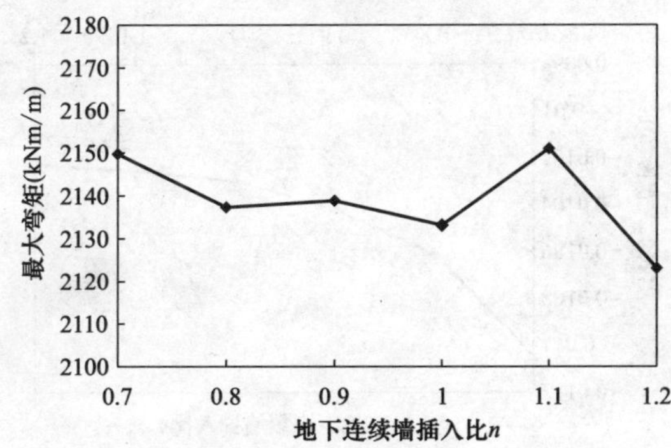

图 7-3 地下连续墙最大弯矩随插入比的变化

由图 7-3 可以得出，地下连续墙最大弯矩随插入比的增大而呈减小趋势，在插入比为 0.7 时弯矩最大，为 2150kNm/m，插入比为 1.2 时地下连续墙弯矩最小，为 2123kNm/m。最大弯矩值变化在 30kNm/m 以内，最大减小幅度为 1.3%，因此插入比的变化对最大弯矩值的影响较小。

（3）地下连续墙最大水平位移随插入比的变化

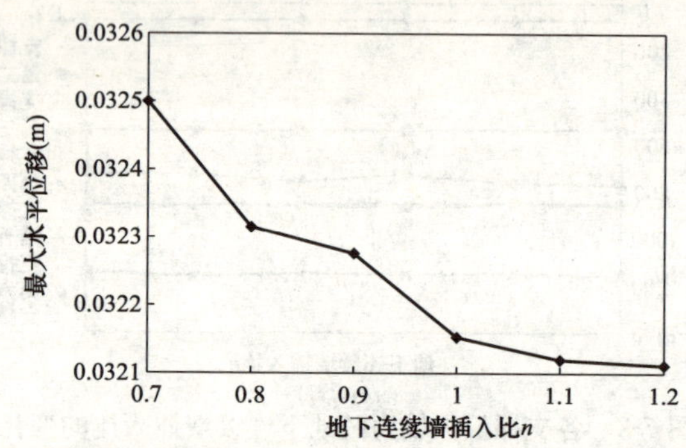

图 7-4 地下连续墙最大水平位移随插入比的变化

由图 7-4 可知，地下连续墙的最大水平位移随插入比增大呈减小趋势，且变化范围相对较小，其中在插入比为 0.8 时，地下连续墙的最大水平位移为 32.5mm，插入比为 1.2 时，地下连续墙最大水平位移为 32.1mm，减小幅度仅为 1.2%。

（4）地表沉降随插入比的变化

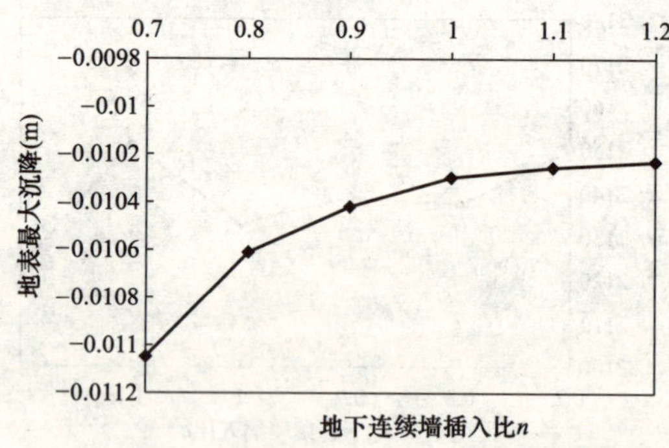

图 7-5 地下地表最大沉降随插入比的变化

由图 7-5 可知，在插入比取 0.8～1.2 时，地表沉降随着插入比的增大而减小，插入比为 0.7 时，地表最大沉降为 11mm，插入比为 1.2 时，地表最大沉降为 10mm，减小幅度为 9%。

（5）基坑稳定系数 K 随插入比的变化

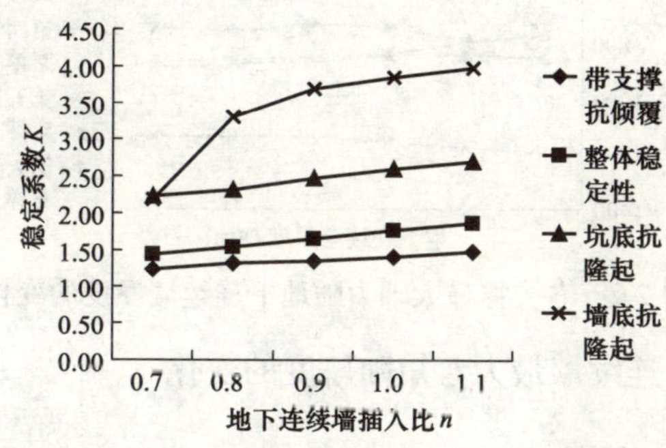

图 7-6 稳定系数随插入比的变化

由图 7-6 可知，整体稳定性、坑底抗隆起在各个插入比情况下都满足要求，墙底抗隆起、带支撑抗倾覆在插入比为 0.7 时不满足要求，在其他插入比的情况下满足要求。

根据以上 5 种情况的综合分析得知，插入比对支撑内力、地下连续墙最大弯矩、地下连续墙最大侧移、地表最大沉降的影响都相对较小。因此，在优化插入比参数时，主要以考虑基坑的稳定性和规范要求为主。并基于其他参数值不变的条件下，建议地下连续墙的插入比不得小于 0.8。

2. 地下连续墙厚度的优化

地下连续墙的厚度分别选取 0.8m、0.9m、1.0m、1.1m、1.2m、1.3m 六种情况进行数值分析对比。

（1）各支撑最大支撑轴力随地下连续墙厚度的变化

由图 7-7 可知，随着地下连续墙厚度的不断增加，第一、三道支撑内力没有出现明显变化；第二、五道支撑内力有逐渐变大的趋势，其变化范围在 100kN 以内；第四、六道支撑内力有逐渐变小的趋势，变化范围也在 100kN 以内；其中第二道支撑内力相对变化较大，达到 23%之多。

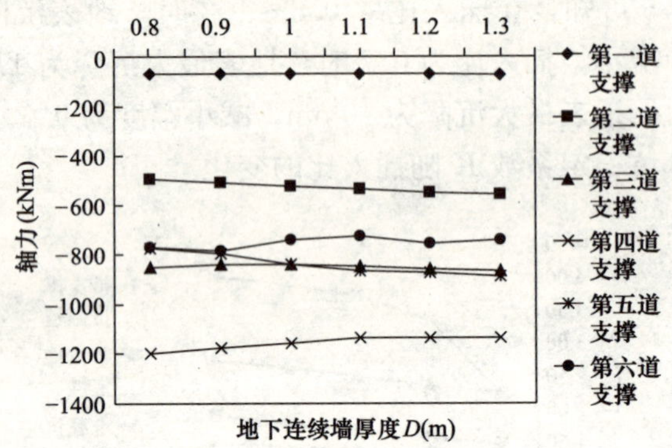

图 7-7 各支撑最大轴力随地下连续墙厚度的变化

(2) 地下连续墙最大弯矩随厚度的变化

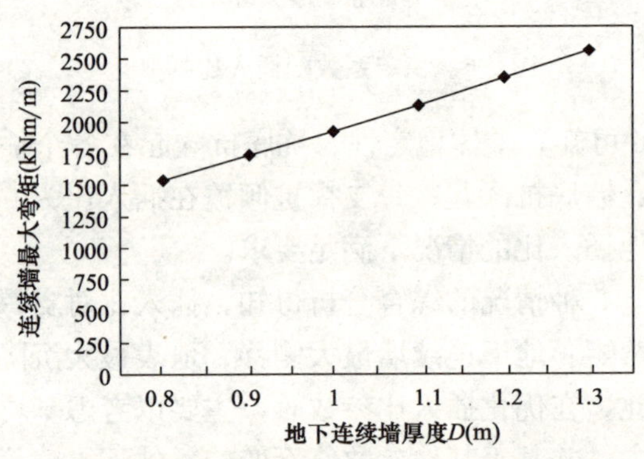

图 7-8 地下连续墙最大弯矩墙厚度的变化

由图 7-8 可知，地下连续墙最大弯矩值随着墙体厚度的增大而增大，基本呈线性关系。厚度取 0.8m 时，最大弯矩值是 1500kNm/m；厚度取 1.3 时，最大弯矩值为 2550kNm/m，最大弯矩值随地下连续墙厚度的变化比较明显，增长幅度达到 65%。

(3) 地下连续墙最大水平位移随厚度的变化

由图 7-9 得知，连续墙的水平位移随墙体厚度的增加而不断减小。地下连续墙的厚度为 0.8m 时，最大水平位移为 40mm；地下连续墙的厚度为 1.3m 时，最大水平位移为 29mm。最大水平位移变化超过了 10mm，减小幅度达到 28%。但地下连续墙厚度为

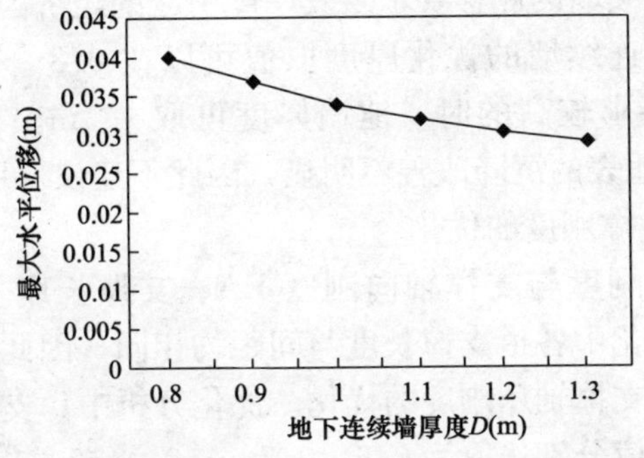

图 7-9 地下连续墙最大水平位移随墙厚度的变化

0.8m 时，最大水平位移为 40mm，0.9m 时，最大水平位移为 36.8mm，均超过或接近位移控制值 37.5mm，因此建议该基坑地下连续墙厚度 $D\geqslant 1$m。

（4）最大地表沉降随地下连续墙厚度的变化。

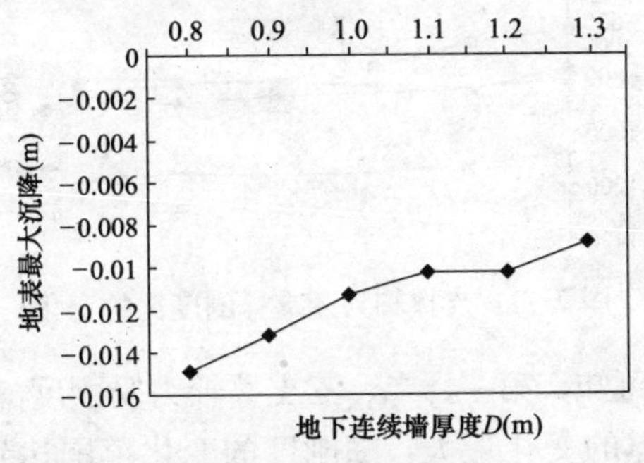

图 7-10 地表最大沉降随墙厚度的变化

由图 7-10 可知，地表最大沉降值随墙体厚度的增大而减小，地下连续墙厚度为 0.8m 时，地表最大沉降 15mm；地下连续墙厚度为 1.3m 时，地表最大沉降 9mm，减小幅度达到 40%。

综上所述，地下连续墙厚度对支撑内力影响不大，但是对地下连续墙最大弯矩值、地下连续墙最大水平位移、地表最大沉降等都有相当明显的影响。因此，地下连续墙厚度为一个主要的参数优化对象。结合地下连续墙最大弯矩图和地下连续墙最大水平位移图可知，地墙厚度越小，弯矩值也小，但是水平位移增大，因此须根据基坑对地下连续墙的侧移要求及其厚度引起的经济因素进行综合考虑优化。地下连续墙的优化厚度取值可以在 0.8～1.1m 范围内，当周围环境要求较高的时，地墙厚度可取 1.1m。在地墙取值为 1.2m 时，对地表的沉降改善不明显，因此不建议取用。

3. 各道支撑刚度的优化

由于支撑刚度与支撑轴向刚度 EA、支撑长度及分布间距相关，而本次优化中各道支撑长度与间距均相同，因此，各道支撑刚度的优化即为支撑轴压刚度的优化。优化分析中，支撑刚度与实际支撑刚度的比值分别选取为 0.6、0.8、1.0、1.2、1.4、1.6。

(1) 各道支撑最大轴力随支撑刚度的变化

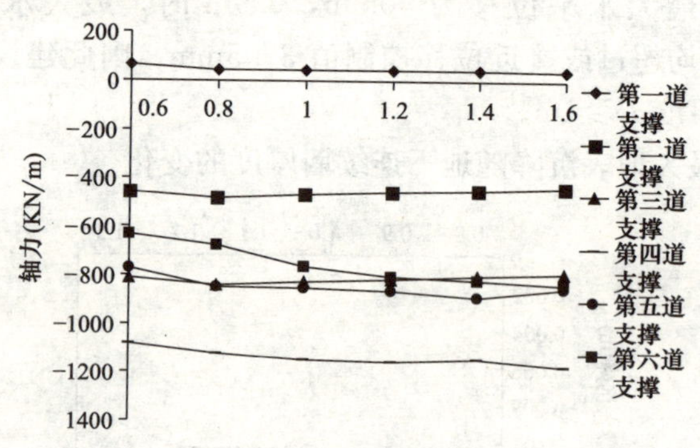

图 7-11 支撑轴力随支撑刚度比的变化

由图 7-11 可知，第一、二、三支撑轴力受刚度的变化的影响不大，第六道支撑的变化最大，随刚度的变化范围达到了 200kN/m，增长幅度达到 32%。

(2) 地下连续墙最大弯矩随支撑刚度的变化

由图 7-12 可知，比值为 0.6 和 0.8 时，地下连续墙的最大弯矩变化不大；比值为 1.4 和 1.6 时，地下连续墙的最大弯矩有轻微的变化；比值在 0.8、1.0、1.2、1.4 之间时，地下连续墙的最大弯矩呈下降趋势，变化范围在 150kNm/m 之内，减小幅度达到 6.8%。

(3) 地下连续墙最大水平位移随支撑刚度的变化

由图 7-13 可知，地下连续墙水平位移随着支撑刚度的增加而

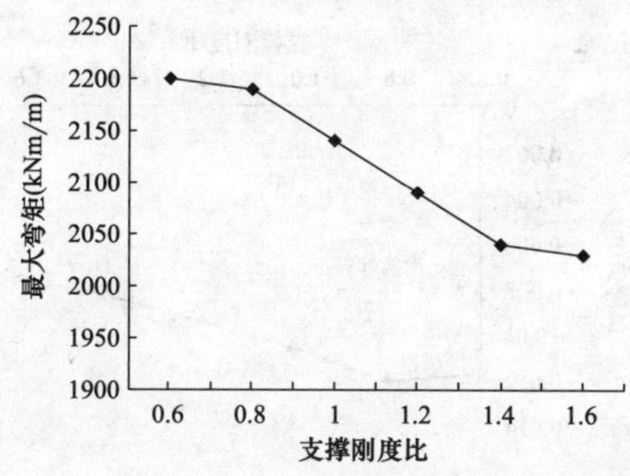

图 7-12 地下连续墙最大弯矩随支撑刚度比的变化

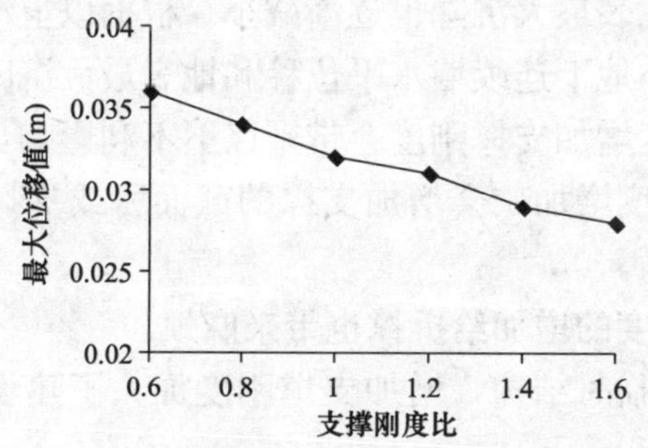

图 7-13 地下连续墙最大水平位移随支撑刚度比的变化

减少，从刚度为 0.6EA 时的最大水平位移值 37.6mm 到 1.6EA 时的最大水平位移 28mm，基本呈线性减少的变化趋势，减小幅度达到 22%。而当支撑刚度减小到原来的 0.6 倍时，最大水平位移达到 36mm，接近 37.5mm 的控制值。因此，不建议将支撑刚度减小到原来的 0.6 倍。

（4）地表沉降随支撑刚度的变化

由图 7-14 可知，支撑刚度对地表的沉降影响较为明显，支撑刚度为 0.6EA 时，最大沉降为 11.8mm；支撑刚度为 1.6EA 时，最大地表沉降为 7.49mm，减小幅度达到 37%。

综上所述，支撑刚度对个别支撑有一定的影响，对其他支撑基本无影响；当比值在 0.8～1.4 之间时，支撑刚度对地下连续墙的弯矩有明显影响；随着支撑刚度的增加，地下连续墙的最大水平位

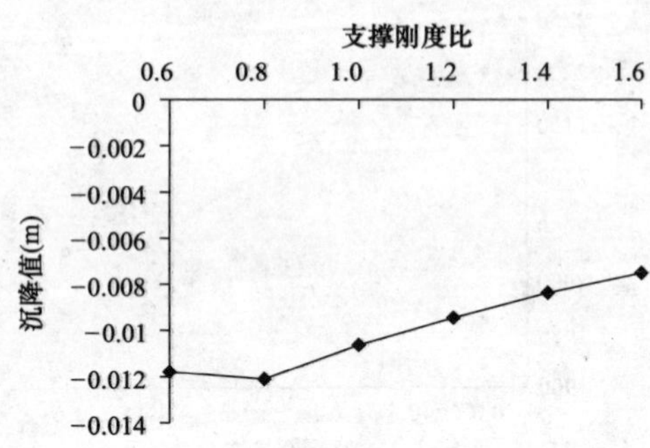

图 7-14 地表最大沉降随支撑刚度比的变化

移逐渐减小，地表最大沉降也逐渐减小。根据以上结论可知，增加支撑刚度对减小地下连续墙水平位移和地表最大沉降具有较为明显的作用。但过度增加支撑刚度会带来以下不利影响：

1）支撑刚度增加，会增加支撑的截面积或支撑密度，给后续的挖土带来麻烦。

2）支撑刚度的增加给拆撑也带来麻烦。

3）支撑为临时结构，增加支撑刚度加大了建设成本，形成了浪费。

因此，建议原支护结构支撑刚度可优化调整到原支撑刚度的0.8倍。

4. 地下连续墙支撑道数的优化

对于支撑道数的优化，模拟中分别选取了四道支撑、五道支撑、六道支撑、七道支撑和八道支撑方案进行分析对比。表7-4～表7-8所示为拟定的不同支撑道数的具体布置方案。

四道混凝土支撑方案 **表 7-4**

四道混凝土支撑方案				
	第一道	第二道	第三道	第四道
标高(m)	0	−8	−16	−23
轴压刚度 EA(kN)	5.85×10^{-7}	5.85×10^{-7}	5.85×10^{-7}	5.85×10^{-7}
支撑间距(m)	10	10	10	10

五道混凝土支撑方案 **表 7-5**

五道混凝土支撑方案					
	第一道	第二道	第三道	第四道	第五道
标高(m)	0	−7	−13.5	−20	−24
轴压刚度 EA(kN)	5.85×10^{-7}	4.875×10^{-7}	4.875×10^{-7}	4.875×10^{-7}	4.875×10^{-7}
支撑间距(m)	10	10	10	10	10

六道混凝土支撑方案 **表 7-6**

六道混凝土支撑方案						
	第一道	第二道	第三道	第四道	第五道	第六道
标高(m)	0	−5.75	−12.235	−17.05	−21.55	−24.75
轴压刚度 EA(kN)	5.85×10^{-7}	3.9×10^{-7}	3.9×10^{-7}	4.7×10^{-7}	4.3×10^{-7}	4.3×10^{-7}
支撑间距(m)	10	10	10	10	10	10

七道混凝土支撑方案 **表 7-7**

七道混凝土支撑方案							
	第一道	第二道	第三道	第四道	第五道	第六道	第七道
标高(m)	0	−5	−10	−14	−18	−21.55	−25
轴压刚度 EA(kN)	5.85×10^{-7}	3.25×10^{-7}	3.25×10^{-7}	3.9×10^{-7}	3.9×10^{-7}	3.25×10^{-7}	3.25×10^{-7}
支撑间距(m)	10	10	10	10	10	10	10

八道混凝土支撑方案 **表 7-8**

八道混凝土支撑方案								
	第一道	第二道	第三道	第四道	第五道	第六道	第七道	第八道
标高(m)	0	−4	−8	−11.5	−15	18.5	22	25
轴压刚度 EA(kN)	5.85×10^{-7}	2.93×10^{-7}	2.93×10^{-7}	2.93×10^{-7}	3.9×10^{-7}	3.9×10^{-7}	2.93×10^{-7}	2.93×10^{-7}
支撑间距(m)	10	10	10	10	10	10	10	10

(1) 不同支撑道数下，最大支撑轴力的变化

最大支撑轴力的变化 **表 7-9**

	四道	五道	六道	七道	八道
最大轴力值(kN/m)	1535	1403	1169	957	864

从表7-9中可以得出，不同支撑布置情况下开挖过程中的支撑最大轴力值，可以看出最大支撑轴力值随着支撑道数的增加而减少，从四道撑时的最大轴力1535kN减小到八道撑时的864kN，减小幅度为44%。

（2）不同支撑道数下，地下连续墙最大弯矩的变化

地下连续墙最大弯矩变化 **表7-10**

	四道	五道	六道	七道	八道
最大弯矩值(kNm/m)	2474	2396	2384	2215	2193

表7-10中是不同支撑布置情况下开挖过程中的地下连续墙最大弯矩值。可以看出，地下连续墙最大弯矩值随着支撑道数的增加而减少，从四道撑时的最大弯矩值2474kNm/m到八道支撑时的最大弯矩值2193kNm/m，减小幅度达到11%。

（3）不同支撑道数下，地下连续墙最大水平位移的变化

地下连续墙最大水平位移变化 **表7-11**

	四道	五道	六道	七道	八道
最大水平位移值(mm)	39.3	36.8	33.4	32.1	31.8

表7-11中是不同支撑布置情况下开挖过程中的地下连续墙最大水平位移值。可以看出，最大地下连续墙水平位移随着支撑道数的增加而减少，从四道撑时的最大水平位移39.3mm减小到八道支撑时的最大水平位移31.8mm，减小幅度达到19%。而当支撑道数为四道时，地下连续墙最大水平位移达到39.3mm，超过控制值37.5mm，因此，不建议将支撑设置为四道。

（4）不同支撑道数下，最大地表沉降的变化

最大地表竖向值 **表7-12**

	四道	五道	六道	七道	八道
最大地表竖向值(mm)	−16.25	−13.32	−10.73	−9.69	−9.24

表7-12中是不同支撑布置情况下开挖过程中的最大地表沉降值。可以看出，随着支撑倒数的增加，地表沉降逐渐减小，四道支撑时最大沉降值为16.25mm，而八道支撑时最大沉降为9.24mm，

减小幅度达到43%。

(5) 不同支撑道数下，基坑稳定系数的变化

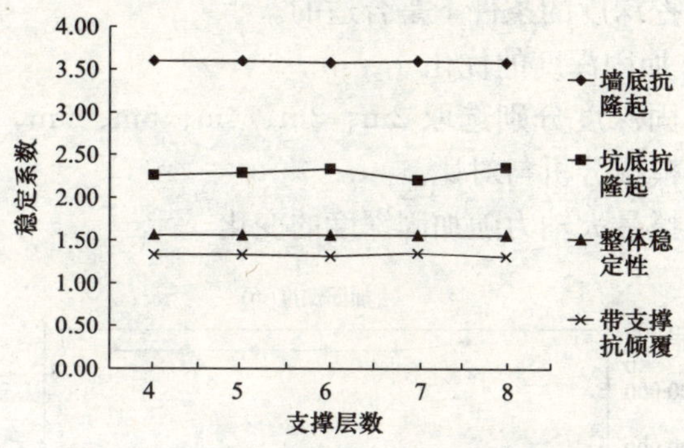

图 7-15 稳定系数随支持层数的变化

从图 7-15 中可以看出，基坑的整体稳定性、坑底抗隆起、墙底抗隆起、带支撑抗倾覆稳定性在不同的支撑层数情况下均满足要求。

综上可以得出：

(1) 随着支撑道数的增加，(最大) 支撑轴力有变小的趋势，减小幅度为44%。

(2) 随着支撑道数的增加，(最大) 地下连续墙弯矩有变小的趋势，减小幅度为11%。

(3) 随着支撑道数的增加，(最大) 地下连续墙水平位移有逐渐变小的趋势，减小幅度为19%。

(4) 支撑道数的增加，(最大) 地表沉降有逐渐变小的趋势，减小幅度为43%。

综合以上结论可以知道，增加支撑道数对地表沉降的控制、地下连续墙水平位移的控制、支撑内力的控制、地下连续墙弯矩的控制都是有利的。

但是支撑道数的增加也有其缺点，主要体现在以下方面：

(1) 支撑道数的增加也是工序数量的增加，会延缓工期。

(2) 支撑道数的增加，给土方开挖工作带来了诸多不便。

(3) 由于支撑结构为临时结构，道数的增加为后续的拆撑工作

带来诸多不便，同时造成一定的经济损失。

因此，综合以上因素，结合工程经验，支撑道数优化为5道，在该工程开挖深度的条件下是合适的。

5. 土体加固深度的优化

土体加固深度分别选取2m、3m、4m、5m、6m、7m六种情况进行数值模拟分析与对比。

(1) 支撑最大轴力随加固深度的变化

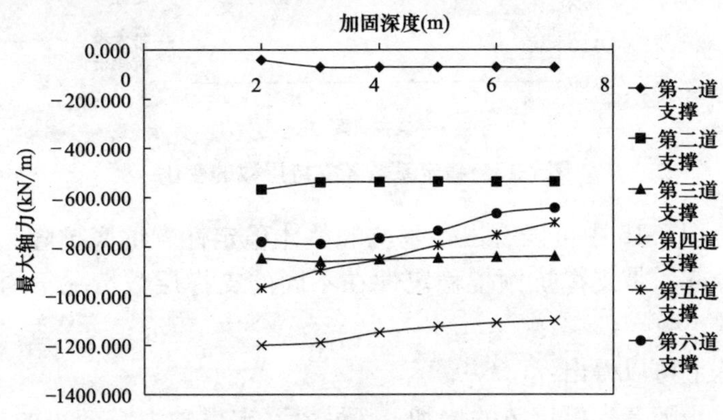

图7-16 各支撑最大轴力随加固深度的变化

由图7-16可知，加固深度对支撑内力有改善的作用，随着加固深度的增大，支撑内力逐渐变小。其中加固深度对第四、五、六道支撑作用较为明显，第五道内力支撑最大内力变化值达280kN/m，减小幅度达到31%。

(2) 地下连续墙最大弯矩随加固深度的变化

由图7-17可以看出，随着加固深度的变化，地下连续墙最大弯矩值稍有增大，但变化幅度非常小，约为5%。可见，加固深度的变化对地下连续墙最大弯矩值影响不是很大。

(3) 地下连续墙最大水平位移随加固深度的变化

由图7-18可知，随着加固深度的增加，地下连续墙的侧向位移值明显减小。加固深度为2m时，最大水平位移为37mm；加固深度为7m时，最大水平位移为27mm，减小幅度达到27%。从图中也可以看出，当加固深度为2m时，地下连续墙最大水平位移为

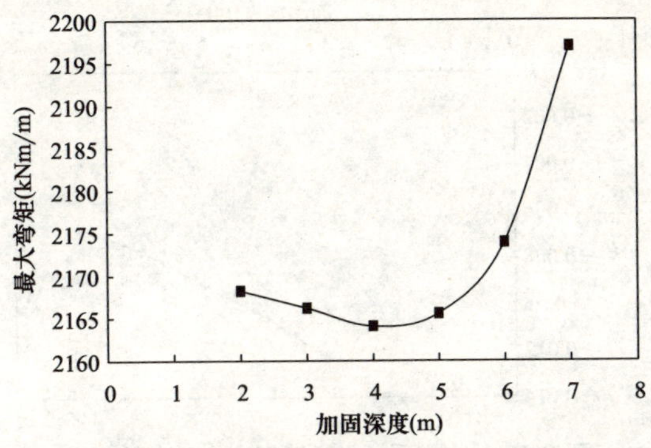

图 7-17 地下连续墙最大弯矩随加固深度的变化

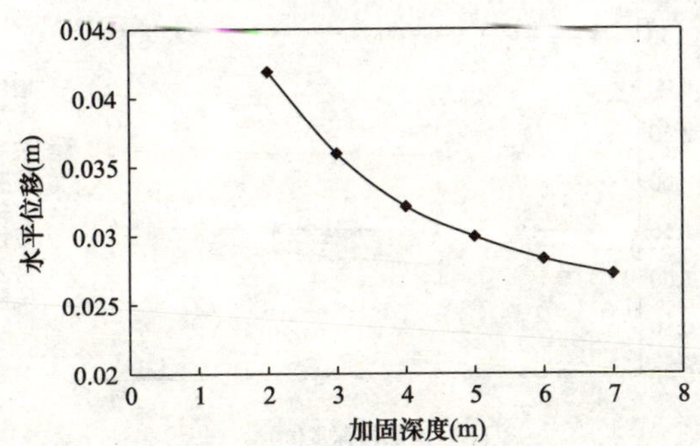

图 7-18 地下连续墙最大水平位移随加固深度的变化

37mm，接近控制值。因此，建议加固深度不能低于 3m。

（4）最大地表沉降随加固深度的变化

由图 7-19 可知，加固深度对地表最大沉降有较为明显的影响。加固深度为 2m 时，最大地表沉降为 13mm；加固深度为 7m 时，最大地表沉降为 7mm，减小幅度达到 46%。

（5）稳定系数随加固深度的变化

从图 7-20 中可以看出，整体稳定性、坑底抗隆起、墙底抗隆起均满足要求，但带支撑抗倾覆稳定性受加固深度的影响较为明显，当加固深度在 3m 以下时，不满足要求。

综上所述，综合考虑加固深度的影响有以下几点：

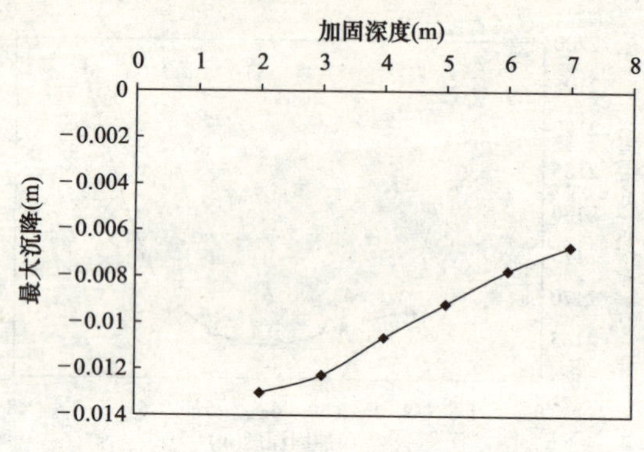

图 7-19 地表最大沉降随加固深度的变化

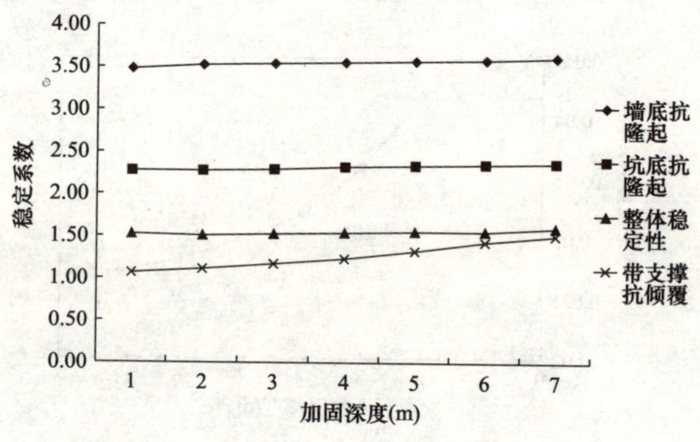

图 7-20 稳定系数 K 随加固深度的变化

(1) 随着加固深度的增加，支撑内力不断减小，表现较为明显的是第四、五、六道支撑，最大减小幅度达到31%。

(2) 加固深度对地下连续墙的最大弯矩影响不大，影响幅度为5%。

(3) 随着加固深度的不断增加，地下连续墙最大水平位移不断减小，减小幅度达到27%。

(4) 随着加固深度的不断增加，最大地表沉降值不断减小，减小幅度达到46%。

当加固深度低于3m时，地下连续墙水平位移以及带支撑抗倾覆系数均不满足控制要求，因此，建议加固深度不能低于3m。

7.1.3 优化结论与建议

本研究采用单因素优化分析方法，对基坑围护设计几个重要因素进行了分析。得到以下主要结论：

（1）插入比在 0.7～1.2 范围内变化时，对基坑影响不是很大，但插入比为 0.7 时，不满足带支撑抗倾覆稳定要求，因此，确定该基坑插入比 $n \geqslant 0.8$。

（2）地下连续墙厚度 D 在 0.8m～1.3m 范围内变化时，对基坑位移及内力影响较为明显，且 0.8m 厚度地下连续墙均会使水平位移过大，因此，建议地下连续墙厚度 $D \geqslant 0.9$m。

（3）支撑刚度在实际刚度 0.6～1.6 倍范围内变化时，对基坑内力及变形影响较为明显，当刚度优化到实际刚度的 0.6 倍时，地下连续墙最大水平位移为 40mm，接近位移控制值 40mm。因此，建议支撑刚度最大可优化到原来的 0.8 倍。

（4）支撑道数在 4～8 道间变化时，对基坑内力及变形影响较为明显，但当支撑道数为 4 道时，地下连续墙最大水平位移为 41.5mm，超过位移控制值 40mm。因此，建议该基坑支撑道数最少为 5 道。

（5）加固深度在 2～7m 范围内变化时，对基坑内力及变形影响较为明显，但当加固深度为 2m 时，地下连续墙最大水平位移为 42.5mm，接近位移控制值 40mm。因此，建议该基坑支加固深度不能小于 3m。

（6）各因素对基坑的影响力大小

从表 7-13 中可以看出，最大轴力受支撑道数的影响最深，地下连续墙最大弯矩受地下连续墙厚度的影响最深，地下连续墙水平位移受地下连续墙厚度的影响最深，地表最大沉降受加固深度的影响最深。

各因素对基坑的影响力 **表 7-13**

影响因素 / 变化因素	最大轴力变化	最大弯矩变化	最大水平位移变化	最大地表沉降变化
插入比	−6.40%	−1.30%	−1.20%	−9.00%
厚度	−23.00%	65.00%	−28.00%	−40.00%

续表

影响因素 变化因素	最大轴力变化	最大弯矩变化	最大水平位移变化	最大地表沉降变化
支撑刚度	32.00%	−6.80%	−22.00%	−37.00%
支撑道数	−44.00%	−11.00%	−19.00%	−43.00%
加固深度	−31.00%	5.00%	−27.00%	−46.00%

7.1.4 江北工作井与江南工作井的对比优化

江北工作井的地质条件和江南工作井有所不同，在进行数值分析时，采用的地质参数如表7-14所示。

地质参数表 **表7-14**

土层次序	土层层号	名称	层厚(m)	压缩模量 Es_{1-2} (kPa)	E (kPa)	μ	粘聚力(kPa)	内摩擦角 ϕ(°)	ρ kN/m³
1	2-2	粉质黏土	5	5100	25500	0.35	15	19.8	19.3
2	3-3	淤泥质黏土	4.8	2800	140000	0.40	15.2	19.1	18.3
3	4-1	淤泥质粉质黏土	14	2900	14500	0.42	6.3	16.4	18
4	4-2	粉质黏土	9.3	3800	19000	0.36	22.2	14.4	18.3
5	4-3	黏质粉土	3.5	7000	35000	0.35	40.5	26.4	18.9
6	5-4	粉质黏土	7.4	6700	33500	0.33	24.6	16.8	18.7
7	6-1	粉质黏土	5	7700	38500	0.33	39	14	19.2
8	6-3	粉质黏土	12	6500	32500	0.36	17.6	14.2	18.8
9	7-2	粉砂	39	9800	49000	0.29	24.7（参照江南井）	34.7（参照江南井）	19.6（参照江南井）
10	加固层	处于第4层土范围内	4		57000	0.28	35	30	22

除地质条件不同外，江北工作井基坑模型所选用的其他参数与江南工作井的模型一样。其中，地下连续墙深度为50m，厚度为1.1m，地下连续墙的参数与江南工作井完全相同；插入比为0.8，

支撑道数采取的是六道支撑，各道支撑的参数及开挖工况与江南工作井也完全一样。二者之间的对比如图 7-21～图 7-24 所示。

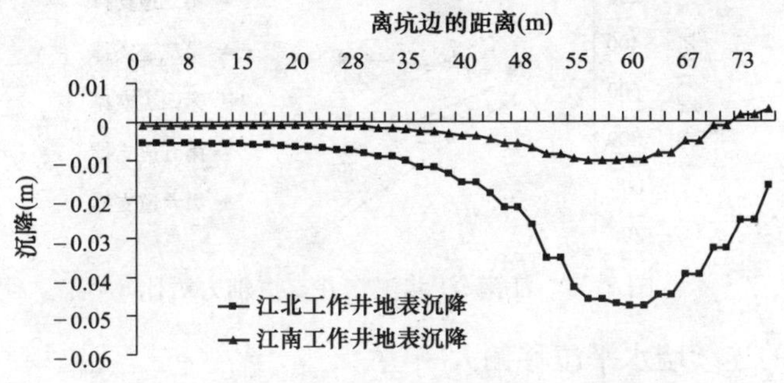

图 7-21 江南/江北工作井地表沉降对比图

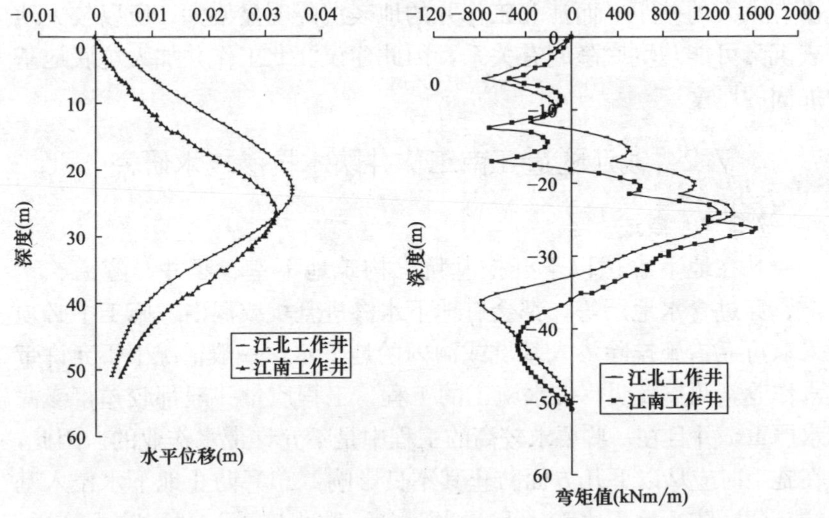

图 7-22 江南/江北工作井水平位移对比图

图 7-23 江南/江北工作井弯矩对比图

计算结果表明，由于地质条件的改变，江北工作井产生的地表沉降比江南工作井的地表沉降大，最大沉降接近大 1 倍，而整体的沉降规律大体相似；江南与江北工作井地下连续墙的水平位移和弯矩大体相仿，而江北工作井的支撑轴力相对于江南工作井小，江北

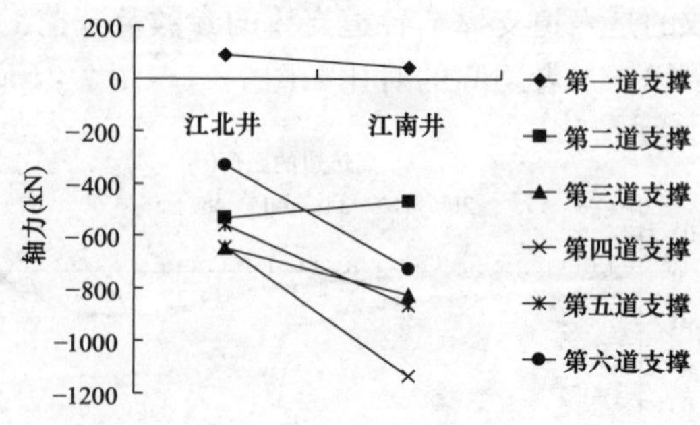

图 7-24 江南/江北工作井支撑轴力对比

工作井的连续墙水平位移偏大一些。

由于江北工作井的地质条件比江南工作井的地质条件稍微差一些，在同一个基坑模型下，两工作井基坑地下连续墙的水平位移并没有太大的差距，而江北工作井的地表沉降明显偏大，所以较大地表沉降可能与坑底隆起有关系，因此建议江北工作井加大坑底地基加固的厚度。

7.2 钱江隧道江南工作井防水抗渗技术研究

7.2.1 概述

凡在地下水位以下开挖基坑、构筑地下室、竖井、隧道、地道、穿过含水地层等，都会有地下水渗进基坑或洞内。施工中必须采取可靠措施排除渗入基坑或洞内的地下水，一般情况下不允许带水作业。调查表明，带水施工的工程，工程质量一般都较差，渗漏水严重，并且在一些要求较高的工程中是不允许带水作业的。因此，在施工时应从以下几方面防止其不良影响：(1) 防止地下水侵入基坑；(2) 防止地下水渗入和涌水；(3) 防止流砂；(4) 防止管涌；(5) 防止腐蚀。同时，对于地下连续墙为主体支护的基坑，墙体的稳定抗渗也成为研究的重点。本节主要针对钱江隧道江南工作井基坑的防渗技术，通过现场监测及有限元模拟分析进行深入研究。

7.2.2 钱江隧道江南工作井降水技术研究

1. 钱江隧道江南工作井降水目的

根据该工程的基坑开挖和基础底板结构施工要求，该工程降水的目的为：

（1）疏干开挖范围内土体中的地下水，方便挖掘机和工人在坑内施工作业。

（2）降低坑内土体含水量，提高坑内土体强度，减少坑底隆起和围护结构的变形量，防止坑外地表过量沉降。

（3）提高边坡稳定性，防止土层纵向滑坡，不影响邻近建筑物及地下管线的正常使用。

（4）及时降低下部承压含水层的承压水水头高度，防止基坑底部突涌的发生，确保施工时基坑底板的稳定性。

2. 钱江隧道江南工作井降水要求

由于此次基坑开挖设计地下连续墙完全打穿⑤-3 层承压含水层，则降水要求为使⑤-3 层承压含水层的水头降至标高－28m 以下。

3. 钱江隧道江南工作井承压水降压井的布置原则

（1）根据基坑开挖深度、水文地质条件及土层参数进行基坑突涌可能性评价，当存在基坑突涌的可能性时，布置降压井。

（2）当存在基坑突涌的可能性、需布置降压井时，降压井的布置遵循以下原则：

1）降压井间距、深度、孔径依据拟建工程场区水文地质条件、基坑总涌水量、单井降水能力的计算结果结合工程经验确定；

2）降压井尽可能布置在不影响基坑开挖施工的位置；

3）降压井的布置应尽可能减小降水对周围环境的影响。

钱江隧道江南工作井坑内抽水点布置如图 7-25 所示，抽水井主要分为疏干井与减压井，其中疏干井有 10 口，减压井有 3 口，

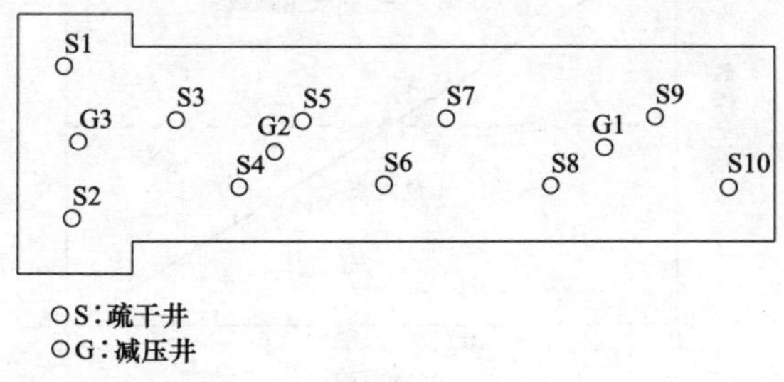

图 7-25 坑内抽水点布置图

随着基坑开挖深度不断的加深，抽水井也随之拆除。

4. 钱江隧道江南工作井基坑突涌的可能性评价

在评价其对基坑工程的影响时，宜根据其动态规律，按最不利原则考虑。基坑底板的稳定条件：基坑底板至承压含水层顶板间的土压力应大于安全系数下承压水的顶托力。采用安全系数法：

$$P_{cz}/P_{wy} \geqslant F_s \tag{7-1}$$

式中　F_s——安全系数，取1.10

P_{cz}——坑底开挖面以下至承压含水层顶板间覆盖土的自重压力，kPa，地下水位以下按饱和重度计算；

P_{wy}——承压水压力，kPa。

⑤-3层承压含水层突涌验算：根据该工程的《岩土工程勘察报告》，江南工作井⑤-3层承压水静止水头埋深2.9m，相对标高3.2m。承压含水层顶板平均埋深为29.64m。

当开挖深度达到6m时，计算得：P_{cs}=449.16kPa，P_{wy}=267.4kPa，$F_s=P_{cs}/P_{wy}=1.68>1.10$，不会发生突涌；

当开挖深度达到12m时，计算得：P_{cs}=335.16kPa，P_{wy}=267.4kPa，$F_s=P_{cs}/P_{wy}=1.25>1.10$，不会发生突涌；

当开挖深度达到14.15m时，计算得：P_{cs}=294.14kPa，P_{wy}=267.4kPa，$F_s=P_{cs}/P_{wy}=1.10=1.10$，可能发生突涌。

开挖到坑底的突涌安全系数验算如图7-26所示，当开挖深度超过14.15m时，⑤-3层承压含水层会产生突涌的现象，需对承压

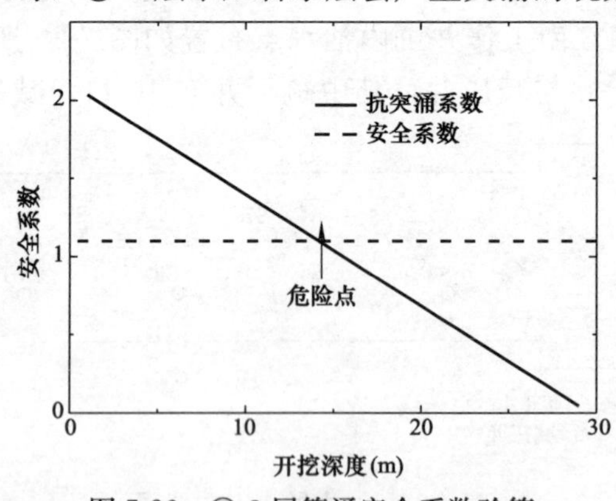

图7-26　⑤-3层管涌安全系数验算

含水层中的地下水进行降压。

7 层承压含水层突涌验算：根据该工程的《岩土工程勘察报告》，江南工作井 7 层承压水静止水头埋深 3.2m，相对标高 3.5m。承压含水层顶板平均埋深为 67.2m。

当开挖深度达到 20m 时，计算得：$P_{cs}=896.8$kPa，$P_{wy}=640$kPa，$F_s=P_{cs}/P_{wy}=1.40>1.10$，不会发生突涌；

当开挖深度达到 25m 时，计算得：$P_{cs}=801.8$kPa，$P_{wy}=640$kPa，$F_s=P_{cs}/P_{wy}=1.25>1.10$，不会发生突涌；

当开挖深度达到 30m 时，计算得：$P_{cs}=706.8$kPa，$P_{wy}=640$kPa，$F_s=P_{cs}/P_{wy}=1.10=1.10$，可能发生突涌。

开挖到坑底的突涌安全系数如图 7-27 所示，当开挖深度超过 30m 时，7 层承压含水层就会产生突涌的现象，而江南工作井整个基坑并没有开挖深度超过 30m 的区域，所以不需对 7 层承压含水层中的地下水进行降压。

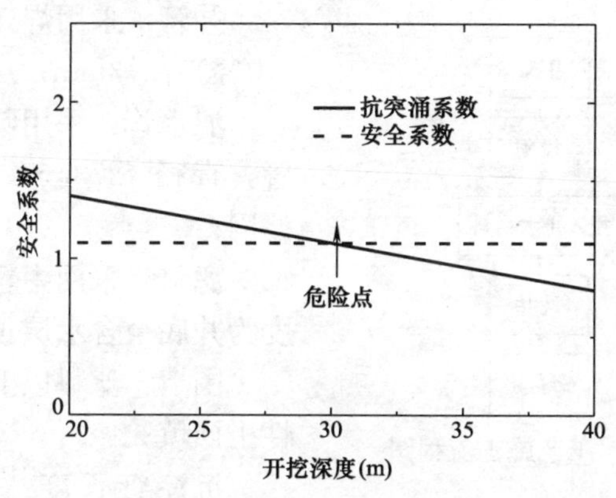

图 7-27 7 层管涌安全系数验算

5. 钱江隧道江南工作井降水井结构与设计要求

为保证井管具有一定的强度，并满足降水要求，疏干井采用间隔设置滤水管的设计方案，主要设计参数如下：

(1) 潜水疏干降水井

终孔直径：井径 ϕ550mm；

井口：高出地面 0.3～0.5m，防止污水进入井内，井壁外围一般采用优质黏土或水泥浆封闭，其深度不小于2.00m。

井管：采用焊接钢管，直径（内径）ϕ273mm；

滤水管：采用圆孔包网滤水管，直径ϕ273mm，外包40目滤网；

砾料：各井从井底向上至地表以下2.00m围填中粗砂。

沉淀管长度：与滤水管同径，长度1.00m，沉淀管底部焊封。

(2) 承压水降压井

终孔直径：井径ϕ550mm；

井口：高出地面0.3～0.5m，防止污水进入井内，井壁外围一般采用优质黏土或水泥浆封闭，其深度不小于0.5m。

井管：采用焊接钢管，直径（内径）ϕ273mm；

滤水管：采用圆孔包网滤水管，直径ϕ273mm，外包40目滤网；

滤料：采用中粗砂，围填高度为井底至含水层顶板上2.0m。

围填：滤料以上部位采用黏性土回填；

沉淀管长度：与滤水管同径，长度为1.00m，沉淀管底部焊封。

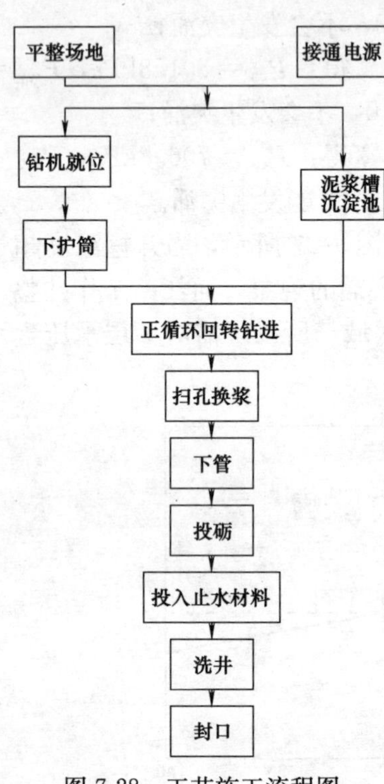

图7-28 工艺施工流程图

6. 钱江隧道江南工作井成井施工工艺

采用泥浆循环钻进、机械吊装下管成井施工工艺如图7-28所示。

7.2.3 地下水渗流计算理论

地下水按含水层性质可分为孔隙水、裂隙水和岩溶水。一般情况下，基坑工程中应用最多的是孔隙水的渗流理论，也是研究的最多的渗流理论。土体中孔隙水的渗流分析方法可以分为流网分析法、解析法和数值分析法等，其中以数值分析法适用性最强，应用越来越广泛。

1. 流网分析法

流网由流线和等势线两组垂直交织的曲线组成，可以形象地表示出整个渗流场内各点的渗流方向，是研究渗流问题的最有效工具，如图 7-29 所示。流线是一根处处与渗流速度矢量相切的曲线，代表渗流区域内各点的水流方向，水流不能穿越流线，在稳定渗流情况下表示水质点的运动路线。流函数是描述流线的函数。流线的方程为：

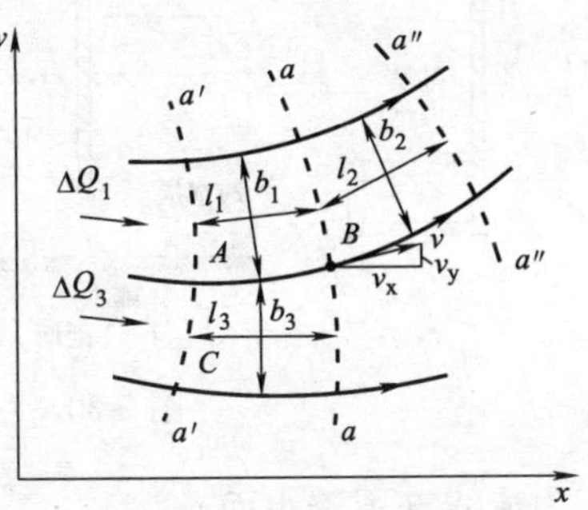

图 7-29 流网示意图

$$v_x \mathrm{d}y - v_y \mathrm{d}x = 0 \tag{7-2}$$

等势线表示势能或水头的等值线，沿等势线上各点之间的水头差 $\Delta H=0$。

流函数和流网具有以下特性：

(1) 不同的流线具有不同的常数值，流函数取决于流线；

(2) 平面运动中两流线间的流量等于与这两流线相应的两个流函数的差值；

(3) 在非稳定流中流线不断变化，只能给出某瞬时的流线图；

(4) 等势线和流线互相正交；

(5) 若流网中各等势线间的差值相等，则各流线间的差值也相等；

(6) 在均质各向同性的介质中，流网的每一网格边长比为常数。

流网可以通过数值求解绘出。工程中常采用图示法绘制流网，如图 7-30 所示，步骤如下：

(1) 按一定比例尺绘出结构物和土层的剖面图；

(2) 判定边界条件，如 $a'a$ 和 $b'b$ 为等势线（透水面）；acb 和

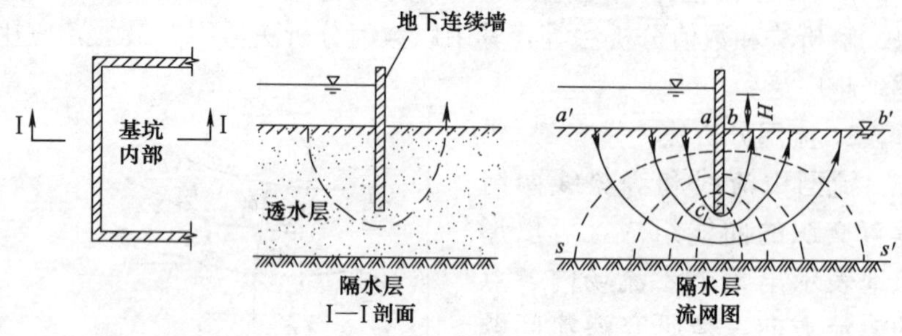

图 7-30 图示法绘制流网

ss'为流线（不透水面）；

（3）先绘制若干条流线，一般是相互平行不交叉的缓和曲线，流线应与进水面和出水面（等势面）正交，并与不透水面（流线）平行；

（4）添加若干等势线，与流线正交；重复以上步骤反复调整，直到满足上述条件为止。

流网在计算渗流问题中具有很大的实用价值，利用流网可以解决如下渗流要素：

（1）水头和渗透压强：渗流区任意点的水头 H 可以由等水头线或采用两水头线间水头内插法确定水头；由水头可以计算渗透压强：

$$\frac{p}{\gamma_w}=H\pm z \quad 或 \quad p=\gamma_w(H\pm z) \tag{7-3}$$

式中 p——渗透压强；

z——该点到基准面的距离。

（2）水力梯度和渗流速度：流网中某一点的相邻等水头间的距离为 Δs，等水头线间的水头差为 ΔH，则该点的水力梯度和渗流速度分别为：$J=\dfrac{\Delta H}{\Delta s}$，$q=KJ$。

（3）渗流量：在各向同性渗流场中，若相邻势函数差值相等，则每个网格的流量相等，所以整个渗流区的单宽流量 Q 等于各流线间所夹区域的渗流量之和，即：

$$Q = K\Delta H \sum_{i=1}^{n} \frac{\Delta l_i}{\Delta s_i} \tag{7-4}$$

式中 $\frac{\Delta l_i}{\Delta s_i}$——第 i 条与第 $i+1$ 流线间所夹网格的长宽比；

n——相邻流线所夹流带的数目。

2. 解析法

裘布依（Dupuit）以达西定律为基础，于 1863 年根据试验观测结果建立假设：在大多数地下水流中，潜水面坡度很小，常为 1/1000～1/10000，因此可假定水是水平流动而等势面铅直，以 $\tan\theta = \mathrm{d}h/\mathrm{d}x$ 代替 $\sin\theta$。在图 7-31 的二维 xz 平面上，潜水面就是一根流线，在潜水面上 $q=0$，$\phi=z$；假设土体渗透系数 k，沿着这条流线方向，根据达西定律得到：

$$q = -k\frac{\mathrm{d}\phi}{\mathrm{d}s} = -k\frac{\mathrm{d}z}{\mathrm{d}s} = -k\sin\theta \tag{7-5}$$

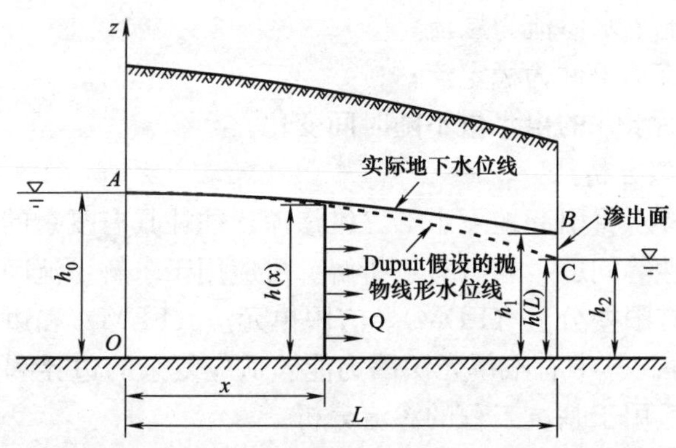

图 7-31 稳定非承压水流渗流示意图

对于土体中稳定的非承压水流渗流问题，按照裘布依假设和式(7-5)，在 x 方向上经过高为 $h(x)$ 的垂直截面上的单宽流量为：

$$Q = k\frac{h_0^2 - h(x)^2}{2} \tag{7-6}$$

当潜水面接近某个流域的外部边界时，它总是在流域外地表水体的水面以上 B 到达潜水面下游边界，这段敞开边界上由地下水渗出点到下游边界点的边界 BC 称为渗出面。使用裘布依假设，认为水位线是抛物线形的，忽略渗出面 BC，使得潜水面在 $x=L$ 处在 C 点到达下游边界，得到：

$$Q=k\frac{h_0^2-h(L)^2}{2} \tag{7-7}$$

这就是 Dupuit-Forchhemer 流量公式。

裘布依假设适用于对于 θ 很小和水流基本水平流动的区域。在实际工程中与下游端点 C 的距离大于 1.5～2 倍的地方，可以认为地下水沿水平向流动，等势面铅直，使用裘布依假设求解结果是足够精确的。

工程中设计基坑降水系统需要选用渗流公式，确定井的数目、间距、深度、井径和流量等参数。选用渗流公式时要考虑基坑的深度、场地的水文地质条件和降水井的结构等。单井稳定渗流、干扰井群稳定渗流和非稳定井流其基本假设为：

（1）含水层为均质，各向同性；

（2）地下水渗流为层流；

（3）流动条件为稳定流；

（4）抽水井的出水量不随时间变化。

3. 数值分析法

基坑降水将引起地下水的三维渗流，往往具有复杂的边界和渗透各向异性等问题，较难有解析解。可应用于求解渗流问题的数值方法有：有限差分法（FDM）、有限单元法（FEM）和边界单元法（BEM）等。其中有限单元法因为能够适应复杂的边界和多种介质情况，更适用于基坑工程的渗流分析。

（1）有限差分法

在近似水平展布的饱和含水层中，在重力作用下，地下水的运动可以看作二维平面运动。常见的二维地下潜水在各向同性介质中非稳定流的方程式为：

$$\frac{\partial}{\partial x}\left(kM\frac{\partial h}{\partial x}\right)+\frac{\partial}{\partial y}\left(kM\frac{\partial h}{\partial y}\right)+\varepsilon(x,y,t)=\mu\frac{\partial h}{\partial t},(x,y)\in D,t>0 \tag{7-8}$$

边界条件：

初始时刻：$h(x,y,0)=h_0(x,y),(x,y)\in D,t=0$

水头边界条件：$h|_{\Gamma_1}=\bar{h}(x,y,t),(x,y)\in\Gamma_1,t>0$

流量边界条件：$kM\left.\frac{\partial h}{\partial n}\right|_{\Gamma_2}=q(x,y,t),(x,y)\in\Gamma_2,t\geqslant 0$

式中 D——求解区域；

Γ_1，Γ_2——分别为水头边界条件和流量边界条件；

h_0——各点的初始水位；

M——含水层的厚度；

k——渗透系数；

μ——给水度；

$\varepsilon(x,y,t)$——源函数，表示地下水的垂直补给；

$\bar{h}(x,y,t)$，$q(x,y,t)$——分别表示已知水头边界条件和已知流量边界条件。

差分法是数值法中的早期方法，用于求解近似解，对于各种工程边界条件都适用，但也有其局限性。例如二维差分法计算中，对于每一个具体的工程地下水问题，就有一个与之对应的先行方程组和系数矩阵以及常数矩阵，要给出各矩阵的赋值，就需要编写一个对应的程序，较繁琐。若为不等距差分，这一过程将更繁琐，现在已较少采用有限差分法。

(2) 有限单元法

有限单元法是把流动区域离散成有限数目个小单元，用单元函数逼近总体函数；适用于多种边界、非均质地层、各向异性介质、移动的边界（用连续变化的网格）、自由表面、分界面、变形介质和多相流等问题的地下水计算，大多数工程地下水问题都可以用有限单元法求解。采用有限单元法时，先决条件是被研究区域必须有边界，且要已知若干边界条件，很多工程问题发生在无边界含水层，求解这类渗流场就可能需要采用势函数等其他方法。

(3) 边界单元法

边界单元法是20世纪70年代发展起来的一种新的数值计算方法，广泛应用于地下水的计算。应用Green公式和把原始问题中的区域积分转化成边界积分，使得n维问题转化成n-1维问题。它只需要对计算区域的边界进行离散化，当边界上的未知量求出后，计算区域内的任何一点的物理量都可以通过边界上的已知量用简单的公式求出。

边界单元法需要准备的原始数据较简单，只需要对区域的边界进行剖分和数值计算等，具有降维、可解决奇异性问题，特别适合解决无限域问题以及具有远场精度高等优点。一旦求得边界值，可以由积分表达式解析地求出域内解，处处连续，精度较高。边界元法的主要缺点是它的应用范围以存在相应微分算子的基本解为前提，对于非均匀介质等问题难以应用，故其适用范围远不如有限元法广泛，而且通常由它建立的求解代数方程组的系数阵是非对称满阵，对解题规模产生较大限制。对一般的非线性问题，由于在方程中会出现域内积分项，从而部分抵消了边界元法只要离散边界的优点。

对于不同水力条件下的基坑渗流场进行数值分析表明，渗流作用的存在对于工程安全是很不利的。通过设置防渗体可以改善渗流场的分布。但由于各种原因造成渗流场的变化也很有可能成为安全隐患。采用数值分析的方法，进行不同工况下的渗流场的计算分析，对于基坑的设计和施工都有一定的指导意义。在工程设计和施工阶段中，针对基坑渗流影响工程安全的环节，应采取相应的工程措施减少工程事故的发生。

7.2.4　钱江隧道江南工作井周围水环境变化计算与实测结果分析

本节根据已测得的监测数据及收集的现场情况，对整个基坑的施工进行有限元数值模拟，通过模拟结果与实测数据比对后得出结论。

钱江基坑地下水部分数值模拟采用上海交通大学具有自主知识产权的三维有限元软件 LandSub3D。该软件主要用以在三维几何与应力条件下计算地下水渗流场及其变化引起的周围环境的变形。

采用 LandSub3D 建立的地下水渗流三维模型具有以下特点：

(1) 采用三维地下水渗流理论和太沙基一维固结理论建立三维有限元模型，针对含水层和弱透水层建立相应的水流方程，研究它们的水位变化。现有的准三维模型仅考虑平面方向的渗流，对弱透水层一般不建立方程，弱透水层的释水量作源汇项处理或由估算求得，而本模型同时考虑平面和垂直方向地下水的三维渗流。

（2）目前实际工程研究基坑降水引起的沉降值，多是伴随着基坑开挖过程中，计算所得沉降值往往是两者共同影响的，而单独由抽水引起的沉降值往往很难得出。本模型是以钱江隧道的基坑抽水为研究对象，分析基坑降水对周围环境产生的影响，确定由基坑降水引起的地面沉降值，并分析多种影响因素。

（3）通过模型计算分析，得出不同抽水情况下地下水的渗流和地面沉降的发展规律，更好地预测和控制工程施工对周围环境的影响。

图 7-32 所示为有限元计算中地基土剖面图。表 7-15 为三维有限元模型中的参数取值。

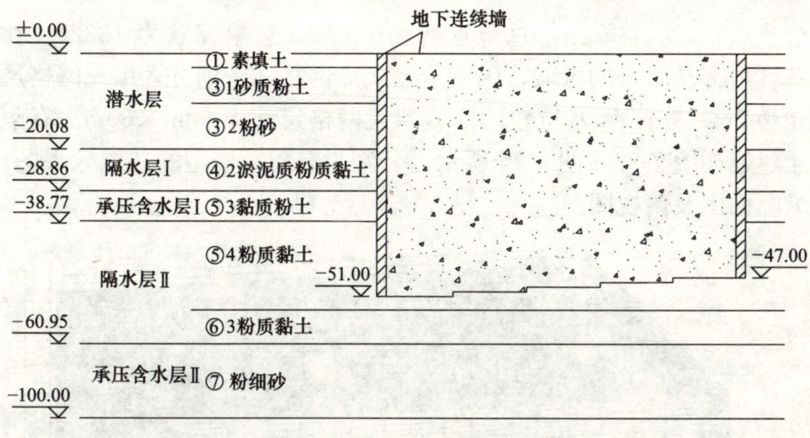

图 7-32 有限元计算中地基土剖面图（单位：m）

模型中包含上部 8 个不同地层，深度达 100m。模型四周边界处地下水的水头保持为初始水位不变，模型底部不透水，且不变形。为克服由于边界的不确定性给计算结果带来的影响，模型计算范围选取了基坑向四周各延伸约 400m 的距离。为计算方便，将 8 层土共划分为 20 个亚层，如图 7-33 所示，模型在平面上采用了 702

有限元模型中采用的土体的物理力学参数表 表 7-15

序号	层号	土层名称	层底标高	含水率	容重	渗透系数(m/d)		孔隙率	Es_{1-2}	泊松比
			(m)	%	kN/m³	水平向	垂直向		MPa	
1	①-1	素填土	2.93	29.50	19.40	2.51×10^{-1}	4.67×10^{-1}	0.444	6.73	0.30
2	③-1	砂质粉土	10.52	26.40	19.50	1.21×10^{-1}	1.68×10^{-1}	0.432	11.04	0.33
3	③-2	粉砂	20.08	23.80	19.90	2.70×10^{-1}	3.09×10^{-1}	0.401	12.07	0.29
4	④-1	淤泥质粉质砂土	28.86	40.50	18.00	3.16×10^{-3}	4.54×10^{-3}	0.535	3.41	0.42
5	⑤-3	黏质粉土	33.46	31.00	19.00	3.72×10^{-1}	5.81×10^{-1}	0.468	6.08	0.32
6	⑤-4	粉质黏土	53.83	34.50	18.70	2.17×10^{-3}	2.83×10^{-3}	0.490	4.81	0.33
7	⑥-3	粉质黏土	60.95	34.28	18.52	1.00×10^{-3}	2.00×10^{-3}	0.501	5.79	
8	⑦	粉砂	100.00	33.10	19.00					

个节点，696 个单元，总节点数为 14040，总单元数为 13224。在基坑内部及附近的区域，因变形较大而网格加密划分，单元网格尺寸为 9m×9m。距基坑较远区域单元网格尺寸为 60m×60m。有限元建模如图 7-33～图 7-35 所示，分别为有限元模型的三维效果图、纵断面图及俯视图。

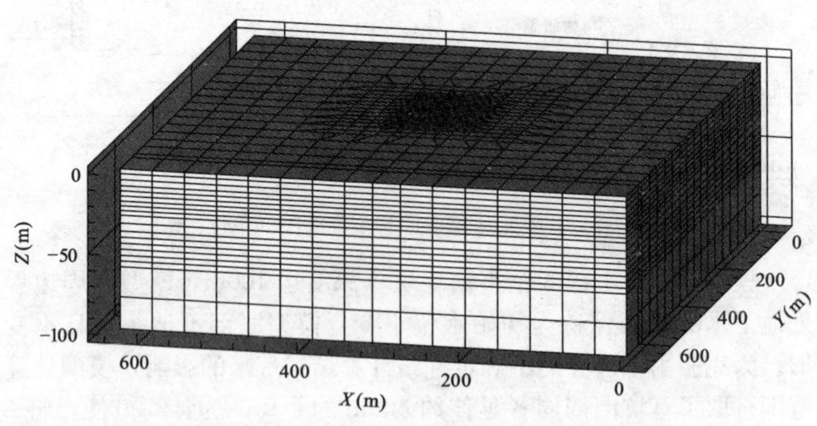

图 7-33 三维有限元模型图

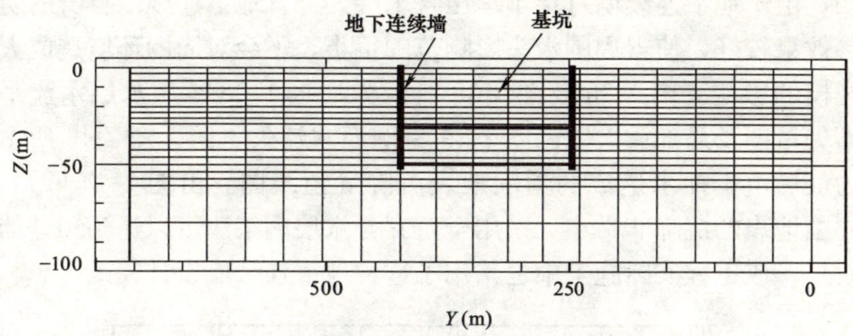

图 7-34 模型纵断面图

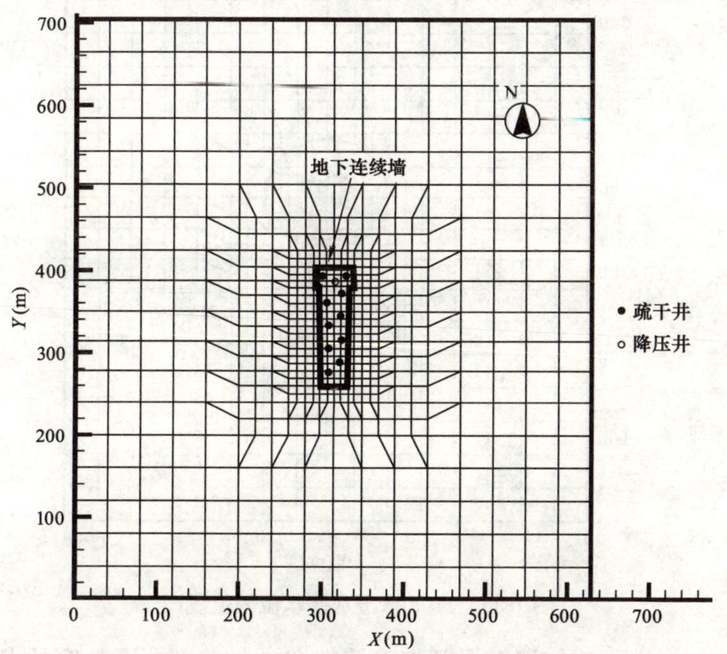

图 7-35 模型的平面图（单位：m）

有限元计算模型分了三种情况作对比分析，分别是：(1) 完全打穿含水层，地下连续墙深入到 50m 深。(2) 地下连续墙有部分渗漏。(3) 未打穿含水层。以下对各部分模拟结果分别作讨论：

(1) 完全打穿承压含水层的情况。图 7-36 所示为抽水井完成抽水 140d 后的⑤-3 层承压含水层的水头等值线图。由图 7-36 可知，由于地下连续墙打穿了承压含水层，并且地下连续墙自身的防渗效果较好，使得周围水头影响范围很小，不会对周围环境造成大规模的影响。图 7-36 及图 7-38 所示为抽水 140d 承压水层水流平面矢量图及局部放大图。图 7-39 为剖面水流矢量图。图 7-40 所示为最后由于抽水造成的周围地表沉降等值线图。由图 7-40 可知，周围地表的沉降非常小，采用全打穿含水层的工法可以达到预计的效果。该工程实际施工中也采用了这种地下连续墙设计模式。

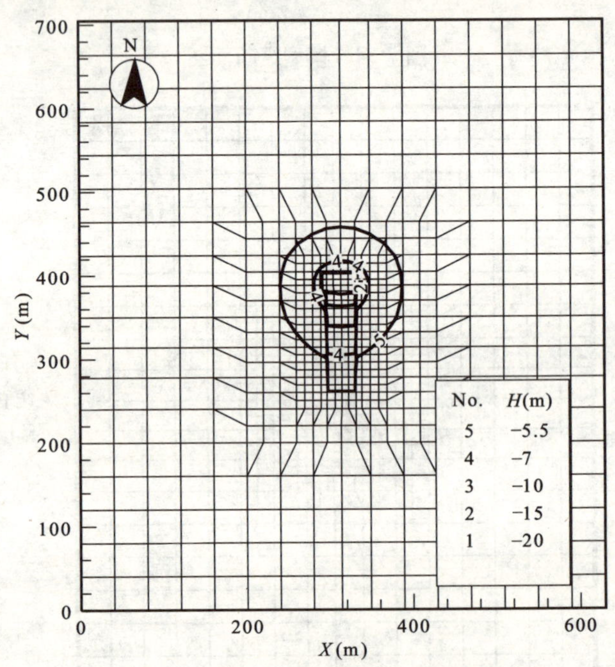

图 7-36　140d 承压水层水位等值线图

（2）地下连续墙上局部有渗流情况。与前部分全打穿的对比，在地下连续墙有渗流的情况下，抽水 140d 以后，周围的环境发生了一定的变化。图 7-41 和图 7-42 为模拟的结果，分别是承压水水位等值线图、水流矢量图及沉降等值线图。重点分析周围地表的沉降发现，由于地下连续墙存在渗漏，所以地表沉降范围比地下连续墙没有渗漏的要大，并且总的沉降量也大。所以，在施工中控制地下连续墙的质量，避免关键部位的渗漏是一个关键的问题。

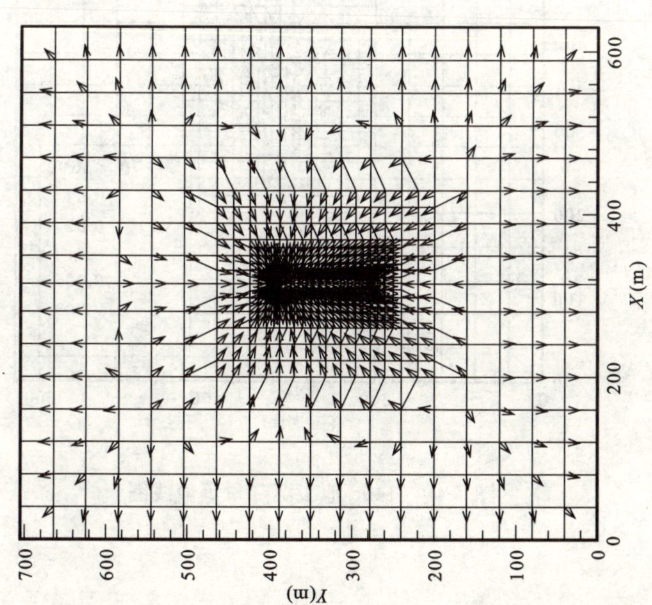

图 7-37 140d 承压水层水流矢量图

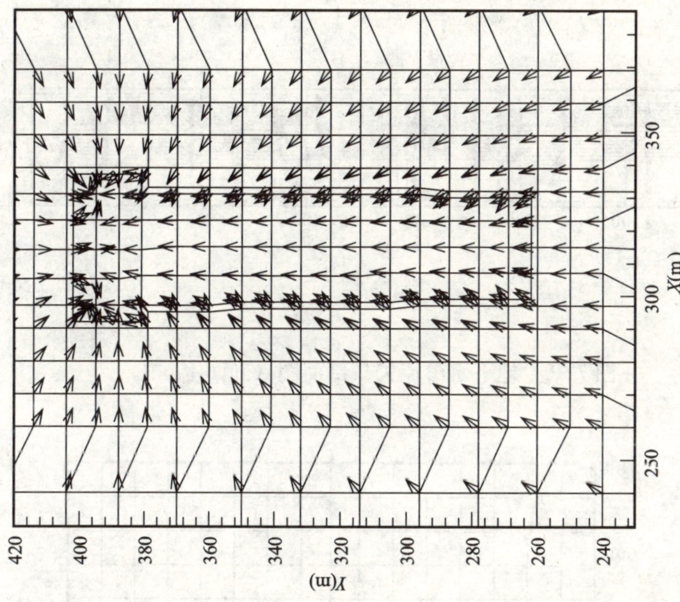

图 7-38 140d 承压水层水流矢量图（基坑处局部扩大图）

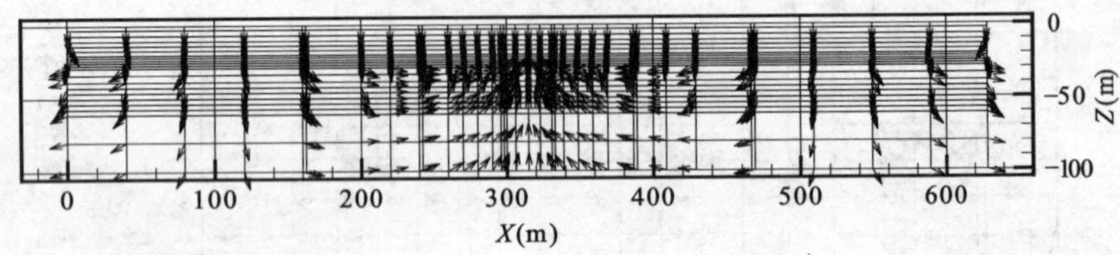

图 7-39　地下水渗流矢量剖面图（剖面Ⅰ—Ⅰ′）

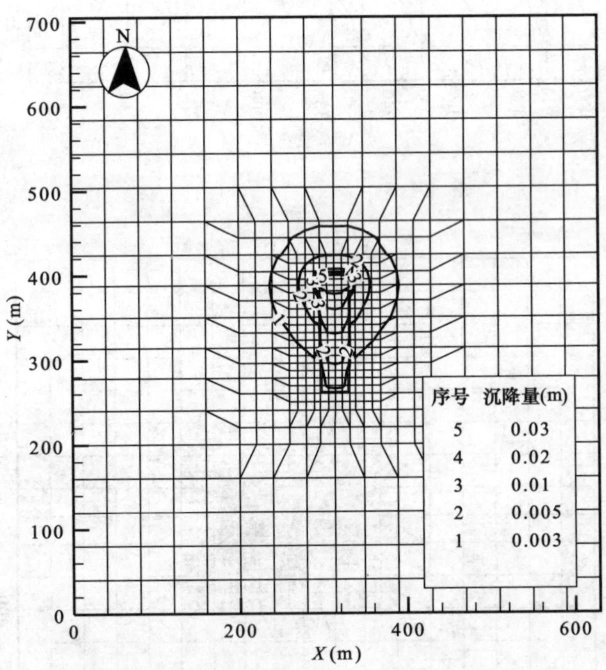

图 7-40　140d 地表沉降量等值线图

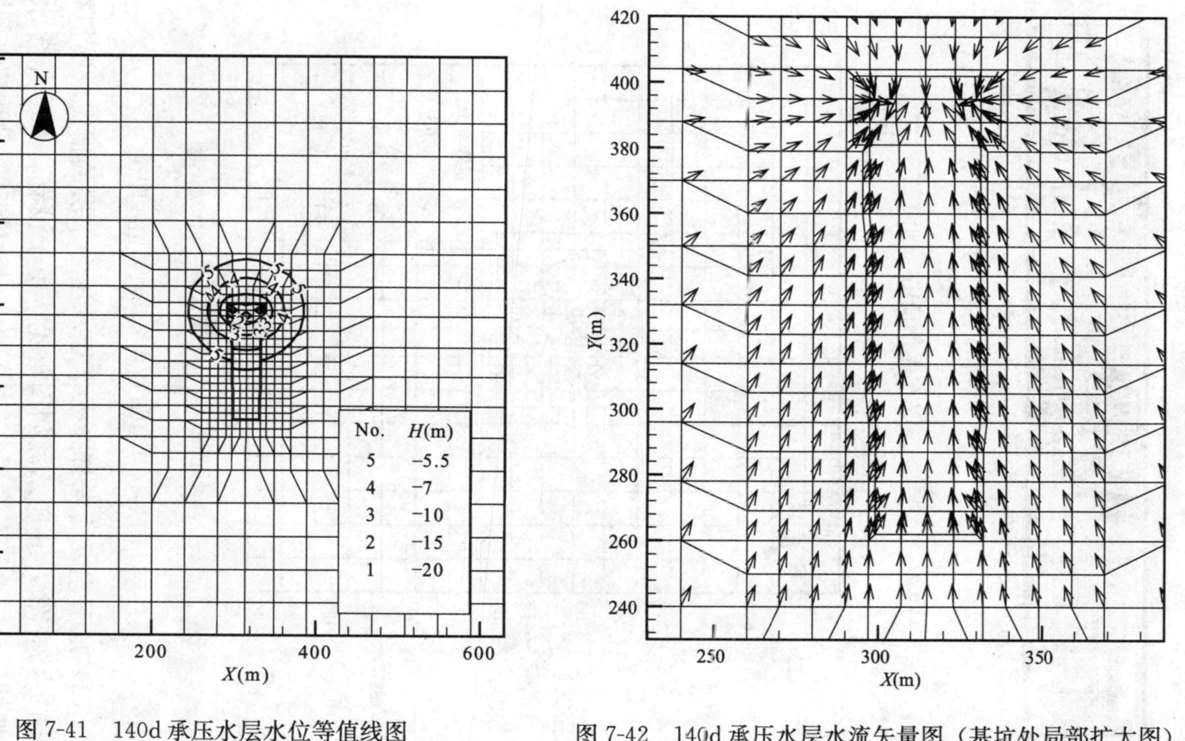

图 7-41　140d 承压水层水位等值线图

图 7-42　140d 承压水层水流矢量图（基坑处局部扩大图）

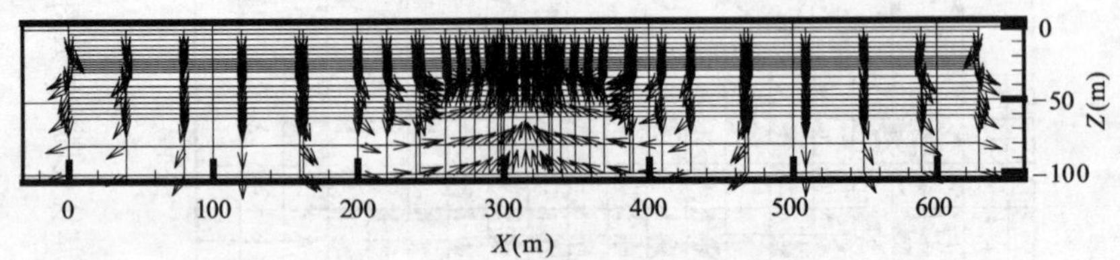

图 7-43 地下水渗流矢量剖面图（剖面Ⅰ—Ⅰ′）

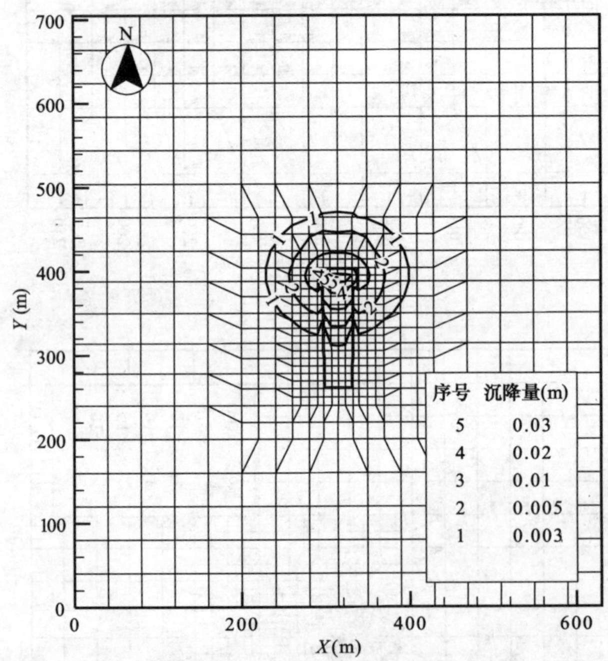

图 7-44 140d 地表沉降量等值线图

（3）地下连续墙未打穿⑤-3 层承压含水层的情况。模拟结果如图 7-45～图 7-48 所示。如图可见，由于没有打穿承压含水层，长期抽取承压水会形成一个范围较大的水力漏斗，导致基坑周围的地表沉降非常大，这在工程中是不能允许的。如图 7-47 所示，沉降影响的范围超过 150m。

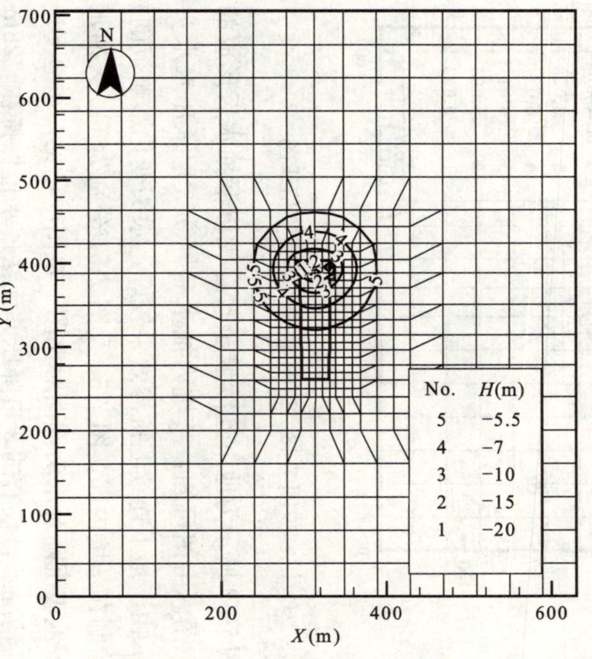

图 7-45 140d 承压水层水位等值线图

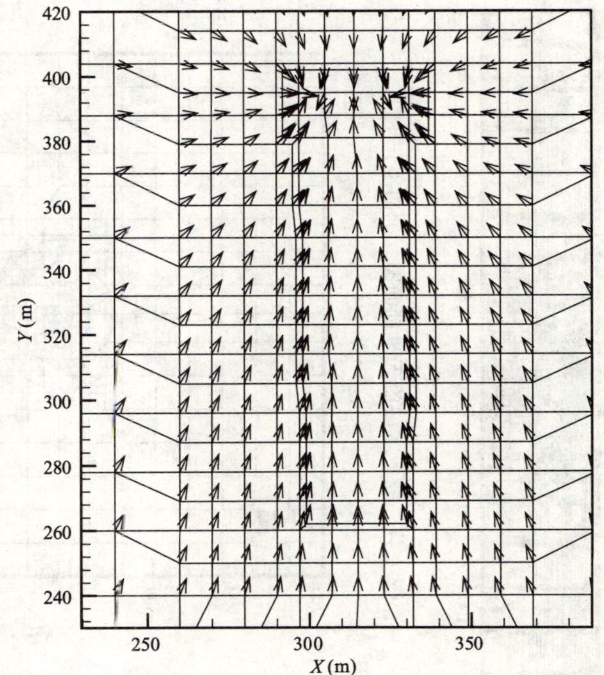

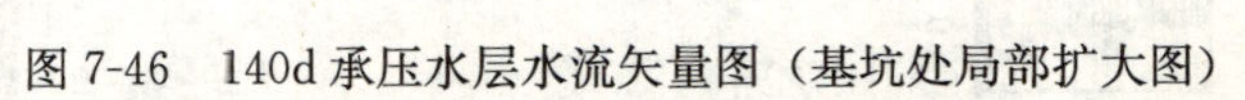
图 7-46 140d 承压水层水流矢量图（基坑处局部扩大图）

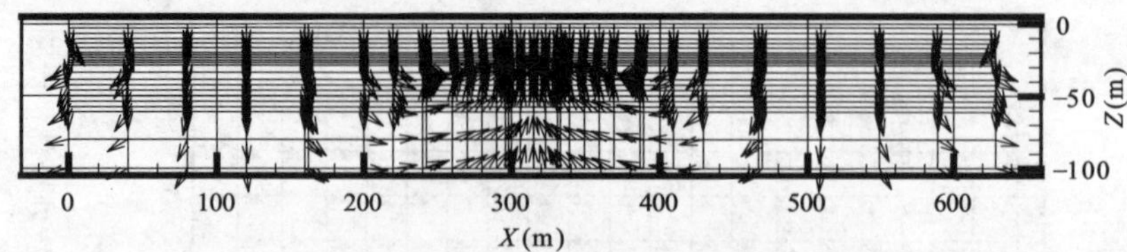

图 7-47 地下水渗流矢量剖面图（剖面Ⅰ—Ⅰ′）

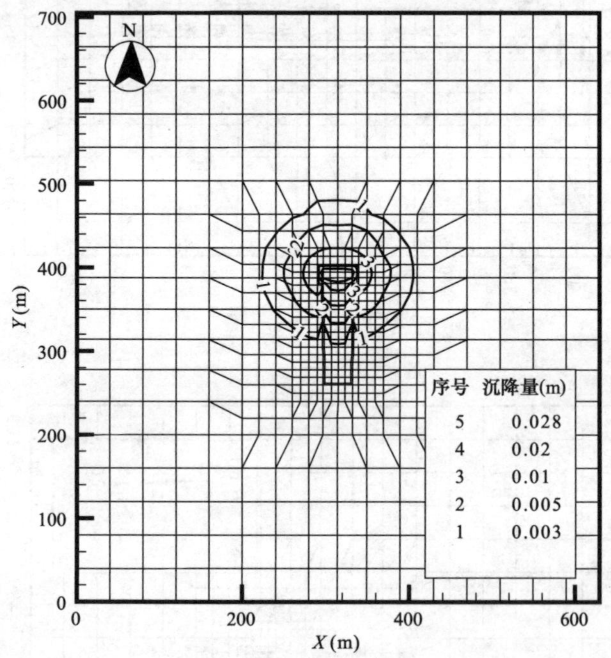

图 7-48 140d 地表沉降量等值线图

图 7-49 所示为地下连续墙全打穿无渗漏抽水后形成的水力漏斗示意图。由图可知，基坑内抽水后，⑤-3 层承压水水头标高为－28m，由于地下连续墙抗渗效果较好，水头变化影响范围并不大，基本控制在基坑内部。图 7-50 及图 7-51 分别为 140 天抽水后三种情况下地表沉降及水头剖面对比图。从图中可见，在地下连续墙未打穿的情况下，仅有的 3 口降压井无法使水位保持在－28m 处，达到工程的要求，并且会对周围的环境造成很大的影响，所以如果不

考虑经济性的问题，完全隔断承压含水层是最为安全可靠的方法，最后实际施工也证明如此。

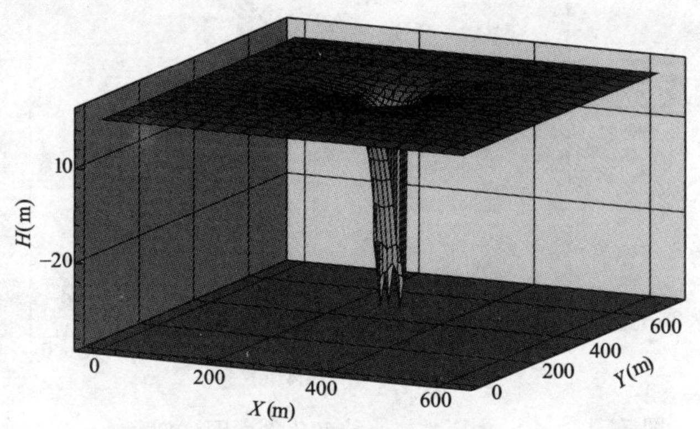

图 7-49 抽水漏斗示意图

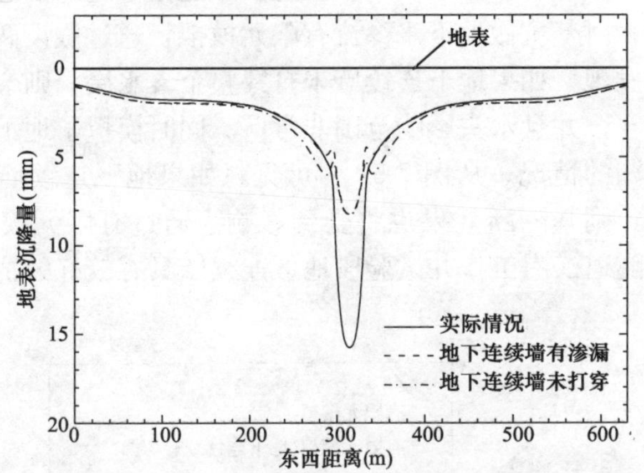

图 7-50 140d 地表沉降剖面图（剖面Ⅰ—Ⅰ′）

整理现场实测数据及有限元模拟结果如图 7-52 所示，其中圆点所示为实测数据，曲线所示为有限元模拟结果。从图中可见，从开始抽水到基坑浇底，承压水变化并不大，总量维持在 1m 左右。主要的原因有两个：一是钱江隧道江南工作井试验段的地下连续墙的打设深度为 50m 左右，根据前期的地质资料显示，已完全打穿⑤-3 承压含水层，因此承压水只能通过底部越流才能进入基坑内，这样就大大减小了基坑施工对周围环境的影响；二是地下连续墙的

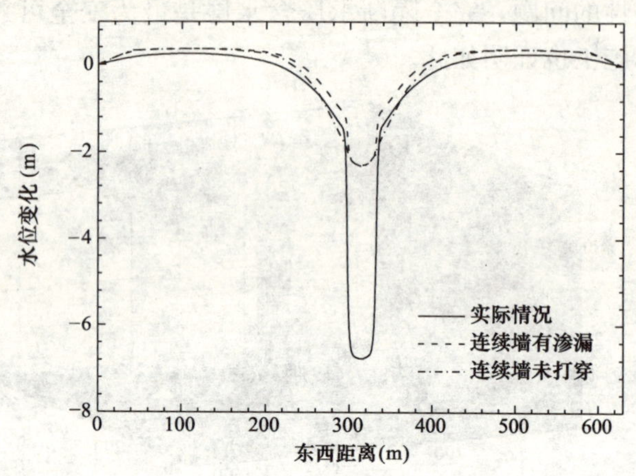

图 7-51　140d 承压水层水位变化剖面图（剖面Ⅰ—Ⅰ′）

抗渗效果较好，有效控制了承压水直接穿过地下连续墙进入基坑内部。同时，对基坑做地下水渗流有限元模拟，通过假设两种其他情况做对比发现，如果地下连续墙未打穿整个含水层，则会形成较大的水力漏斗，并且水头影响范围非常广。同时模拟了地下连续墙中有部分渗漏的情况，从图 7-52 中可见，如果地下连续墙中发生渗漏的现象，则其隔断效果也将受到影响。通过有限元模拟再次确定，钱江隧道江南工作井试验段地下连续墙具有较好的抗渗效果。

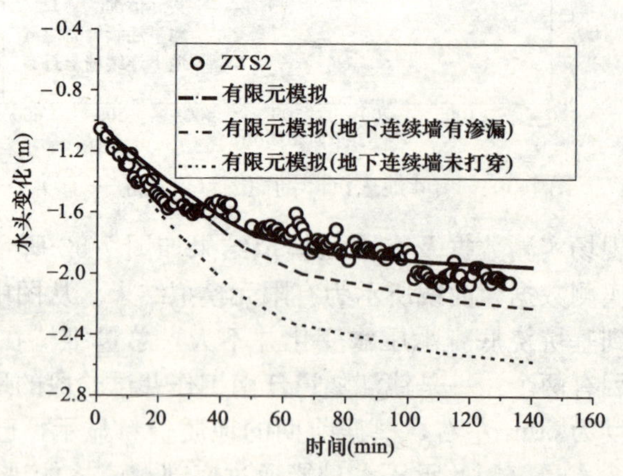

图 7-52　ZYS2 承压水水位有限元模拟

7.2.5 结论

(1) 地下水抗渗设计施工过程中，地下连续墙在施工过程中槽壁的稳定成为至关重要的问题，如果处理不当则会对之后的抗渗效果产生严重的影响。在钱江隧道江南工作井的施工过程中，为了控制槽壁的稳定，防止槽壁在施工过程中的坍塌，对 8m 以内的土层都进行了三轴搅拌加固的工法。加固效果明显，在地下连续墙开槽过程中并未发现大规模坍孔现象，有效地解决了以往类似工程中的一个难题。

(2) 目前研究地下水渗流的理论主要有流网分析法、解析法及数值分析法。流网法作为最方便、简单的方法被大多数工程师所接受，但是由于其自身存在的局限性已无法解决现在越来越复杂的情况；解析法相比流网法更为准确，但是由于其难以直接用于实际工程并不为大多数工程师所接受；有限元法作为新兴的一种计算方法，由于其准确的结论及便捷的计算已被广泛用于工程实践中。本次研究主要采用有限元计算分析方法。

(3) 本节对抽水后基坑周围地下水位变化进行了有限元的模拟。模拟结果与实际监测结果对比后发现，当地下连续墙自身的抗渗效果较好时，可以很好地达到施工要求，在现场基坑实际施工中通过肉眼观察并没有发现明显渗漏的水渍。

7.3 富水地层超深基坑降水安全性的对应措施

7.3.1 概述

基坑工程的施工一般可分为 3 个阶段，即围护体的施工阶段、基坑开挖前的预降水阶段及基坑开挖阶段。围护体（如地下连续墙及钻孔灌注桩等）的施工会引起土体侧向应力的释放，进而引起周围的地层移动；基坑开挖前及基坑开挖期间的降水活动可能会引起地下水的渗流及土体的固结，从而也会引起基坑周围地层的沉降；基坑开挖时产生的不平衡力会引起围护结构的变形及墙后土层的变形。基坑施工引起的这些地层移动均会使得周边建（构）筑物发生不同程度的附加变形，当附加变形过大时就会引起结构的开裂和破坏，从而影响周边建（构）筑物的正常使用。随着我国城市区域大量地下空间工程建设的发展，由基坑工程引起的环境保护问题变得日益突出。复杂城市环境条件下的基坑工程环境保护要求高，设计和施工难度大，稍不慎就可能酿成巨大的工程事故，导致巨大的经济损失并会产生恶劣的社会影响。本次钱江隧道江南工作井虽然地处偏远，周围并没有邻近的构筑物，但是也需要考虑对周围环境的影响。本章主要针对江南工作井降水及防水方面设计与施工措施，分析与研究周围环境保护问题。

7.3.2　基坑降水模式研究

杭州市正在大规模地进行基础设施建设，开发地下空间，超大、超深基坑不断涌现，涉及地下水控制问题日益增多。钱江隧道江南工作井基坑的最大开挖深度已经超过25m，基坑底板已经进入⑤-3层的承压含水层中。工程实践表明，地下水的存在对于基坑工程施工安全具有重要影响。因此，基坑工程中由降水引起的地下水渗流和环境问题引起了广泛重视，其中基坑围护结构的设置对地下水具有一定的阻挡作用。

基坑围护结构周围的地下水渗流特征与场地水文地质条件、围护结构的插入目的、降水层的相对深度、降水井的位置、抽水时间和抽水量等因素有关。在承压水降水设计中，减压降水井布置于坑内还是坑外往往成为争论的问题。一般情况下，减压井布置在坑内或坑外都可以达到降低承压水头的目的，但具体的布置方式应根据目标降水层的埋深和厚度、止水帷幕的埋深、围护结构的特点、基坑面积与开挖深度、场地施工条件和周围环境对工程降水的限制等一系列因素综合考虑。根据基坑围护结构插入含水层中深度不同，以及基坑降水时周边的地下水渗流特征和基坑降水对周围环境的影响，可以分为5种基坑降水模式。

1. 第一类基坑降水模式

在这类基坑降水模式中，基坑围护结构插入潜水含水层下部的隔水层中，抽水井布置于基坑内部，井点降水以疏干坑内潜水为目的，围护结构将坑内的地下水与坑外的地下水分隔开来。由于围护结构的隔水作用，坑内降水时，坑外地下水不受影响。因此，这类基坑降水对基坑附近地下水渗流和周围环境的影响小，这类基坑一般适合的开挖深度小于10～15m。图7-53所示为基坑内、外的水位和孔隙水压力分布情况。这类基坑降水模式中基坑内外的潜水水位相差较大。

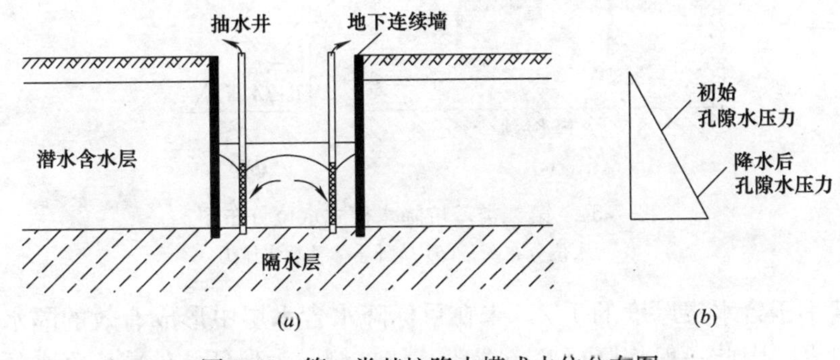

图7-53 第一类基坑降水模式水位分布图

(a) 水位分布图；(b) 坑外土体孔隙水压力

2. 第二类基坑降水模式

在第二类基坑降水模式中，基坑围护结构插入承压含水层上部的隔水层中，抽水井布置于基坑外侧，井点降水以降低基坑下部承压水的水头、防止发生基坑突涌或产生流砂现象为目的。在这类基坑降水模式中，围护结构未插入目标降水含水层（即承压含水层），基坑内外的承压水连续相通。因此，坑外抽水井的抽水降压将显著影响基坑附近的地下水渗流和周围环境，坑外的承压水水头下降较大，引起较大的地面沉降。该降水模式中基坑降水引起大范围的降水漏斗，但变化较平缓，抽水引起的地面沉降为均匀沉降。此时，抽水井过滤器底端的深度不应小于围护结构的底端深度，以减小围护结构的挡水作用，以抽取较小的流量使基坑范围内的水头降低到设计要求，尽量减小坑外水头降深和基坑降水而引起的地面变形。这类基坑适合的开挖深度大于15～20m。图7-54所示为第二类基坑降水模式的基坑内外水位和孔隙水压力分布情况。

3. 第三类基坑降水模式

第三类基坑降水模式中，基坑围护结构插入承压含水层中的深

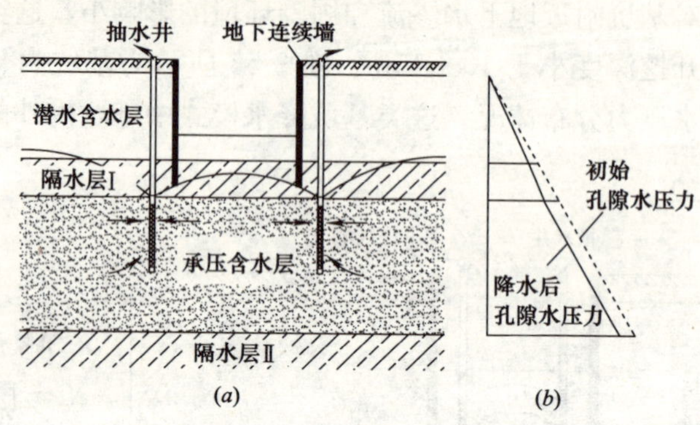

图 7-54 第二类基坑降水模式水位分布图
(*a*) 水位分布图；(*b*) 坑外土体孔隙水压力

度小于含水层厚度的 1/2，未在目标降水含水层中形成有效的隔水边界。因此一般将降压井布置于基坑外侧，为保证坑外减压降水的效果，降压井的过滤器顶端的埋深应超过基坑围护结构的底端的埋深。这类基坑降水模式中降水对地下水渗流和周围环境的影响较大，类似于第二类基坑降水模式的影响。图 7-55 所示为第三类基坑降水模式中的水位和孔隙水压力分布情况。

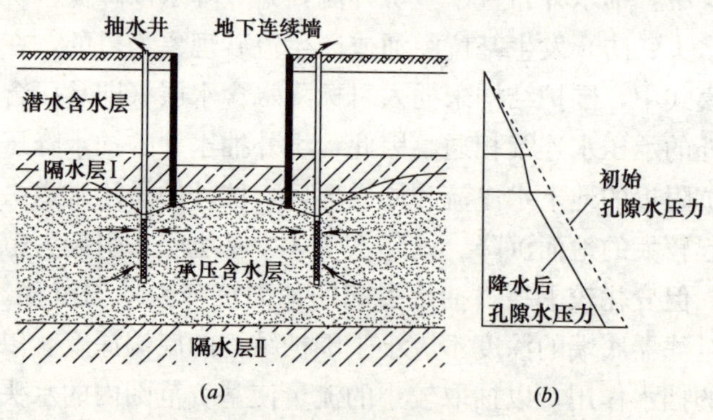

图 7-55 第三类基坑降水模式水位分布图
(*a*) 水位分布图；(*b*) 坑外土体孔隙水压力

4. 第四类基坑降水模式

第四类基坑降水模式中，基坑围护结构插入承压含水层中，且处于承压含水层中的长度超过了承压含水层厚度的 1/2 或大于

10.0m，围护结构对于基坑内外的承压水渗流具有明显的阻隔效应。因此，抽水井布置于基坑内部，用于抽取承压水降压，确保施工面干燥，为确保坑内减压降水的效果，坑内减压井的过滤器底端的埋深不应超过围护结构的底端埋深，约相差 3.0m 左右。坑内井群抽水后，坑外的承压水需绕过围护结构的底端才能流进坑内，同时下部含水层中的水垂向经坑底流入基坑，在坑内承压水位降到安全埋深以下时，坑外的水位降深相对较小，从而因降水引起的底面变形也较小。为保证基坑内部降水至基坑设计开挖面以下而进行降水时，坑外的水位将身较小，从而引起的地面变形也较小。这类基坑适合的开挖深度一般大于 20～25m。图 7-56 所示为第四类基坑降水模式中的水位和孔隙水压力分布情况。

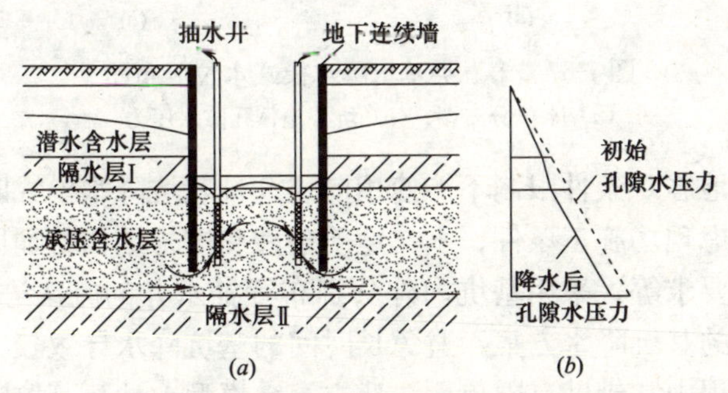

图 7-56　第四类基坑降水模式水位分布图

(*a*) 水位分布图；(*b*) 坑外土体孔隙水压力

5. 第五类基坑降水模式

在第五类基坑降水模式中，围护结构完全阻断基坑内外承压含水层之间的水力联系，并插入承压含水层下部的隔水层中时采用坑内减压降水方案。围护结构底端均已进入需要进行减压降水的承压含水层底板以下，在承压含水层中形成了有效隔水边界，因坑内的抽水井抽水而形成了三维的地下水非稳定渗流场，图 7-57 所示为第五类基坑降水模式中的水位和孔隙水压力分布情况。本次钱江隧道江南工作井基坑采用的降水模式即为这类模式，地下连续墙打入 50m 深的底层中，直接打穿 30m 深左右的⑤-3 层承压含水层。由于这类降水模式费用是最高的，所以在一般的工程中并不会经常使用。但是在一些特殊的工程中为了确保工程的稳定安全及质量，这类降水模式也是最为可靠的，并且对周围环境的影响是最小的。所以这类模式在经济条件允许的情况下是最为推荐的降水方式。

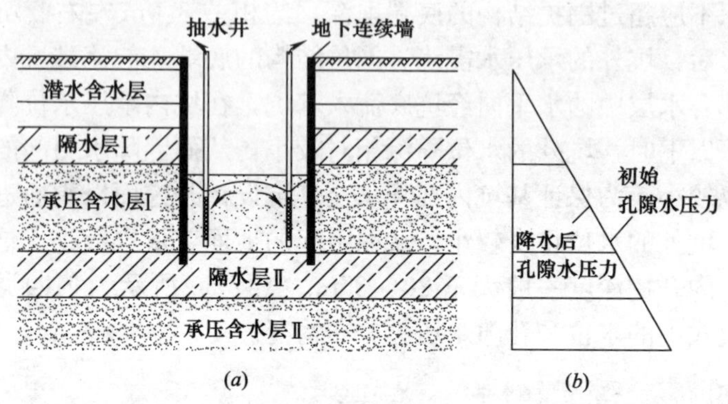

图 7-57 第五类基坑降水模式水位分布图

(a) 水位分布图；(b) 坑外土体孔隙水压力

当场地客观条件限制不能使用前述 5 种基坑降水模式时，还可以综合考虑现场施工条件、水文地质条件和围护结构特征以及周围环境保护要求等，采用基坑内外分别布置抽水井的方案进行降水，设计合理的基坑降水方案，避免长时间的基坑降水导致较大的地面沉降。工程中常借助有限单元法建立三维模型，计算基坑降水引起的地下水渗流场的变化和地面沉降。

7.3.3 减小基坑降水对周围环境影响的措施

由于钱江隧道江南工作井超大、超深基坑的施工都需要长时间、大幅度地降低地下水将引起土体中的孔隙水压力减小，有效应力增大，使得基坑附近土体中出现细小颗粒流失的现象，产生地面沉降、不均匀沉降和水平位移，导致临近建筑物和周边管线的变形和开裂。为了减小基坑降水对地下水渗流及周围环境的影响，工程需要采用一定的措施，主要从 3 个方面进行，即制定合理的基坑降水方案、阻隔降水产生的不利影响和提高周边地基的变形能力，具体内容详见表 7-16。

1. 制定合理的基坑降水方案

(1) 在降水方案制定阶段，应搜集已有的工程资料，进行场地

减小基坑降水对周围环境影响的措施 表 7-16

分类	主要内容	说明
制定合理的基坑降水方案	收集周围环境的调查资料	包括工程地质和水文地质条件,周围地面、建筑和管线的保护要求等
	优化降水设计方案	通过抽水试验反演水力参数,进行降水和沉降预测,适当放缓降水漏斗线的坡度
	制定降水运行方案	在降水运行期间根据监测数据反演含水层参数,制定降水运行方案
限制降水产生不利影响的范围	设置止水帷幕	止水帷幕插入目标降水层的相对深度宜大于70%,坑内降水时插入深度应较井点滤管下端埋深大1m以上
	基坑水平向封底	适用于坑底无隔水层或厚度不足的情况,多采用高压旋喷注浆法对基坑底部进行水平向封底
	设置回灌水系统	在基坑外缘设置回灌水系统,使需保护部位的地下水基本保持不变
提高周边地基的抗变形能力	基础托换	采用钻孔灌注桩或锚杆静压桩等方式替换建筑物的基础
	地基加固	在降水前对软弱地基进行加固,包括注浆法、搅拌法、高压旋喷法、降水法等
	跟踪注浆	施工中根据监测变形发展情况实时调整注浆位置和注浆量加固地基

详勘，以查明场地的工程地质和水文地质条件，包括钱塘江南岸地区地质分层、水文地质分层、透镜体的分布、各土层的物理力学参数和地下水位分布情况，由于这次建造在郊区，所以不用考虑周围建筑和地下建筑物的情况。之后根据场地的水文地质特征和工程的设计要求，制定合理的降水方案，包括合理布置抽水井的位置、控制抽水量和降水幅度，以减小坑外土体中的水头降深，避免因坑外的水位降深超过临界水位使坑外土体中的有效应力超过屈服应力而产生较大的地面沉降。

(2) 方案被采纳后，进入优化和实施阶段，应通过现场进行非稳定流抽水试验获得含水层的水文地质参数，进行地下水头变化和地面沉降分布的预测，优化设计方案。把滤管布置在水平向连续分布的砂性土中可以使得降水漏斗曲线变得平缓，由此产生的不均匀沉降将变小，减小对周围环境的影响。钱江江南工作井的抽水试验效果较好，在抽水后发现，⑤-3 层地下水已于周围水系完全隔断，坑内可以安全开挖到标高，并且不会对周围环境造成较大的影响。

（3）根据优化设计方案制定基坑降水运行方案时，需要进行部分降水井的群井抽水试验，根据实测资料反演求参，据此调整含水层的水力参数重新预测地下水头和地面沉降，并根据抽水时的环境监测资料和基坑施工进度，制定合理的基坑降水运行方案。在降水场地外侧设置隔水帷幕，减小降水影响范围。特别是要注意周围地下连续墙有渗漏的地方。江南工作试运行期间，经过仔细对周围地下连续墙观察发现，在几个关键的不为并没有渗漏现象，地下连续墙质量较好。

2. 限制降水产生不利影响的范围

（1）在降水场地外侧设置一圈封闭的止水帷幕，阻挡目的降水层中基坑内外的地下水渗流，缩小降水漏斗的影响范围，可以有效减小降水对周围环境的影响。适当增加止水帷幕插入目标降水层中的深度，尽量完全阻断目的降水层中的基坑内外地下水渗流，可以将坑内抽水对周围环境的影响降至最低，这也是最为安全的方法。该工程采用的便是这种方法，隔水帷幕完全打穿⑤-3 层承压含水层。常用的止水帷幕包括深层水泥搅拌桩、砂浆防渗板、树根桩隔水帷幕、钻孔咬合桩、钢板桩和地下连续墙等。

（2）当基坑底部没有适当的隔水层或隔水层厚度很小时，可以采用高压旋喷注浆法对基坑底部进行水平向封底，形成相对隔水层，厚度多为 3m 以上。工程实践中多采用水平封底与减压降水相结合的措施。

（3）在降水场地外缘设置回灌水系统可以有效地控制降水引起的地面沉降和不均匀沉降。设置回灌系统是在降水井管与需要保护的建筑、管线之间设置回灌井点、回灌砂井或回灌砂沟，持续不断地用水回灌，形成一道水幕，以减小基坑降水漏斗的影响半径，保持邻近建筑物、管线等基础下地基土中的地下水位，防止土层因失水而导致的沉降。常用的回灌技术包括回灌井点、回灌砂沟和砂井，以及回灌管井等。回灌井点深度一般控制在长期降水曲线以下

1m，并应设置在渗透性较好的土层中。回灌水应用清水以防堵塞孔隙，降低土体的渗透性，影响回灌效果。

7.3.4 基坑抗渗措施研究

钱江隧道江南工作井基坑抗水防渗措施主要分以下几部分：

1. 地下连续墙接头防水

由于地下连续墙与内衬墙采用复合结构，因此在浇筑混凝土内衬墙体的硬化过程中会不可避免地出现干缩裂缝。为保证结构的抗渗性能，在地下墙接缝、钢筋连接器处做刚性防水处理，采用水泥基渗透结晶型防水涂料，利用其遇水逆向渗透作用提高混凝土的抗渗性能，同时渗透结晶型刚性防水材料可有效堵塞混凝土结构在硬化干缩和使用过程中产生的裂缝，满足结构的防水要求。

2. 地下连续墙施工缝防水

浇筑下一次混凝土前必须对老混凝土表面进行凿毛处理，凿出的混凝土碎块清理干净后，浇水保持湿润。

（1）横向施工缝处理

横向施工缝采用一道中埋式钢边橡胶止水带和一道外贴式橡胶止水带。

1）中埋式橡胶止水带施工注意事项：

① 止水带在结构中平面预埋位置必须严格居中，否则将减少一侧过水线路长度，降低防水效能。为此，必须采用 2 组限位钢筋，固定止水带。

② 浇筑混凝土前止水带表面必须清洁。

③ 浇筑混凝土时必须注意振捣止水带附近混凝土，必须保证混凝土密实。

④ 止水带拼接必须符合产品要求。

2）外贴式橡胶止水带施工注意事项：

① 外贴式止水带在施工缝位置必须严格居中。

② 施工缝处底板素混凝土面必须平整。

③ 止水带的安放必须牢靠，以防振捣混凝土时松动。

④ 浇混凝土前止水带表面必须清洁。

（2）纵向施工缝处理

1）纵向水平施工缝采用钢板止水带设置于缝中央的方法发挥止水的作用。钢板需经镀锌处理。热浸锌处理涂层厚度为50m，电镀锌处理涂层厚度为10m。

2）在混凝土结构施工缝处，沿结构厚度的中心将止水带的一翼埋入结构中，中心对准变形缝中央，在施工缝混凝土面上刷涂水泥基渗透结晶防水涂料。

3）施工中，要保证止水带与混凝土牢固结合，除混凝土的水灰比和水泥用量要严格控制外，接触止水带处的混凝土不应出现粗骨料集中或漏振现象。如为混凝土地面和顶板结构，则止水带底面下的接缝要插捣严密，赶出气泡。在支设模板、固定止水带以及浇捣混凝土时，不得将止水带破坏。结构所选用的混凝土必须是防水混凝土。

4）施工缝预留兜绕成环的遇水膨胀腻子条。

（3）其他

1）防水混凝土结构内部设置的各种钢筋和绑架铁丝，不得触及模板，固定模板用的螺栓穿过混凝土结构时，应采用下列措施：

① 螺栓或套管应加焊金属止水环，且焊缝必须满焊水密；

② 螺栓套管上兜绕裹紧水膨胀橡胶止水圈或水膨胀腻子止水条一圈；

③ 螺栓应加堵头；

④ 侧墙内侧混凝土拆模后（采用外掺剂时拆模日期按规定执行）应采用喷涂养护剂方法养护。

2）加强变形缝处的模板固定，不得有跑模、移位现象。在此基础上使混凝土振捣密实（尤其在止水带底部）。

3）穿墙管周圈焊接钢板止水片。

3. 钢筋笼防水

江南工作井地下墙成槽深度较深，基坑开挖的风险较大，近反复研究，采用接头止水能力强的“十”字形止水钢板抗剪接头。

（1）防渗效果好

止水钢板在地下墙接头上呈“十”字形，其中，在接缝处止水钢板伸出35cm，延长地下水的渗流路径，大大增加地下水渗透难度，接头防渗效果好。在沉放钢筋笼后，在止水钢板的背侧增加了反力箱。

反力箱为对称的两榀钢结构，主要作用为：

1）对起防渗流和抗剪作用的纵向钢板起到有效保护作用；

2）和封头钢板一起承受浇灌混凝土向端头外侧的扩张应力；

3）通过在止水钢板两侧安装止浆铁皮，防止浇灌混凝土时向后施工相邻幅的绕灌，确保接头防水要求。

（2）地下墙整体刚度高

“十”字形止水钢板接头与H型钢接头属于刚性接头，止水钢板中间的抗剪钢板在开挖面以上不开孔，确保开挖面以上的止水要求，自开挖面以下开孔，使钢板和混凝土之间产生握裹力，增加接头抗剪刚度，使地下墙整体强度高，地下墙在基坑开挖中稳定性好。

（3）接头装置起拔安全

由于和止水钢板连接的封头钢板将混凝土和接头反力箱相互隔离，使反力箱不和混凝土直接接触，且钢筋笼上两侧封铁皮，防止地下墙混凝土浇捣时水泥浆液从两端绕到反力箱背后以形成绕灌混凝土。该接头起拔容易控制，接头质量能够保证，施工可靠性强，风险小。

4. 高压旋喷及三轴搅拌加固施工方案

设计为考虑提高基坑底地基土的承载力、降低基坑土体回弹量及粉性土中的成槽稳定，在江南工作井中间段浅基坑范围内采用高压旋喷桩抽条加固，同时在基坑两侧进行搅拌加固。

高压喷射注浆就是利用钻机把带有喷嘴的注浆管钻进至土层预定深度后，以高压设备使高压水射流从喷嘴喷射出来，冲击破坏土体，使土颗粒从土体剥落下来。一部分细小的土粒随浆液冒出水面，其余土粒在喷射流的冲击力和重力等的作用下，与浆液搅拌混合，并按一定的浆土比例和质量大小有规律地重新排列。浆液凝固后，便在土中形成一个固结体。高压旋喷施工机具如表7-17所示。

高压旋喷施工机具一览表 表 7-17

序号	设备名称	型号	规格	作用
1	高压水泵	3DS 型	40.0MPa	切割土层
2	旋喷机	GP2000 型		驱动注浆管旋转与提升
3	注浆泵	BW-150 型		把浆液注入土层
4	空压机	VFY-6/8 型	6m³	辅助切割土层，将切割下来的土粒带出地面，具有扩大桩径和搅拌作用
5	钻机	GXY-1	150m	成孔
6	搅拌机	立式		搅拌水泥浆
7	贮浆桶	圆筒型		贮存搅拌好的水泥浆备用
8	高压胶管			输送高压水及水泥浆
9	污水泵			排放回浆

（1）高压旋喷桩施工流程

高压旋喷桩施工流程如图 7-58 所示。

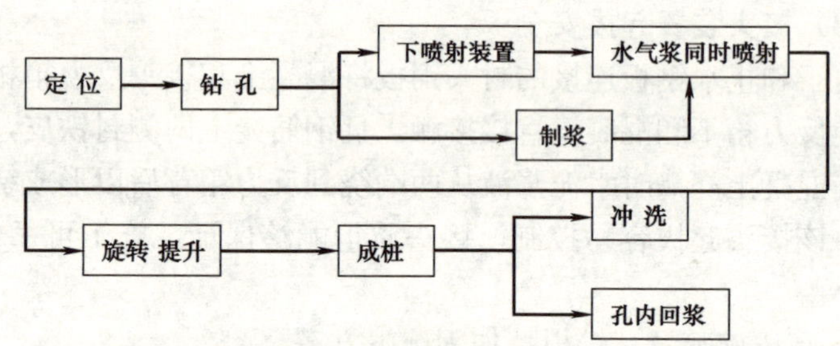

图 7-58 旋喷桩施工流程图

（2）高压旋喷加固主要的技术参数

空压机压力：0.5～0.7 MPa 流量：0.6～0.8m³/min；

泥浆泵：1MPa 流量：70～80L/min；

高压清水泵压力：≥33MPa 流量：75L/min；

注浆管提升速度：8～10cm/min；

加固材料：32.5 级普通硅酸盐水泥；

材料用量：380～400kg/m³，水灰比：1∶1。

（3）高压旋喷桩质量保证措施

由于高压旋喷桩施工难度大，特制定施工细则，在施工中严格遵守，以保证施工质量。

1）钻机就位与设计位置偏差小于5cm，垂直偏差度小于1%。

2）施工时严格控制各种施工参数，发现问题及时汇报处理。

3）现场施工做到及时记录、及时整理，发现问题及时汇报处理。

4）在施工时严格遵守操作规程，班长和技术员严格进行质量自检。

5）对喷浆浆液配比严格控制，根据单管高压旋喷作业情况相应固定浆液拌制操作程序，减少操作失误。

6）严格控制高压旋喷施工使用水泥的质量，加强水泥的防潮工作。

7）复核施工水泥用量的方式，保证单管高压旋喷施工过程中的水泥掺入量达到设计的相应要求。

7.3.5　小结

本章重点总结了为减小基坑降水引起的地下水渗流及其对周围环境的影响而采取的工程措施，并提出了一种新型基坑降水方法。可以归纳为以下两个方面：

(1) 减小基坑降水对周围环境的影响可以从制定合理的降水方案，阻隔降水的不利影响和提高周边地基的抗变形能力等方面采取措施。降水设计前需要掌握详实的工程地质和水文地质资料，了解周边建筑物和管线的环境保护要求，通过合理布置降水井和设置适当的围护结构埋深，并根据抽水试验进行反演求参，制定降水方案。基坑工程实践多采用设置止水帷幕、进行水平向封底和设置回灌水系统等方法阻隔降水产生的不利影响。为了提高基坑周围地基的抗变形能力，通常采用基地托换、地基加固和跟踪注浆等措施。

(2) 基坑工程中常用的地基加固措施包括注浆法、水泥土搅拌法、高压旋喷法和降水法等，每种方法都有其适用范围，其中高压旋喷法适用于各种土质条件，得到了广泛应用。基坑工程中常将各种方法结合使用，以提高地基土的承载能力，改善其变形性能，形成有效的止水帷幕，减小基坑围护结构的变形和周围土体的位移。

参考文献

［1］ 夏明耀，曾进伦．地下工程设计施工手册［M］．北京：中国建筑工业出版社，1999.

［2］ 刘建航，侯学渊．基坑工程手册［M］．北京：中国建筑工业出版社，1997.

［3］ 朱合华等．深基坑动态施工反演分析与变形预报［J］．岩土工程学报，1998，20（4）.

［4］ 廖少明等．深基坑数据挖掘与风险识别［J］．岩土工程学报，2006，28（B11）.

［5］ 赵锡宏，陈志明，胡中雄．高层建筑深基坑围护工程的实践与分析［M］．上海：同济大学出版社，1996.

［6］ 杨国祥，李侃，赵锡宏等．大型超深基坑工程信息化施工研究［J］．岩土工程学报，2003，25（4）：483～487.

［7］ 施仲衡．地下铁道设计与施工［M］．西安：陕西科学技术出版社，1997.

［8］ 王振信．软土地基处理技术综述［J］．地下工程与隧道．2001（增刊），81-86.

［9］ 冯夏庭，张志强，杨成祥等．位移反分析的进化神经网络方法研究［J］．岩石力学与工程学报，1999，18（5）：529-533.

［10］ 吕少伟．上海地铁车站施工周围土体位移场预测及控制技术研究［D］．上海：同济大学，2001.

［11］ 廖少明等．由基坑挡墙位移推算地层位移场及其影响［J］．岩土工程学报，2005，7.

［12］ 廖少明，侯学渊．基坑支护设计参数的优选与匹配［J］．岩土工程学报，1998，5.

［13］ 刘国彬，王洪新．上海浅层粉砂地层承压水对基坑的危害及

治理［J］. 岩土工程学报. 2002，024（006）：790-792.

［14］璩继立，刘国彬，张建峰. 东昌路地铁车站降承压水引起地面沉降的研究［J］. 土木工程学报，2002，35（5）：93-99.

［15］王文科. 承压含水层中地下水向井非稳定流动的LT有限分析法［J］. 西北地质科学，1995，16（2）：65-72.

［16］付泽周. 三维承压水方程的高阶精度差分格式及稳定性［J］. 新疆工学院学报，1995，16（1）：1-7.

［17］胡瑾. 从压水试验参数分析承压水的埋藏分布规律［J］. 地质灾害与环境保护，2001，12（2）. 49-51.

［18］杨林德，叶为民. 二维各向异性岩土介质中渗流分析的等参有限元方法［J］. 2001（增刊），55-58.

［19］郑先昌，杨俊峰. 近年来我国深基坑T程技术的新进展［J］. 航勘信息，2003，4.

［20］于力，张玉珍，刘学林. 采用中间布井的大面积深基坑降水施工技术［J］. 建筑施工技术，2002. 33（2）：133-134.

［21］李广信，刘早云，温庆博. 渗透对基坑水土压力的影响［J］. 水利学报，2002，5.

［22］许烨霜，沈水龙，唐翠萍，姜弘. 基于三维地下水渗流模型的地面沉降分析［J］. 岩土力学，2005，26，增：109-113.

［23］唐翠萍，许烨霜，沈水龙. 基坑开挖中地下水抽取对周围环境的影响分析［J］. 地下空间与工程学报，2005，（4）：634-637.

［24］高世轩，蔡宽余，周松，朱继文，沈水龙. 可控式一井分层降水施工方法［P］. 专利申请号：200710041603.6，公开号：CN101070704，公开日：2007. 11，中华人民共和国国家知识产权局.

［25］沈水龙，许烨霜，张金辉等. 基坑潜水与承压含水层一井分层联合降水的方法［P］. 申请号：200710041723. 6，公开号：CN101092818，中华人民共和国国家知识产权局.

［26］刘翔等. 地铁深基坑工程风险管理研究［J］. 施工技术，2008，7.

［27］黄锡钢. 杭州地区钱塘江边特大基坑工程围护技术研究

[D]. 上海：同济大学，2007.

[28] 刘宇衡. 浅谈地铁深基坑工程风险管理 [J]. 低温建筑技术，2009，11.

[29] 韩利威. 复杂地质条件下地下连续墙成槽工艺 [J]. 水运工程，2004，11.

[30] 谭少珩. 超深地下连续墙施工技术 [J]. 铁道建筑，2008，3.

[31] 杭州市地铁深基坑结构工程质量管理、安全监督规定 [S]. 杭州，2007.

[32] 上海市深基坑工程管理规定 [S]. 上海，2006.

[33] TERMS OF USE. Deep Excavation Engineering Program Beta 1.0 "TERMS OF USE / LICENSE AGREEMENT".

[34] Soil Mix Walls. SUPPORT SYSTEMS FOR DEEP EXCAVATION.

[35] DESIGN AND CONSTRUCTION PRACTICE OF DEWATERING FOR DEEP EXCAVATION Houng Joung Kung Central District Project Office，DORTs，Assistant Engineer ABSTRACT：The Chingmei Formation.

[36] "Deep Supported Excavation in Urban Environment" "Measured vs. Predicted behavior" Civil Engineering Department，University of Patras Greece.

[37] Shen，S. L.，Xu，Y. S.，and Hong，Z. S. Estimation of land subsidence based on groundwater flow model. Marine Georesources and Geotechnology，2006，24 (2)：149-167.

[38] Chai，J.-C.，Shen，S.-L.，Zhu，H.-H.，and Zhang，X.-L. 1D analysis of land subsidence in Shanghai. Lowland Technology International，International Association of Lowland Technology (IALT)，2005，7 (1). 33-41.

[39] Shen，S. L.，Tohno，I.，Nishigaki，M.，and Miura，N. Land subsidence due to withdrawal of deep-groundwater. Lowland Technology International，IALT，2004，6

(1)：1-8.

［40］ Chai，J. C.，Shen，S. L.，Zhu，H. H.，and Zhang，X. L. Land subsidence due to groundwater drawdown in Shanghai. Geotechnique，ICE，UK，2004，54（2）：143-147.

［41］ Shen，S.-L.，Tang，C.-P.，Bai，Y.，and Xu，Y.-S.（2006）. Analysis of settlement due to withdrawal of groundwater around an unexcavated foundation pit. In Underground Construction and Ground Movement，Geotechnical Special Publication No. 155，eds. H. Zhu，F. Zhang，E. C. Drumm，C. T. Chin，and D. Zhang，ASCE Press，Reston，Virginia：377-384.

［42］ Peck P B. Deep Excavation and tunneling in soft ground. 7th ISCMFE state-of-the-art Vol：225～290，1969.

后　记

编写本书的目的在于把钱江隧道超深基坑工程实践中获得的经验和教训总结保留下来，为钱江隧道后续超深基坑的施工提供了非常有益的参考，同时也希望对以后类似的深基坑工程（特别是钱江流域的深基坑工程）提供设计和施工上的借鉴。

在该工程的招投标过程中，杭州市公路局作为主管单位，开创性的运用 BOT 管理方式对钱江隧道（包括该超深基坑）进行建设管理。BOT 管理模式要求管理方的管理能力和业务水平较高。为此，杭州市公路局专门成立钱江隧道及接线工程建设指挥部负责钱江隧道一切管理事宜；聘请国内知名专家，多次开展以施工为主题的论证会，保证施工方案的科学性和合理性；同时派专人值守工地，负责联络协调各相关单位，为工程的顺利完成做出了很大的贡献。

更为难能可贵的是结合该超深基坑项目开展了相关科学研究，做到了产学研的完美结合，其中主要研究内容包括：深基坑围护体系优化及其力学分析；复杂含水层超深基坑地下墙防渗技术；复杂含水层超深基坑降水及其对基坑稳定性与周围环境影响分析等。科研项目由同济大学和上海交通大学联合承担，由浙江省交通厅及国家“十一五”科技支撑计划（2006BAJ27B02）提供资助。

另外，本书的撰写得到了与该工程相关单位的大力协助：杭州建元隧道发展有限公司、中铁第四勘察设计院集团有限公司、浙江省交通规划设计研究院、上海隧道工程股份有限公司、上海地铁咨询监理科技有限公司、杭州公路监理咨询有限公司、上海第一海洋地质工程有限公司、杭州市交通工程质量安全监督局等，在此一并表示感谢！